밥 을 나눈 사랑!

묵자의 철학사상

강봉수 지음

강현출판사

서 시

싹

강은미[1)]

가진 것 다 버려야
솟는 게 사랑이듯

언 땅에 붙박은
그 오랜
자숙의 시간

露宿의
담요 틈으로
누가 손을 내민다.

1) 강은미 시인은 제주출생이고 2010년『현대시학』으로 등단했다. 한국작가회의 회원이며 대표시집으로『자벌레의 보폭으로』(서울: 한국문연, 2013)가 있다. 문학박사이고 제주대 등에서 강의하고 있다. (사)제주대안연구공동체 탐라학당에서 운영위원을 맡고 있다.

머리말

이 책은 일반시민 대상의 '교학놀이'(教學: 가르침과 배움)를 위해 집필한 강의교재를 깁고 보태어 펴내는 것이다. "밥을 나눈 사랑 - 묵자의 철학사상"이라는 제하의 교학놀이는 2015년 1월 6일부터 2월 17일까지 7주에 걸쳐 매주 화요일 저녁에 제주치과의사회 부설 불기(不器)도서관에서 열렸다. 이 교학놀이는 내가 몸담고 있는 (사)제주대안연구공동체 부설 탐라학당이 계절마다 주최하는 인문학 교육과정의 일환이었고, 이번에도 변함없이 불기도서관이 후원해 주었다.

일반시민을 대상으로 하는 강의교재였기에 가능하면 초학자라도 쉽게 읽을 수 있도록 책을 저술하고자 노력하였다. 다행히 『묵자墨子』는 중국의 다른 고대문헌들과는 달리 체계적인 논변(論辯)으로 되어있다. '논변'은 '시비(是非)를 가리는 합리적 담론'을 의미한다. 그래서 『묵자』의 원문은 해설거리가 별로 없을 정도이다. 그럼에도 불구하고, 중국 고대의 철학고전들이 대체로 그러하듯이 『묵자』 역시 철학적 체계성을 갖추어 수미일관하게 정돈된 책은 아니다. 그래서 나는 철학의 체계와 주제에 따라 『묵자』의 각 편을 재구성하는 작업을 시도하였고, 나름대로 철학적 읽기와 해석을 시도하였다. 그리고 연구와 강의의 범위는 대체로 전기 묵가철학에 국한하였고, 『묵자』 원문을 많이 인용하여 수강생과 독자들로 하여금 고전읽기의 맛을 직접 느낄 수 있도록 배려하였다.

묵자는 공자의 혈연중심의 별애(別愛: 차별적 사랑)에 반대하고 겸애(兼愛: 무차별적 사랑)를 주장했을 뿐만 아니라, 그 사랑의 본질은 이익을 서로 나누는 것이라는 공리(公利)와 실용의 교리(交利)사상을 전개했다. 그는 이러한 겸애와 교리가 하늘(天)의 뜻이라 여겼으며, 도덕적 행위나 정치의 시비득실(是非得失)을 판단하는 준거로 삼표론(三表: 本·原·用)를 제시하였다. 삼표란, 첫째, 본(本)은 옛 성왕의 사적(事跡)에 근본을 둔다는 것이고, 둘째, 원(原)은 아래로 백성들이 직접 듣고 본 사실에서 연원을 찾아야 한다는 것이며, 셋째, 용(用)은 국가와 백성의 이익에 맞는지 살펴보아야 한다는 것이다. 그러니까 묵자에게 철학적 진리란 백성들의 삶과 사회를 개선하는 실용적인 목적에 기여하는 것이라 할 수 있다.

묵자는 하늘이 모든 만물을 차별 없이 사랑하듯이 사람들도 서로 겸애해야 하지만, 선험적으로 인간본성이 선하거나 악하다고 보진 않았다. 그는 소염론(所染論)을 주장했다. 물들임에 따라 착한 사람이 되기도 하고 악한 사람이 되기도 한다는 것이다. 나라와 백성을 다스림에도 어떻게 물들일 것이냐가 중요하다. 그러나 묵자는 인간을 학습에서 수동적인 존재로만 여기지 않는다. 인간은 사물을 분별하는 인식능력을 가졌을 뿐만 아니라 행위를 선택할 수 있는 자유의지를 가진 존재이기 때문이다. 나아가 묵자는 백성들의 민심에 귀 기울여 이른바 '일반의지'(一般意志, volonte generale)에 토대하는 상동(尙同)의 정치와, 인재를 차별 없이 능력에 따라 등용하는 상현(尙賢)의 정치를 주장하였다. 또한 그는 모든 공격정벌 전쟁에 반대하고 평화의 세계를 추구하는 비전론(非戰論), 물자를 절약해야 한다는 절용론(節用論), 과도한 상제례를 반대하는 절장론(節葬論), 마음을 어지럽히는 음악에 반대하는 비악론(非樂論)을 주장하기도 하였다.

나는 묵자의 철학을 한마디로 "밥을 나눈 사랑"이라 요약한다. 밥 한 끼라도 같이 나누면서 두루 사랑하고 서로 이익을 나누는 삶의 공동체를 만들어 가자는 게 묵자철학의 핵심사상이라 여기기 때문이다. 그러나 이러한 묵자의 철학은 시대를 너무 앞서나간 사상이었다. 인류문명사의 대부분은 계급사회였다. 그는 너무 일찍 그것을 깨려했다. 계급사회에서 어떻게 차별 없는 두루 사랑이 가능하겠는가? 어떻게 지위고하에 무관하게 이익을 고루 나눌 수가 있겠는가? 어찌 귀천에 상관없이 인재를 등용하여 쓸 수가 있겠는가? 아랫사람들에게 언로(言路)를 열어주고 할 말을 다하라고 할 수 있겠는가? 이로 인해 그는 유가학파를 비롯한 제자백가들로부터 비웃음을 받았고, 제왕과 귀족들에게 불온사상으로 낙인찍혔다. 그래서 꽃피지도 못한 채 색출과 척결의 대상이 되어왔다.

근대이후 인류문명사는 차별 없는 세상을 만들기 위해 노력해왔고 많은 성과물을 획득한 것도 사실이다. 보통선거로 지도자를 뽑는 민주혁명을 일궈냈고, 노예해방과 여성해방, 그리고 노동해방운동을 펼치면서 엄청난 문명의 발전을 거뒀다. 묵자가 다시 살아온다거나 귀신으로 존재하고 있다면 깜짝 놀랄 세상이라는 데에 이의(異意)가 없을 것이다. 그러나 한편으로 실망도 클 것 같다. 제도와 절차의 측면에서 평등한 세상을 열었을지 몰라도 아직도 내용적으로는 달라진 게 없어 보이기 때문이다. 제도적 노예는 없지만 내용적 노예는 있는 세상이다. 여성과 노동자는 여전히 사회적 약자이고 이곳저곳에서 차별받는다. 장애인 차별과 인종차별도 여전하다. 우리나라에서는 학벌과 직업으로도 차별받는다. 두루 사랑받지 못하는 인권의 사각지대는 아직도 많다. 현 정부는 먹던 밥도 뺏으려는 정책을 펼치는 것이 아닌가 하여 적이 우려된다.

나는 묵자철학을 알게 되어 기쁘고 이러한 기회를 준 수강생과 독자 여러분께 한없이 감사하다. 지난 2014년과 2015년은 묵자철학을 공부하고 강의하며 보낸 행복한 세월이었다. 기왕의 번역서들이 많지만 그들을 참조하면서 나름대로 『묵자』의 원문을 읽으며 번역하였다.[1)] 초고번역을 마치자 본격적으로 강의교재 집필에 들어갔다. 탐라학당의 개강 날에 맞추기 위해 밤낮을 가리지 않고 온힘을 다하였다. 짧고 달콤한 휴식시간과 화급을 다투는 일을 제외하고는 모두 뒷전이었다. 드디어 2014년 12월 13일(토)에 초고를 탈고하였다. 이후 강의는 마치 묵교(?)의 전도사가 된 것인 냥 기회 있을 때마다 불려나갔던 것 같다. 탐라학당에서 강의했고, 시민사회단체와 도서관 등에서 강의했다. 제주KBS 초대석에도 출연하여 강의할 기회가 있었다. 또한 세 가지 주제에 대해서는 논문으로도 발표한 바 있다.[2)]

이제 "밥을 나눈 사랑"의 철학자와도 이별할 시간이다. 부끄럽지만 강의교재를 깁고 보태어 좀 더 넓은 세상으로 내놓는

---

1) 『묵자』의 1차 문헌으로는 『墨子閒詁』(東京: 富山房, 昭和 59)를 참고했다. 국역본으로는 기세춘 역저, 『묵자』(서울: 바이북스, 2009); 김학주 역저, 『묵자』(서울: 명문당, 2014); 신동준 옮김, 『묵자』(서울: 인간사랑, 2014) 등을 참고했고, 특히 기세춘 선생의 번역에 빚을 많이 졌다. 본문에서 『묵자』의 원문을 인용할 때 일련번호를 매겼는데 이는 내가 번역하면서 편의상 붙인 것이다.

2) 발표한 논문은 "묵자의 유가(儒家) 비판에 관한 논고", 『교육과학연구』 제17권 제1호 (제주대학교 교육과학연구소, 2015. 5), 99~129쪽; "묵자철학에서 필연과 자유의 관계", 『도덕윤리과교육』 제47호 (한국도덕윤리과교육학회, 2015. 5), 21~53쪽; "묵자의 도덕교육론 연구", 『윤리교육연구』 제38집 (한국윤리교육학회, 2015. 10), 49~78쪽 등이다.

다. 독자제현의 질정을 바라며, 몇 분에게 고마움을 표하고자 한다. 집밖생활의 버팀목인 사랑하는 안해님과 두 아들에게 늘 미안하고 고맙다. (사)제주대안연구공동체 고병수 이사장님, 강호진 연구지원실장과 실무진들에게 감사드린다. 탐라학당 운영위원회 조현천 위원장님을 비롯하여 신용래, 강은미, 변영진 등 운영위원님들께 감사드린다. 특별히 이번에도 서시(序詩)를 선물해준 강은미 시인님께 고마움을 전한다. 궂은일을 마다하지 않은 신강협 전연구기획실장과 양창연 탐라학당지원팀장께 감사드린다. 항상 쾌적한 강의실을 제공하며 후원해주시는 제주치과의사회 부설 불기도서관의 신용래 관장님과 강수근 선생께 감사드린다. 끝으로 생각지도 못했던 인연으로 이 책의 출판을 기꺼이 맡아주신 강현출판사 오동석 사장님, 맵시 있게 책을 꾸며준 편집진 여러분께 고마운 뜻을 전하고 싶다.

2016년 2월 12일
겨울비바람이 몰아치는 날 오후에
일리 강 봉 수

차 례

표 및 그림 목차

제1장 서설

『묵자』로 세상보기

1. 묵자와 『묵자』에 대하여
2. 악(惡)에 대한 유가적 처방의 한계
3. 밥을 나눈 사랑

제1장 서설 :『묵자』로 세상보기

'공석묵돌'(孔席墨突)이란 사자성어가 있다. 공자(孔子, BC. 551~BC. 479)의 자리는 따뜻해 질 틈이 없고, 묵자(墨子, BC. 479?~BC. 381?) 집의 굴뚝에는 그을음이 낄 새가 없다는 뜻으로, '정신없이 여기저기 몹시 바쁘게 돌아다닌다.'는 것을 비유해 한 말이다.[1] 공자와 묵자는 세상의 악을 치유하기 위해 적극적 참여의 길을 걸었고 한시도 가만있지 못했던 사상가들인 것 같다.

그러나 두 사상가가 세웠던 세상보기의 도(道)는 같으면서도 매우 다른 것이었다. 앞으로 이러한 점을 묵자철학을 중심으로 간간히 보겠지만, 공자가 당위적(當爲的) 사유와 진리를 바탕으로 당시대의 악을 치유하고자 했다면, 묵자는 유위적(有爲的) 사유와 진리로 세상을 광정하고자 하였다. 물론 나는 기존의 글에서 공자가 당위철학(當爲哲學)만을 진리로 고집하지 않고, 유위철학(有爲哲學)과 무위철학(無爲哲學)의 입장까지도 아우르는 이른바 '시중적'(時中的)이고 '미제적'(未濟的)인 세상보기의 도(道)를 견지했던 사상가로 읽어낸 바 있다.[2] 그럼에

---

1) 그 기원을 돌아보면, 전한(前漢)시대 회남(淮南) 땅의 왕이었던 유안(劉安, BC 2경, 한고조인 유방劉邦의 손자)이 그의 책인 『회남자』에서 "공자는 굴뚝이 검어질 짬이 없었고, 묵자는 앉은 자리가 따뜻해질 틈이 없었다."(孔子無黔突, 墨子無暖席)고 평하였는데, 이것이 반고(班固, 후한시대 학자)와 한유(韓愈; 768~824, 당나라 유학자)를 거치면서 "공자의 자리는 따뜻해 질 틈이 없고, 묵자 집의 굴뚝에는 그을음이 낄 새가 없다."(孔席不暇暖, 墨突不得黔)는 표현으로 바뀌었다고 전한다. 신동준, 『묵자』(서울: 인간사랑, 2014), 25쪽.

도 불구하고, 현실정치의 마당에서 공자가 보여준 참여의 길은 인본주의적 휴머니즘에 바탕을 두고 당위윤리와 도덕정치를 구현하는 것이었다. 바로 이점에서 공자는 유위적 사유로 무장하고 참여의 길을 걸었던 묵자와 대비된다. 농담을 곁들여 일상의 대화로 두 사상가를 대비시켜 본다.

묵자왈 : 봉수야~ (경상도 버전으로) 니 밥 묵웃나? 안 묵웃쓰면 같이 **묵자**!

봉수답 : 아이고~ 선상님! 아직 못 묵웃쓰예~

묵자왈 : 그래~ 잘 되얏다. 같이 **묵자**! 뭐 묵을래?

봉수답 : ㅎㅎ 이 밥집에 고게 있을라나? 선상님~ 저 '**묵적**'[3] 묵고 싶어예...

묵자왈 : 고녀석 식성도 ㅋㅋ 그래 **묵적**에 밥 **묵자**.

공자왈 : 강선생~ 자네 식사했는가?

봉수답 : 네~ 뭐 괜찮습니다. 선생님 먼저 드시지요. 저는

---

2) 당위철학은 이타심의 도덕이성에 바탕을 두고 구축된 반이기적 도덕철학으로, 이것은 행위의 결과와 상관없이 도덕법칙이 옳다는 이유로 마땅히 지켜져야 한다고 여긴다. 반면에 유위철학은 인간의 이기적 본능에 토대하는 현실적 기술철학으로, 윤리학적으로 이것은 행위의 결과가 선과 유용성을 가져오면 옳은 것으로 간주한다. 한편, 무위철학은 자리(自利)가 곧 이타(利他)로 등록되는 자리심의 본성에 토대하는 자연철학으로, 이것은 인간의 자의식을 방기하여 우주적 자연과의 일체적 공감에 이르는 친자연적이고 현실적 해탈과 초탈의 철학이다. 이에 대한 자세한 고찰은 김형효, 『철학적 사유와 진리에 대하여, 1』(서울: 청계, 2004), 12~15쪽. 그리고 공자의 시중적 세상보기의 도에 대해서는 강봉수, 『주제별 키워드로 읽는 論語와 세상보기의 道』(서울: 원미사, 2012), 73~106쪽 참조. 세 가지 철학적 사유에 대해서는 이 책의 2장에서 다시 다룬다.

3) 메밀묵 등의 묵을 도막도막 네모지게 썰어서 만든 적(炙). 『제주어사전』(제주특별자치도, 2009), 383쪽.

나중에...

공자왈 : 그래~ 아직 안 먹었으면 같이 먹도록 하시게.

봉수답 : 아닙니다. 선생님께서 이르길 '군사부일체'라 하였습니다. 식사에도 차례가 있는 법으로 사료되옵니다.

공자왈 : 음~그리하도록 하시게.

앞으로 우리는 묵자와 봉수의 대화와 그 의미에 주목해야 할 것이다. 나는 묵자의 철학사상을 한마디로 "밥을 나눈 사랑"으로 요약한다. 그는 모든 인간적 차이들을 넘어 '밥을 함께 나누는 사랑의 공동체'의 이상(理想)에 대하여 사유하였고, 현실정치의 마당에서도 그것을 실현하고자 고군분투하였던 실천철학자로 규정한다.

1. 묵자와 『묵자』에 대하여

묵자(墨子) 혹은 묵적(墨翟), 그는 누구인가? 『묵자墨子』는 어떤 책인가? 묵자의 철학을 탐색하려면 묵자의 생애와 『묵자』라는 책에 대해 간략히 돌아볼 필요가 있다. 먼저, 묵자의 성명, 출생지, 출신성분, 생몰연대 등에 대해 통설은 있어도 정설은 없는 것 같다. 이 중에서도 가장 의견이 엇갈리는 것이 묵자의 성명이다.

묵자의 성명은 통설에 따르면 '묵'(墨)은 성씨이고, 이름은 '적'(翟)이다. 그러니까 성명은 묵적이고, 묵자(墨子)라 하는 것은 공자, 맹자 하듯이 존칭하여 부르는 것이겠다. 많은 중국의 고대문헌에서는 그를 '묵적'이라 칭하는데 이론(異論)이 없었다.[4] 송나라 정초(鄭樵, 1104~1162)라는 학자의 주장을 인용해 둔다.

> 묵자는 성이 묵(墨)이다. 묵씨는 고죽군(孤竹君)의 후손으로 본시 묵태씨(墨台氏)였는데 뒤에 묵씨로 고쳤다. 전국시대에 송나라 사람 묵적(墨翟)이 책을 짓고 『묵자』라 책명을 붙였다.[5]

그러나 '묵'은 성씨가 아니라, 공자학파를 유가(儒家)라 부르듯이, 묵자학파를 뜻하고, 바로 '적'(翟)이 이름이 아니라 성씨라는 설,[6] '적'이 이름이라하더라도 '묵'은 결코 성씨가 아니라는 관점들이 제기되어왔다.[7] 현대 중국철학자인 전목(錢穆)은 '묵'이란 옛 형벌의 칭호인 동시에 노역(奴役)의 뜻으로 묵자의 학문을 가리키는 말이라 하였고, 풍우란(馮友蘭)도 '묵'은 그들의 학문을 뜻하고, '적'은 그의 이름이라는 입장을 취하고 있다.[8] 한편, 한국의 묵자 연구가인 김학주(金學主)는 묵자의 제

---

4) 묵자의 성명을 '묵적'으로 거명하고 있는 고대문헌으로는 『莊子』『荀子』『韓非子』『呂氏春秋』『漢書(藝文志)』『史記』를 비롯하여 당나라 임보(林寶)가 지은『元和姓纂』, 이를 인용하여 송나라 정초(鄭樵)가 쓴 『通志』등이다. 김학주, 『묵자, 그 생애·사상과 묵가(墨家)』(서울: 명문당, 2002), 20쪽.

5) 김학주, 위의 책, 20쪽에서 재인용.

6) 남제(南齊)시대의 공치규(孔稚珪, 447~501), 원(元)대의 이세진(伊世珍) 등이 대표적이다.

7) 청(淸)대의 주량공(周亮工, 1612~1672)은 '묵'은 학파를 뜻하지 성씨가 아니라고 주장했으며, 현대에 이르러 강전(江瑔)이란 학자는 「論墨子非姓墨」이란 글에서 '묵'이 묵자의 성씨가 아니라는 논거를 8가지로 제시하고 있기도 하다. 이것의 논거들에 대해서는 김학주, 앞의 책, 21~23쪽 참조.

자들이 그를 '자묵자'(子墨子)라 부르고, 묵자 자신도 스스로를 '적'이라 부르고 있다는 점을 들어 통설처럼 성은 '묵'이고 이름은 '적'으로 보는 것이 순리라고 하였고,[9] 기세춘(奇世春)도 앞에 인용한 송나라 정초의 견해를 따르고 있다.[10] 그런데 기세춘의 관점이 특이한 것은 성명에 있지 않고, 묵자의 선조(先祖)를 주목한다는 점이다.

앞에 정초의 인용에서 묵자의 성씨인 '묵'은 원래 '묵태'씨이고 고죽군의 후손이라 하였다. 여기서 고죽군은 은나라 말기의 백이·숙제(伯夷·叔齊)의 아버지이며, 제후국인 고죽국(孤竹國)의 군주라는 뜻이다. 그러니까 묵자는 백이·숙제의 후손인데, 그들은 고죽국의 군주를 사양하고 수양산에서 굶어 죽었다. 고죽국은 어디인가? 지금의 베이징 근처인데, 『당서唐書』에 의하면 고죽국은 고려(高麗)의 뿌리라는 것이다. 기세춘의 이러한 추정에 따르면 고죽국의 후예인 백이·숙제와 묵자는 모두 고려인이라는 이야기가 된다.[11] 이렇게 그는 묵자가 한족(漢族)이 아니며 동이족(東夷族)이라고 여긴다. 설사 동이족이 아니더라도 외래의 유목 또는 수렵민족의 후예라는 것이다.[12]

기세춘의 이러한 추정이 중요한 사실인지 모르겠다. 그는 아

---

8) 풍우란(박성규 옮김), 『중국철학사(상)』(서울: 까치, 2003), 129~135쪽.

9) 김학주, 위의 책, 25쪽.

10) 기세춘, 『묵자』(서울: 바이북스, 2009), 24쪽.

11) 기세춘, 위의 책, 28~29쪽. 여기서 기세춘이 인용하는 『唐書』의 글은 『熱河日記』「渡江錄」인데 몇 구절만 인용하면 "고려는 본시 고죽국인데, 주나라가 이곳에 기자를 봉했고, 한나라 때에 이르러 사군으로 나뉘었으며, 고죽국의 영지는 지금의 영평부에 있었다고 한다."(高麗本孤竹國, 周以封箕子, 漢分四郡, 所謂孤竹地 在今永平府).

12) 기세춘은 그 근거로 묵자의 하늘(天)에 대한 관점을 든다. 묵자는 어렵문화인 난생신화를 가진 남방의 토착 한족과는 다른 천신하강 신화를 가진 외래의 유목 또는 수렵민족의 후예라는 것이다. 기세춘, 위의 책, 24쪽.

마도 묵자의 선조인 백이·숙제가 반전평화 사상의 원조이고, 묵자가 그러한 전통을 이었다는 점에 주목한 것이겠지만, 이 보다 묵자의 출생지가 어디인가 하는 것이 그의 사상적인 성격을 이해하는 데에 도움을 줄 것이다. 한나라 사마천(司馬遷, BC. 145~BC. 86?)의 『사기史記』에서는 묵자가 송(宋)나라 대부라고 기록하고 있다.

> 대체로 묵적은 송(宋)나라 대부(大夫)로서 나라의 방어를 잘하였고 절용(節用)을 주장하였다. 어떤 이는 공자와 같은 때 사람이라 하고, 어떤 이는 그 보다 뒤의 사람이라 한다.[13]

묵자의 출생지를 송나라로 보는 설 외에도 초나라 설, 노나라 설 등이 있다.[14] 그러나 현대의 많은 학자들은 묵자가 송나라에서 대부의 벼슬을 한 적이 있는지 모르지만, 출생지가 송이 아니라 노나라일 가능성이 높다고 추정한다.[15] 혹시 노나라 태생은 아닐지라도 여기서 가장 오랫동안 활동한 것이 틀림없다는 것이다. 그렇다면 노나라는 공자의 출생지이므로 묵자가 공자의 철학을 공부했고 누구보다 잘 이해하고 있었던 것이라 볼 수 있다. 『사기』의 기록처럼 묵자가 공자와 동시대를 살았던 혹은 뒤의 사람이라면 더욱 그 가능성은 높다. 공자의 생

13) 『史記』「孟子荀卿列傳」. 뒤에서 곧 보겠지만 사상적으로 묵자와 쌍벽을 이루었던 공자는 『사기』에서 「世家」로 존숭되어 기록하였지만, 묵자는 열전에도 끼도 못하고 「맹자순경열전」 속에 기록될 뿐이다.

14) 자세한 고찰은 김학주, 앞의 책, 26~31쪽 참조.

15) 손이양(孫詒讓)을 비롯하여 양계초(梁啓超), 전목(錢穆), 호적(胡適) 등 대표적인 묵자 연구가들이 대부분 이 견해를 따르고 있다. 김학주, 위의 책, 26쪽.

몰연대는 BC 551(노양공魯襄公 22년)~BC 479(노애공魯哀公 16년)이다. 그러나 예나 지금이나 많은 학자들은 묵자의 생몰연대를 공자보다 뒤의 사람으로 여긴다. 예컨대, 유향(劉向, BC. 77~BC. 6)은 묵자가 공자의 제자인 자하(子夏)의 제자이며, 공자의 제자들보다 뒤의 사람으로 여겼다. 반고(班固, 32~92) 또한 그렇게 보았다.[16] 청대의 고증[17]과 오늘날의 고증도 묵자의 생몰연대를 공자보다 뒤의 사람으로 여긴다. 이러한 고증을 종합하여 김학주는 묵자의 생몰연대를 기원전 479 무렵에 나서 기원전 381년 무렵에 죽은 사람으로 본다.[18] 그렇다면 묵자는 공자의 제자들을 통하여 공자와 유가철학을 이해했던 것으로 추정해 볼 수 있겠다.

묵자의 생애와 관련하여 학자들이 가장 주목하는 대목이 그의 출신성분에 관한 것이다. 그는 천한 계급 출신이며 평생 이렇다 할 벼슬도 한 적이 없는 사람으로 여겨지기 때문이다. 묵자가 천한 계급 출신임을 알려주는 기록은 『묵자』의 여러 곳에서 발견된다. 묵자뿐만 아니라 그의 제자들 또한 천한 계급이고 노동자로 살았던 사람들인 것 같다. 두 기록만 인용해 둔다.

> 묵자가 남쪽 초나라로 가서 초 혜왕을 뵙고 책을 바치려 하였다. 혜왕은 늙음을 이유로 사양하며, 목하(穆賀)로 하여금 묵자를 만나게 하였다. 묵자가 목하에게 자기

---

16) 김학주, 앞의 책, 32쪽.
17) 예컨대, 왕중(汪中, 1744~1794)의 고증에 따르면 묵자는 공자가 죽은 해인 기원전 479년 전후해서 출생하여 기원전 386년에 죽었다. 김학주, 앞의 책, 33쪽.
18) 김학주, 위의 책, 35쪽.

> 주장을 얘기하니, 목하는 크게 기뻐하면서 묵자에게 말했다. "선생님의 말씀은 정말 훌륭하십니다. 그러나 임금은 천하의 대왕이시니 **'천한 사람'(賤人)**이 지은 것이라 하여 쓰지 않으려 하시지 않겠습니까?
>
> – 『묵자』 「귀의貴義」

> 금골희(禽滑釐)가 묵자를 섬긴 지 3년이 되자 손발에 못이 박히고 얼굴은 새까맣게 되었다. 자기 몸을 부리어 일해 주면서도 감히 자기가 바라는 일은 물어보지도 못하였다.
>
> – 『묵자』 「비제備梯」

인용에서 보듯, 초나라의 목하는 묵자를 '천한 사람'이라 말하고 있고, 금골희는 묵자의 제자 중에서도 두드러진 자인데 3년 동안 묵자를 따라 손발에 못이 박히고 얼굴이 새까맣게 타도록 노동에 종사하고 있다. 묵자가 천한 계급 출신이라면 어떤 일을 전공했던 사람일까? 목공 출신이었던 것 같다. 『묵자』 「노문魯問」 편에 보면, 묵자는 '잠깐 사이에 세 치의 나무를 깎아 수레바퀴 빗장을 만들 만큼의 솜씨'를 보여주고 있다. 또한 「공수公輸」 편 등을 보면, 『사기』의 기록처럼, 묵자는 방어무기를 발명하고 제작한 과학자요 기술자였음을 보여주고 있다. 그리고 그의 제자들도 하나같이 공인(工人)과 장인(匠人) 내지 무사 계급 출신들이었다. 물론 공자의 제자들 중에도 천한 계급 출신일 가능성이 있는 자들이 꽤 있었다. 예컨대, 칠조개(漆雕開; 자개칠 가구를 만드는 출신), 공야장(公冶長; 야금술 직종에 종사했던 장인출신), 자공(子貢: 端木賜;

목재공 출신), 자하(子夏: 卜商; 무속집안 출신) 등이 그들이다.[19] 그런데 묵자와 그의 제자들이 이들과 다른 점은 벼슬을 즐겨하지 않았다는 것이다.

학자들은 『사기』에서 묵자가 송나라의 대부 벼슬을 했다는 기록을 믿지 않는다. 양계초는 묵자가 송나라의 어려움을 구해 준 일이 있었기 때문에,[20] 사마천이 그렇게 기록한 것이라고 추정한다.[21] 오히려 묵자는 초나라와 월나라 등 여러 곳에서 봉토를 주겠다며 초빙을 받았으나 귀족의 신분이 되는 것을 거절하고 노동자의 검은 옷을 입고 전쟁 반대 운동에 나섰으며, 차별 없는 사회 건설을 위한 사회운동에 평생을 바쳤다.[22] 그리고 묵자와 그의 제자들은 지도자인 '거자'(鉅子) 중심으로 정치적 결사체를 결성하여,[23] 그들이 꿈꾸는 이상사회의 건설과 세상의 악을 치유하기 위해 고군분투했던 사회운동권 세력이었다. 『회남자』「태족훈泰族訓」의 기록은 그들의 이러한 일면을 보여주고 있다.

> 묵자를 좇는 자들이 180인에 달했다. 묵자는 그들을 불속에 뛰어 들거나 칼날을 밟게 할 수도 있었다. 그런 식으로 죽을지라도 그들은 발꿈치를 돌려 달아나지 않을 것이다. 모두 감화되고 교화된 결과이다.[24]

---

19) 김용옥, 『논어 한글역주 1·2·3』(서울: 통나무, 2010) 참조.
20) 『묵자』「공수」편에 보면, 묵자는 강대국 초나라가 약소국인 송나라를 공격하려고 하자 황급히 초나라로 달려가 갖은 설득 끝에 마침내 초나라의 침공의도를 좌절시켰다는 기록이 나온다.
21) 양계초, 『묵자학안』; 여기서는 김학주, 앞의 책, 40쪽에서 재인용.
22) 『莊子』「天下」편의 관련 기록에서도 이러한 점을 시사 받을 수 있다. 여기서는 기세춘, 앞의 책, 32쪽.
23) 묵자는 묵가(墨家)라는 집단의 제1대 거자인 셈이다.
24) 신동준, 『묵자』(경기: 인간사랑, 2014), 19쪽에서 재인용. 기세춘은 이

묵자와 그의 제자들은 천민 출신이고 벼슬하지 않은 집단이었지만 높은 학문적 수련을 거쳤고, 묵자의 철학으로 무장한 실천적 사상가들이기도 하였다. 『묵자』를 읽어보면 묵자는 자기주장의 논거로 『시경詩經』『서경書經』을 여러 곳에서 인용하고, 유가에서 존숭하는 요·순·우·탕·문·무(堯·舜·禹·湯·文·武)를 높이 받들고 있다. 묵자는 공자의 제자들처럼 공자학단의 책들을 공부하였음이 분명하다. 그러나 여기에 머물지 않고 이를 바탕으로 자기만의 새로운 학설을 창시하였다고 할 수 있다. 이를테면, 공자는『시』『서』『예』『악』을 모두 중시여겼지만, 묵자는 『시』『서』만을 취하고 『예』『악』은 취하지 않았다. 또한 공자가 술이불작(述而不作: 전통을 조술하되 창작하지 않음)적 태도를 견지했다면, 묵자는 술이가작(述而可作: 전통을 조술하되 새로운 관점에서 재해석함)적 관점을 채택하였다. 단편적이지만 이러한 공자와 묵자간의 학문적 차이는 결국 세상을 보는 관점의 다름에서 비롯된 것이라 하겠다. 말하자면, 공자가 주나라의 봉건계급제도를 인정하고 그것이 문란해진 춘추시대를 광정하여 예악(禮樂)의 문화를 다시 회복하는 길을 사유했다면, 묵자는 주나라 봉건제도의 모순을 직시하고 그러한 모순적 체제하에서 신음하는 서민들의 이해를 대변하면서 체제변혁의 길을 사유했던 혁명가였다.25)

러한 묵가들을 협객집단으로 여긴다. 『여씨춘추』에도 비슷한 사례가 나온다. 묵가의 3대 거자인 맹승(孟勝)이 초나라 양성군(陽城君)으로부터 방어임무를 맡았다. 그러나 양성군이 반란에 가담했다가 실패하여 국외로 탈출하자 초나라는 양성군의 소국을 접수해 버렸다.(BC 381). 맹승은 양성군으로부터 구원을 요청받지는 못했으나, 결과적으로 그를 지켜주지 못한 것을 자책하고 자결했다. 그러자 제자 서약을 비롯한 183명의 제자들이 그를 따라 순사했다. 기세춘, 앞의 책, 57쪽.

25) 기세춘은 묵자의 사상적 위상을 이렇게 정리한다. 첫째, 철학적 체계를 가지고 철학했던 중국 최초의 철학자, 둘째, 노동계급의 지도자, 셋째, 인

세상의 악을 치유하는 철학적 사유의 길을 달리했던 〈공자철학과 유가〉와 〈묵자철학과 묵가〉, 두 사상은 춘추말엽에서 전국시대에 이르기까지 서로 쌍벽을 이루며 유행했었다. 『맹자』에서 맹자는 "양·묵(楊墨)의 학설이 세상을 어지럽히고 있다."고 개탄하였는데,[26] 맹자이후에는 유가와 묵가가 가장 성행한 학파였던 것 같다. 천하를 통일한 진시황(秦始皇; BC. 246~BC. 210) 초기의 작품들인『한비자』와 『여씨춘추』에는 모두 "세상의 두드러진 학문은 유가와 묵가이다." "공자와 묵자의 제자들 무리가 천하에 가득하다."고 기록하고 있기 때문이다.[27] 그런데 진시황의 분서갱유(焚書坑儒)를 거치고 한나라 무제(武帝; BC. 141~BC. 87 재위)시대에 와서 유교가 국교로 공식화되면서 갑자기 묵자철학과 묵가는 종적을 감춰버렸다. 가장 큰 이유는 묵가사상이 통치계급에 반대하고 서민을 대변하는 철학이었기 때문일 것이다.[28] 여하튼 이후 묵자의 글은 중국고대문헌에서 단편적 기록으로만 전할 뿐 2000년이 넘도록 이 세상에서 사라져 버렸다.

묵자가 다시 주목받기 시작한 것은 17세기 초 명나라 때에 와서이고, 본격적으로 연구되기 시작한 것은 청나라 때에 이르

류 최초의 반전 평화운동가, 넷째, 미신을 반대한 동양 최초의 과학자, 다섯째, 실천하고 조직하고 투쟁한 사회혁명가 등이다. 기세춘, 앞의 책, 33~54쪽.

26) "聖王不作, 諸侯放恣, 處士橫議, 楊朱 墨翟之言盈天下. 天下之言, 不歸楊, 則歸墨." 『맹자』「滕文公下: 9」.

27) 김학주, 앞의 책, 86쪽에서 재인용.

28) 이 점에 대해 묵가 연구가들의 이견이 없는 것 같다. 예컨대, 일본의 묵가 연구가인 와타나베 다카시(渡邊卓)는 2004년에 펴낸 『고대중국사상의 연구』에서 "묵자는 고대에 너무 일찍 근대를 지향했다. 묵가는 그로 인해 절멸했다. 동시에 그 때문에 오늘날 우리에게 다시금 상기되는 특이한 학단이다."고 말한다. 신동준, 앞의 책, 22쪽에서 재인용.

러서라 하겠다. 도가(道家)들의 경전 속에서 묵가의 글이 발견되었다. 도가들이 자신들의 경전인 줄 알고 『묵자』의 글을 끼워 간행한 것이다.[29] 대표적인 것이 동진(東晋) 때의 도교 이론가인 갈홍(葛洪)의 『신선전神仙傳』이다. 지금까지 가장 오래된 『묵자』는 서한(西漢)시대 유향(劉向; BC. 77~BC. 6)에 의해 정리된 71편이라 한다. 그것이 『한서』 예문지에 수록되어 있었다고 전하지만, 오늘날 우리에게 전해지고 있는 『묵자』 53편만이 전하고, 또 전하는 53편도 일부가 빠지고 앞뒤가 뒤바뀌어지기도 한 불완전한 것들이다.[30] 거의 모든 제자서(諸子書)들이 그러하듯이, 『묵자』도 묵자 자신이 직접 쓴 것이 아니라 제자들이 스승의 글을 모아서 정리한 것이다. 묵가들은 전국시대 중기에 이르러 3파로 분열되었다고 한다. 『묵자』 속의 여러 편들이 편명을 같이 하면서 상편 • 중편 • 하편으로 나누어진 것은 이 3파의 글을 모은 것이기 때문이겠다.[31] 현재 남아 있는 53편의 구성을 여섯 그룹으로 구분해 〈표 1〉로 제시하면 다음과 같다.[32]

---

29) 기세춘, 앞의 책, 12쪽.

30) 김학주, 앞의 책, 83~88쪽 참조.

31) 기세춘은 묵가의 3파를 순수파, 반동파, 절충파로 구분한다. 순수파는 묵자 본연의 가르침을 지키려했고, 반동파는 현실에 영합하려했고, 절충파는 이들을 절충하려했다는 것이다. 상편은 순수파의 것이고, 중편은 반동파, 하편은 절충파의 글로 본다. 기세춘, 앞의 책, 59쪽.

32) 박문현, 『묵자 읽기』(서울: 세창미디어, 2014), 15~18쪽에 전적으로 의존하여 작성하였다.

〈표 1〉 『묵자』의 편제와 주요 내용

	편명	주요 내용	비고
1그룹 (7편)	친사(親士) 수신(修身) 소염(所染) 법의(法義) 칠환(七患) 사과(四過) 삼변(三辯)	묵자사상으로서의 특색은 없고 유가를 비롯한 다른 사상이 섞여 들어간 흔적이 보인다. 따라서 이 그룹은 묵가의 가장 원초적인 사상을 전한 것으로 보기도 하고 후세의 보유(補遺) 또는 묵가의 여론(餘論)으로 보기도 한다.	첫 3편은 편명의 주제에 관해서 논한 것이고, 다음 3편은 묵자의 제자들의 저작으로 보이며, 마지막 1편은 「비악」상편의 증보로 보인다.
2그룹 (23편)	상현(尙賢) 상·중·하 상동(尙同) 상·중·하 겸애(兼愛) 상·중·하 비공(非攻) 상·중·하 절용(節用) 상·중·하 절장(節葬) 하 천지(天志) 상·중·하 명귀(明鬼) 하 비악(非樂) 상 비명(非命) 상·중·하	묵가의 '10대 주장'을 설명한 『묵자』의 중심부분으로 묵가사상을 알 수 있는 가장 중요한 내용이 들어있다. 제목마다 각 3편으로 되어 있으나 그 내용은 대동소이하다.	편명을 같이하면서 상·중·하 편으로 나뉜 것은 묵가가 성립된 시기의 차이 때문으로 보기도 하고, 묵가가 3파로 분열되었는데 각 파의 주장을 모은 것으로 보기도 한다.
3그룹 (1편)	비유(非儒) 하	유가에 대한 각종 비판을 모아 놓은 것이다. 유가의 차별적 사랑, 후한 장례, 심지어는 공자에 대한 인신공격성 비판이 제시되고 있다. 액면 그대로 받아들이기는 어렵지만 드러나지 않은 유가의 일면을 볼 수 있어 흥미롭다.	다른 편들에서도 간접적으로 유가를 비판하는 글들이 있지만, 여기서는 편명 자체부터 유가를 비판하는 것으로 삼고 있다.

4그룹 (6편)	경(經) 상·하 경설(經說) 상·하 대취(大取) 소취(小取)	여기 6편을 한데 묶어 『묵경墨經』혹은 『묵변墨辯』이라 부른다. 『묵경』은 작은 백과사전이라 할만하다. 글자의 수는 적고 간단하지만 중국 고대 여러 분야의 학문이 농축되어 있다. 여기에는 논리 • 윤리 • 정치 • 경제뿐만 아니라 기하학 • 광학 • 역학 등에 관한 것도 언급되어 있다. 고대 논리학의 내용을 알려주는 귀중한 자료이다.	『묵경』은 묵자의 학설이 아니라는 주장도 있는데, 대체로 묵자의 후학, 즉 후기묵가에 의해 작성된 것으로 보인다.
5그룹 (5편)	경주(耕柱) 귀의(貴義) 공맹(公孟) 노문(魯問) 공수(公輸)	묵자의 후학들이 묵자의 언행을 모아 기록한 것으로 체제는 『논어』와 비슷하다. 마지막에 있는 「공수」편은 앞의 네 편과 체제를 달리해 묵자의 '겸애'와 '비공'의 이론을 실천적으로 보여주는 하나의 이야기로 되어 있다.	「공수」편은 성을 지키기 위한 전쟁에 관한 내용이기에 다음 그룹의 수성법(守城法)을 말하는 여러 편들과의 다리의 성격을 띠고 있다.
6그룹 (11편)	비성문(備城門) 비고림(備高臨) 비제(備梯) 비수(備水) 비돌(備突) 비혈(備穴) 비아부(備蛾傅) 영적사(迎敵祠) 기치(旗幟) 호령(號令) 잡수(雜守)	성을 지키고 적을 막는 방어전술과 방어용 병기 제작법 등을 기록한 묵자병서라 할 수 있다. 묵가가 '비공'을 실천하는 과정에서 고안하고 축적한 수성법의 기록이다.	유실된 부분이 많아 의사 전달이 잘되지 않으며 현재의 해석에 난해한 것들이 많이 있다.

묵자철학과 묵가사상의 전모를 탐색하기 위해서는 6그룹의 53편을 모두 검토해야 할 것이다. 그러나 나는 후기묵가사상에 해당하는 4그룹과 5그룹, 그리고 묵자병서에 해당하는 6그룹에 대한 탐구는 생략하고자 한다. 묵자철학과 묵가사상의 핵심을 파악하는 데는 1그룹에서 3그룹까지 탐색하면 된다고 생각한다. 따라서 이 그룹들을 중심으로 탐색하되, 필요할 경우 다른 그룹의 글도 참고할 것이다.

2. 악(惡)에 대한 유가적 처방의 한계 - 비유(非儒)

묵자가 살았던 시대는 일찍이 경험해보지 못한 악(惡)의 시대로 지칭되는 춘추전국시대였다. 공자가 진단한 언표로는 '천하에 도가 사라지고'(天下無道) '예악이 무너져버린'(禮壞樂崩) 시대였고, 맹자의 언표로는 "요임금과 순임금이 돌아간 후 성인의 도는 쇠미해지고 포악한 군주가 대를 이어 일어나는 상황"(堯舜旣沒, 聖人之道衰, 暴君代作) 혹은 "윗사람이고 아랫사람이고 이익의 이전투구"(上下交征利)를 벌이는 시대였다.

역사가들은 기원전 770년을 기점으로 이전을 서주(西周), 이후를 동주(東周)라 부른다. 서주시대는 인문적 문화가 꽃핀 시대였다. 그러나 천자국인 주나라에 대한 제후들의 충성은 시간이 흐름에 따라 점차 약화되기 시작했고, 12대 유왕(幽王)을 끝으로 그 태평성대가 막을 내린다. 13대 평왕(平王; BC 771년) 때에 제후국의 반란과 견융(犬戎)의 침략 등으로 주나라는 호경(鎬京)에서 낙양(洛陽)으로 밀려났고, 이때부터를 동주(東周)라 부르며 그것은 곧 춘추전국(春秋戰國) 시대의 개막이었다. 춘추(春秋)시대(BC. 770~BC.403 ; 367년간)가 주나라 왕실이 약화된 틈을 타 세력을 확장한 제후들이 서로 존왕양이(尊王攘夷; 천자국을 보호하고 오랑캐를 무찌름)의 명분아래 천하를 호령하는 시기였다면, 전국(戰國)시대(BC. 403~BC. 221 ; 182년간)는 주왕실의 권위는 땅에 떨어지고 약육강식이 점차 심해져, 유력한 제후국인 7웅(七雄; 진秦 · 초楚 · 연燕 · 제齊 · 한韓 · 위魏 · 조趙)이 서로 왕을 참칭(僭稱)하며 천하를 통일하려고 서로 다투었던 시기였다.

공자가 예악이 무너졌다고 진단했을 때, 여기서 지칭하는 예악이란 주(周)나라의 예악을 말한다. 황하유역에서 발생한 주(周)는 본시 원시적 공동체인 희(姬)씨족으로부터 발전하였다. 황하의 서쪽 협곡(峽谷)에서 출발하여 이전의 상(商)왕조와 여러 조그만 종족들을 정복함으로써 황하유역의 지배자가 되었다. 주나라가 이전의 나라(하夏, 은상殷商)와 다른 것은 예(禮)에 토대한 인문적 문화를 건설했다는 점이다. 이른바 종법(宗法)이데올로기에 기초한 예악형정(禮樂刑政)의 정립이 그것이다.

종법제도는 백세불천(百世不遷)의 대종(大宗)과 오세천(五世遷)의 소종(小宗)의 형식을 통한 씨족제도이다.(『예기禮記』「대전大傳」편). 백세불천이란 영원토록 제사를 이어가는 조상을 말하고, 오세천은 5세가 지나면 제사를 파지하는 조상을 말한다. 백세불천은 큰 아들 중심으로 대대손손 이어가며, 대대손손으로 이어지는 큰 아들 집안은 대종(大宗), 즉 종가(宗家)집이 되는 것이다. 둘째 아들부터는 독립된 가문이 되어 소종(小宗)을 이룬다. 이러한 종법제도를 국가 지배체제에 그대로 적용한 것이 주나라 특유의 봉건제도이다. 주나라의 신분과 봉건제도를 〈표 2〉로 제시하면 아래와 같다.

〈표 2〉 주나라 봉건제도 작위와 관직 및 봉토

<table>
<tr><th rowspan="2"></th><th rowspan="2">작위명</th><th rowspan="2">봉토명</th><th rowspan="2">봉토 크기</th><th colspan="5">예하 관직과 봉토</th><th rowspan="2">비고</th></tr>
<tr><th colspan="2">관직명</th><th>봉토명</th><th colspan="2">관직수</th></tr>
<tr><td rowspan="6">천자
(天子)</td><td rowspan="6">왕
(王)</td><td rowspan="6">왕기
(王畿)</td><td rowspan="6">사방
1000
리</td><td colspan="2">공(公)</td><td>국(國)</td><td colspan="2" rowspan="6">3공
9경
27대부
81원사</td><td rowspan="12">*왕·후·경·대부직은 상속됨

*각 봉토의 아래에는 邑, 鄕, 里 등으로 나누어 邑宰, 鄕長, 里長을 두었음

*대국과 차국의 2경은 천자가 임명하고, 1경은 국군이 임명. 소국의 2경은 국군이 임명</td></tr>
<tr><td colspan="2">상대부경(卿)</td><td>채(采)</td></tr>
<tr><td colspan="2">하대부(大夫)</td><td>가(家)</td></tr>
<tr><td rowspan="3">원사
(士)</td><td>상사</td><td rowspan="3">(없음)</td></tr>
<tr><td>중사</td></tr>
<tr><td>하사</td></tr>
<tr><td rowspan="6">제후
(諸侯)</td><td>공
(公)</td><td rowspan="6">국
(國)</td><td rowspan="2">사방
100리</td><td colspan="2">상대부경(卿)</td><td>채(采)</td><td rowspan="2">대국</td><td rowspan="2">3경
5대부
27원사</td></tr>
<tr><td>후
(侯)</td><td colspan="2" rowspan="2">하대부(大夫)</td><td rowspan="2">가(家)</td></tr>
<tr><td>백
(伯)</td><td>사방
70리</td><td rowspan="2">차국</td><td rowspan="2">3경
5대부
27원사</td></tr>
<tr><td>자
(子)</td><td rowspan="2">사방
50리</td><td rowspan="3">원사
(士)</td><td>상사</td><td rowspan="3">(없음)</td></tr>
<tr><td>남
(南)</td><td>중사</td><td rowspan="2">소국</td><td rowspan="2">2경
5대부
27원사</td></tr>
<tr><td>(부용
附庸)</td><td>사방
50리
미만</td><td>하사</td></tr>
</table>

주의 무왕(武王)은 그의 시대에 이미 15형제와 그의 씨족인 희(姬)의 인척들 중 40명을 제후로 봉했고, 71개의 제후국 중 55개가 무왕의 인척에 의해 통치되었다. 여기서 천자국의 왕은 제후와 경대부들에게 대종(大宗)의 장(長)이었으며, 반면에 제후와 경대부들은 천자에 대해서 소종(小宗)의 장(長)이 되었다. 다른 한편, 제후국에서 제후들은 경대부에게는 대종의 장이 되고, 경대부들은 소종의 장이 되었다. 결국 이러한 종법제도에 의해, 모든 지배계급들은 천자를 전체 조상의 장으로 숭배하는 사상을 낳게 된다. 이를테면, 왕과 제후간의 관계는 사적으로 보면 부자(父子) 관계이고, 공적으로 보면 군신(君臣) 관계가 된다. 이로부터 자연스런 효치(孝治)가 이루어지고(충효일치忠孝一致!!), 여기서 예(禮)사상도 나올 수 있었다고 하겠다.

예(禮)는 본래 원시적 씨족공동체의 시대부터 습속과 관례로써 전승되어온 행위규범이라 할 것이다. 그러나 예가 본격적인 규범으로 등장하기 시작한 것은 국가적 수준의 지배체제가 수립된 하(夏)나라 때부터일 것이다. 은(상)나라 때까지 예는 여전히 종교적이고 의례적인 성격이 강한 것이었다. 그러나 주나라에 와서 예는 상제례 중심의 의례적 성격을 넘어 보다 보편적인 규범으로 정립된다. 주나라의 예악형정을 정립하는 데 주도적인 역할을 한 이가 바로 주공(周公)이라는 사람이다. 주공은 무왕의 동생으로 원래 노(魯)나라의 제후로 봉해졌지만, 이제 막 건국된 주나라의 기틀을 놓기 위해, 노나라는 자신의 아들에게 넘기고, 그는 무왕과 그의 아들인 성왕(成王)을 도우며 주나라의 예악형정을 정립하였던 것이다.[33] 주공에 의해 예악

33) 주공에 의해 정립된 예가 이른바 주례(周禮)라고 하는 것이다. 크게 다섯 가지 유형의 예(오례五禮)로 구성되었다. ① 길례(吉禮) : 나라의 제신

형정이 정비됨으로써, 이때부터 예(禮)는 계급과 계층간, 귀천과 상하간의 차등화 된 신분적 의례와 제도를 의미하는 것이 되었다.[34] 천자와 제후에 걸맞는 예가 있고, 경대부에 걸맞는 예가 있었다. 이들 외에 계급으로 사(士)와 서인(庶人)이 있었고, 그들에게 걸맞는 예가 있었다고 하겠다. 공자가 천하에 도가 사라지고 예악이 붕괴되었다고 진단한 것은 바로 이러한 주나라의 예악형정이 무너졌다는 뜻이다.

춘추시대에 접어들어 주왕실을 정점으로 하는 봉건질서가 붕괴하게 되면서, 왕권의 약화와 제후 간 혈연적 연대의 쇠퇴, 그리고 사회 경제적 기초의 변화에 따른 제후국 간의 멸국겸병(滅國兼兵)으로 예(禮)가 붕괴되는 상황에 직면하게 된다. 공실(公室; 왕과 제후)은 쇠퇴하고 사가(私家; 경대부)가 대두하였으며, 신하가 군주를 시해하고 세자가 권력을 찬탈하는 무도한 행위가 일어났다. 춘추시기 동안 36명의 군주가 신하에게 피살되었으며, 이러한 혼란을 틈타 수많은 국인(國人)의 폭동과 역인(役人)의 반란이 일어났다. 묵자가 활약한 춘추말기와 전국 초기에는 춘추시대 말기를 화려하게 수놓은 오왕 합려(闔閭) 및 부차(夫差) 부자와 월왕 구천(句踐)이 천하의 패권을 놓고 치열한 각축전을 벌인 이른바 오월(吳越)시대였다. '오월시대'는 앞선 시대와 뚜렷한 차이를 보인다. 춘추시대 중기에

(諸神; 천신天神, 지신地神, 인신人神)들에 대한 의례로써 국가의 안녕을 기원하는 의례(원구사圓丘祀, 방택제方澤祭, 사직제社稷祭, 종묘제宗廟祭 등). ② 가례(嘉禮) : 왕실에서 서민에 이르기까지 광범위한 사회계층을 포함하는 만민의 지키도록 하는 의례(통과 의례적 성격의 의례들). ③ 빈례(賓禮) : 나라와 나라사이, 왕과 지방관 사이의 친화(親和)를 위한 의례. ④ 군례(軍禮) : 국가를 유지하고 안전하게 하는 군대의례. ⑤ 흉례(凶禮) : 국가의 재화(災禍), 기근(饑饉), 질병(疾病), 사망(死亡) 등의 슬픔을 위로하고 극복하는 의례 등이다.

34) "禮, 國之幹也." "禮, 王之大經也.", "禮, 政之輿也."(『좌전』)

활약한 제환공(齊桓公)과 진문공(晉文公), 초장왕(楚莊王) 등은 이른바 존왕양이(尊王攘夷)를 기치로 내걸고 왕도에 가까운 패도를 추구했다. 그러나 '오월시대'는 월왕 구천의 와신상담(臥薪嘗膽) 일화가 보여주듯이 수단방법을 가리지 않고 패업을 추구했다. 전국시대는 바로 오월시대의 연장선상에 있었다.

그래서 전국시대에 이르면 '천하무도'적 양상은 더욱 심화된다. 전국시대는 농업혁명이 일어난 시기였다. 철제 농기구와 소가 끄는 쟁기가 등장하고, 대규모의 관개(灌漑)와 여러 종류의 치수(治水)사업, 운하의 건설 등이 추진되었다. 대규모의 황무지 개간과 단위면적당 생산력이 급격히 증가하였을 뿐만 아니라, 토지 사유제가 촉진되고 상업의 발달과 화폐가 유통되기 시작했다. 이로 인해 경제적 부에 토대한 신흥귀족계급이 등장하였고 빈부격차가 심화되어 이농민의 발생을 가져오기도 하였다. 이러한 생산양식의 변화와 더불어 사회구성체도 재편성되는 바, 원시 공동체적 '읍제국가'에서 중앙집권적인 '영토국가'가 등장하였다.

전국시대는 이러한 사회경제적 변동과 무관하지 않다. 제후국간의 패권다툼과 맞물려 '전국(戰國)'이라는 미증유의 혼란상태를 야기하게 되었다. 이 점은 제후국의 숫자 변화로도 알 수 있다. 서주 초기 71개국이었고, 춘추 초기에는 170여 개 국으로 늘었던 제후국이, 전국 초기에 오면 20개 국, 전국 중기 이후에는 7개국(七雄)으로 압축되었다. 이후로는 그야말로 7웅이 천하를 차지하기 위해 먹고 먹히는 난타전이 시작된다. 교전의 횟수와 전술 측면에서도 춘추시대보다 더욱 격화되는 양상을 보인다. 전술 측면에서 전차전(춘추)에서 보병전으로 바뀌고, 군사력은 10배 내지 30배까지 증가하였다. 참전병사의 수와 사상자의 수도 비례하여 늘어날 수밖에 없는데, 예컨대 기원전 293년에 진나라는 한・위 연합군을 대파하여 24만 명을 참수하였고, 기원전 260년에는 진나라가 조나라의 항졸 40만 명을 갱살(坑殺: 땅에 파묻음)하였다고 전한다.

전쟁으로 인한 참상과 사회혼란, 그리고 민중의 고통은 말할 필요가 없다. 전야(田野)와 성(城)은 황폐화되고 피로 물들었으며, 전쟁터와 피정복국의 민중은 학살되거나 노예로 전락했으며, 그나마 살아남은 민중들도 빈번한 징발과 과다한 부세로 파탄지경에 이를 수밖에 없었다. 이러한 정황을 두고 맹자는 "땅을 쟁탈하느라 전쟁을 하여 죽은 백성이 들에 가득하고, 성을 쟁탈하느라 전쟁을 하여 죽은 자가 성에 가득하다."(爭地以戰, 殺人盈野, 爭城以戰, 殺人盈城)고 진단하고 있다. 춘추전국시대는 그야말로 중국사, 동양사 아니 세계사적으로도 악(惡)이 가장 횡행했던 시기라 할 수 있다. 전쟁, 질병, 죽음, 가난, 고통, 증오, 질투, 중상모략 등이 이 시대를 일컫는 대명사가 아닐까 한다. 한마디로, 악의 시대라 지칭할 수 있다. 이러한 악의 시대에는 그것을 아픔으로 느끼고 인식하는 철학자들의 등장을 요구한다. 춘추전국시대에 그 많은 백가(百家)의 철학적 사유가 전개된 것도 이러한 맥락과 무관하지 않았다.

묵자는 춘추시대 말엽에서 전국시대 전기까지 살았던 사상가(BC. 479?~BC. 381?, 노魯나라 출신)이다. 묵가와 쌍벽을 이뤘던 공자는 묵자보다 바로 앞선 시대의 사상가(BC. 552~BC.479, 노魯나라 출신)이다. 이외에 춘추시대의 사상가로 제(齊)나라에는 관자(管子; ? ~BC. 645), 초(楚)나라(?)에는 양자(楊子; BC. ? ~ ?) 등이 각각 출생하여 병든 자기 시대를 고쳐 보려고 사유하고 꿈꾸고 행동하다가 시간의 법칙에 밀려 나갔다. 그리고 전국시대의 대표적인 사상가로는 노자(老子; BC ? ~ ?, 초楚나라 출신), 장자(莊子; BC. 399? ~ ?, 宋蒙나라 출신), 맹자(孟子; BC. 372?~BC. 289?, 추鄒나라 출신), 순자(荀子; BC. 298?~BC. 235?, 조趙나라 출신) 등이 활약하였고, 이외에 법가(法家), 명가(名家) 등 제자백가의 사상들이 출현하여 전국시대의 무도(無道)함을 광정하고자 하였다.

춘추전국시대에 가장 신임을 받는 이들은 실용적 기술정치와 패도적(霸道的) 법술과 병법을 소중히 여기는 사상가들이었다. 당시의 제후와 위정자들에게 초미의 관심사는 천하를 쟁취하고 나라와 집안을 다스리고 살찌우는데 있었기 때문이다. 그리하여 등용된 자들이 춘추시대에는 제환공(齊桓公)의 관중(管仲), 제경공(齊景公)의 안영(晏嬰), 정간공(鄭簡公)의 자산(子産), 오왕합려의 오자서(伍子胥), 월왕구천의 문종(文種)과 범리(范蠡) 등이었고, 전국시대에는 위문후(魏文候)의 이리(李悝), 진효공(秦孝公)의 상앙(商鞅), 한소후(韓昭候)의 신불해(申不害), 초도왕(楚悼王)의 오기(吳起) 등이 대표적인 패도의 기술정치로 부국강병을 추구하고 실현하였던 자들이라 하겠다. 그러나 공자에서 맹자로 이어지는 공맹유학은 이러한 실용적 유위(有爲)윤리와 패도정치에 맞서 인의(仁義)의 당위(當爲)윤리와 왕도(王道)정치를 부르짖었고, 이의 실현을 위해 천하의 제후들을 설득하기 위해 동분서주하였다. 물론 공맹의 주장은 제후나 위정자들에게 별로 받아들여지지 못했다. 한편, 이 당시에 패도의 기술정치도 왕도의 도덕정치도 모두 무의미하다고 여겼던 사상가들도 있었다. 그들은 어느 것으로도 권력자들의 의식을 바꾸면서 악을 생산하는 사회구조를 개선할 수 있다고 여기지 않았다. 그래서 그들은 적극적 참여보다는 비참여의 길을 걸었다. 『논어』에 등장하는 은자(隱者)들, 양자(楊子)와 노자(老子)와 장자(莊子)류의 사상가가 그들이다.

그렇다면 묵자는 어느 쪽인가? 그는 실용적 유위철학을 말하지만, 위압적인 패도적 법술과 공격적 정벌전쟁을 거부한다. 공자철학을 수학하여 그 역시 '사랑'(愛)을 매우 소중한 도덕적 가치로 여기지만, 위정자의 왕도정치로 세상을 고칠 수 있다고 여기지 않았다. 노자와 달리, 이미 이익의 이전투구로 변해버린 세상에서 사람들이 다시 자연의 무위적 도덕성을 회복할 수 있을 것이라는 유토피아적 희망도 갖지 않는다. 무엇보다 다른 사상가들의 공통적인 한계는 현실의 사회체제인 주나라의 봉건제도를 인정하는 전제하에서 철학을 운위하고 사회개선을 요구하고 있다는 점이다. 그러나 묵자는 달랐다. 그는 현실 사회체제를 인정할 수 없었다. 위정자들과 귀족적 지배계급들은 오직 자신들의 이해를 위하여 지배체제의 공고화에만 관심이 있을 뿐 서민백성들의 삶을 돌아보지 않는다고 묵자는 생각했다. 그래서 그는 사회체제를 근본적으로 바꾸는 혁명의 철학을 사유하였다. 위압적·패권적 정치와 공격정벌을 주장하는 무리들과 싸웠고, 특히 주나라 예제문화의 회복을 외치는 공자철학과 유가들에 맞서 사상전(思想戰)도 불사했다.

묵자에 의하면, 공자와 유가들은 몇 가지 점에서 천하를 망가뜨렸다. 『묵자』의 「비유非儒」와 「공맹公孟」편의 관련 부분을 읽어보자. 첫째는, 사람을 두루 사랑하지 않고 차별한다. 친척을 사랑하고, 현명한 사람을 대접하는 데에도 차별이 있다. 가까운 사람을 친하게 대한다는 친친(親親)의 원리에 따라 상례기간에 차이가 있는 것은 대표적인 차별의 사례이다.

【非儒下 1-1】 儒者曰：「親親有術，尊賢有等。」言親疏尊卑之異也。其禮曰：「喪父母三年，妻後子三年，伯父叔父弟兄庶子期，戚族人五月。」若以親疏為歲月之數，則親者多而疏者少矣，是妻後子與父同也。若以尊卑為歲月數，則是尊其妻子與父母同，而親伯父宗兄而卑子也，逆孰大焉！其親死，列尸弗斂，登屋窺井，挑鼠穴，探滌器，而求其人矣。以為實在則戇愚甚矣，如其亡也，必求焉，偽亦大矣。

> 유자들은 말한다: “친척을 친애하는 데에 차등이 있고, 현명한 이를 존중하는 데에도 차등이 있다.” 친소와 존비에 차등이 있다는 것을 말한다. 그들의 예는 말한다: “부모의 상은 삼년이고, 처와 장자의 상례도 삼 년이다. 백부와 숙부와 형제와 서자는 일 년이고, 척족인(가까운 친척)은 오 개월이다.” 친소에 따라서 상례 기간을 정하여, 가까우면 길고, 멀면 짧은 것이다. 이것은 처와 장자와 아버지만 같은 것이다. 존비에 따라서 상례의 기간을 정하면, 이것은 처와 장자와 부모를 존중함은 같고, 백부와 종형제를 친애함은 자식보다 낮으니, 모순이 얼마나 큰 것인가? 부모가 죽음에 시체를 놓아둔 채 염하지 않고, 지붕에 올라 영혼을 부르고, 우물을 엿보며, 쥐구멍을 들쑤시고 빨래통을 찾으면서 죽은 사람을 구하려 한다. 실제로 존재한다고 여기는 즉 어리석기 그지없음이 심하다. 마치 죽은 이를 반드시 구하려는 것과 같다. 또한 거짓됨이 큰 것이다.

*挑(도): 휘다. 들쑤시다. *戇(당): 어리석다.

둘째, 유가는 하늘과 귀신의 존재를 신명하다고 생각하지 않았다. 그리하여 하늘과 귀신이 기꺼워하지 않았다.[35] 셋째, 유가는 운명(運命)을 믿고, 천수(天壽), 치란(治亂)과 안위(安危)가 운명적으로 정해져 있어 덜 수도 더할 수도 없다고 믿는다. 윗사람이 되어 어떤 일을 행하는데 있어서도 반드시 민의(民意)에 귀를 기울여 듣고 다스리지 않으며, 천하백성으로서 어떤 일을 행하는 데 있어서도 반드시 마음과 힘을 다하지도 않는다.36)

【非儒下 2-1】 有強執有命以說議曰：「壽夭貧富，安危治亂，固有天命，不可損益，窮達賞罰幸否有極，人之知力，不能為焉。」群吏信之，則怠於分職。庶人信之，則怠於從事。吏不治則亂，農事緩則貧，貧且亂政之本，而儒者以為道教，是賊天下之人者也。

> 운명이 있다고 강하게 고집하여 의론을 펼쳐 말하길 "요수, 빈부, 안위, 치란은 본래 하늘이 내린 운명이어서 가감할 수가 없다. 곤궁과 영달, 상과 벌, 행과 불행도 운명처럼 한계가 있어 사람의 지력으로 할 수가 없는 것이다." 관리들이 그것을 믿으면 직분과 직업에 태만하고, 서인들이 그것을 믿으면 일의 종사에 태만하다. 관리들이 다스리지 않으면 혼란해지고, 농사를 게을리 하면 가난해진다. 가난해지면 또한 정치의 근본이 혼란스럽다. 유자들은 이것으로 이끌고 가르치니, 이것은 천하의 사람들을 해치고 있다.

넷째, 유가는 예악을 번다하게 꾸미고 거문고와 북소리에 맞

35) 『묵자』「公孟 12」.
36) 『묵자』「公孟 12」.

추어 노래하고 춤추며 사치와 음란을 일삼는다. 다섯째, 유가는 후한 장례와 오랜 상례를 행하여 관곽(棺槨)을 겹으로 만들고 수의(壽衣)를 많이 지어 죽은 이 보내기를 이사가는 듯 하며, 3년 동안이나 곡(哭)하기를 그치지 않는다. 그리하여 상주는 부축해 주어야 일어나고 지팡이를 짚어야 걸으며 귀에는 아무것도 들리지 않고 눈에는 아무 것도 보이지 않는다.[37] 여섯째, 유가들은 노동에는 게을리 하고 고고하게 군자인체 하면서 남의 이익을 빼앗은 자들이다. 부자 집에 사람이 죽기를 기다리는 자들이다.

【非儒下 3-1】 且夫繁飾禮樂以淫人，久喪偽哀以謾親，立命緩貧而高浩居，倍本棄事而安怠傲，貪於飲食，惰於作務，陷於飢寒，危於凍餒，無以違之。是若乞人，鼸鼠藏，而羝羊視，賁彘起。君子笑之，怒曰：「散人！焉知良儒？」夫夏乞麥禾，五穀既收，大喪是隨，子孫皆從，得厭飲食，畢治數喪，足以至矣。因人之家以為翠，恃人之野以為尊，富人有喪，乃大說，喜曰：「此衣食之端也。」

또한 무릇 예악을 번다하게 장식하여서 사람들을 음란하게 하고, 오랜 상례와 거짓 슬픔으로 죽은 부모를 속이고, 운명을 내세워 가난을 느슨히 여기며 고고하게 거처한다. 근본을 배반하여 일을 버리고 안일하고 태만하고 오만하다. 음식은 탐하면서도 노동에는 게으르다. 굶주리고 추위에 빠져 얼어 죽고 굶어 죽을 위험에서 벗어날 수가 없다. 이것은 마치 거지같다. 생쥐처럼 숨기고, 숫양처럼 눈을 번뜩이고, 멧돼지처럼 달려든다. 군자들이 비웃으

37) 『묵자』「公孟 12」.

면, 성내면서 “정신 빠진 사람들아~! 어찌 선량한 유가들을 알겠는가?”고 말한다. 무릇 여름에는 보리와 벼를 구걸하다가 오곡을 다 수확하면 큰 상갓집을 쫓아다닌다. 자손들이 모두 쫓아가 질리도록 먹고 마신다. 상례기간을 정하기에 따라 만족이 이른다. 남의 집에 의지하여 살을 찌우고, 남의 밭에 의지하여 품위를 지키다. 부유한 사람의 집에 상이 생기면 곧 크게 기뻐하고 웃으면 말하길 “이것이 먹고 입는 진실의 길이다.”한다.

*謾[만]: 속이다, 게을리 하다. *倍[배]: 배반하다. *鼱[정]: 생쥐. *鼠[서]: 쥐.
*羝[저]: 숫양. *賁[분]: 크다. *彘[체]: 돼지. *翠[취]: 물총새, 살찌다.
*尊[존]: 술에 취하다(*기세춘).

일곱째, 유가들은 옛 것을 고집하고 새로운 것을 창작하기를 반대하는 술이불작(述而不作)을 주장한다. 이것은 모순이다. 옛 것도 누군가 옛날에 창작한 것이기 때문이다. 마땅히 술이가작(述而可作)해야 한다.

【非儒下 4-1】 儒者曰：「君子必古服古言然後仁。」應之曰：「所謂古之言服者，皆嘗新矣。而古人言之服之，則非君子也。然則必服非君子之服，言非君子之言，而後仁乎？」又曰：「君子循而不作。」應之曰：「古者羿作弓，伃作甲，奚仲作車，巧垂作舟。然則今之鮑函車匠，皆君子也，而羿伃奚仲巧垂皆小人邪？且其所循人必或作之，然則其所循，皆小人道也。」

유자는 말한다: “군자는 반드시 옛 옷을 입고 옛 말을 해야만 어진 사람이다.” 이것에 응답한다: “이른바 옛 말

과 의복은 모두 일찍이 새로운 것이었다. 그러기에 옛사람의 말을 하고 의복을 입는다고 군자인 것은 아니다. 그러면 군자의 옷이 아닌 것을 입고, 군자의 말이 아닌 것을 말하면 인자인가?" 또 말하길 "군자는 옛 것을 따를 뿐 창작하지 않는다."한다. 대답한다: "옛날 예는 활을 만들었고, 여는 갑옷을 만들었고, 해중은 수레를 만들었고, 교수는 배를 만들었다. 그러면 오늘날 그들을 따라 갑옷과 수레 등을 만들면 모두 군자이고, 예・여・해중・교수는 모두 소인이란 말인가? 또한 따르는 사람들이 하는 바도 반드시 혹자가 그것을 창작한 것인즉, 그러면 따르는 자들은 모두 소인의 도리이다."

*鮑函(포함): 鞄函(포함), 부드러운 가죽을 만들고 단단한 갑옷을 만드는 자(*기세춘).

여덟째, 유가들은 말과 행동이 어긋난다. 무릇 도리와 정책, 학문과 사업은 한마디로 어질고 의로워야 한다. 모두 크게는 사람을 다스리고, 작게는 관부를 감당하며, 멀리는 두루 고루 베풀고, 가까이는 자신을 수양한다. 의롭지 않는 곳에 처하지 않고, 이치가 아니면 행하지 않고, 천하의 이로움을 힘써 일으키고, 옳고 그름을 두루 살펴서 사람에게 이로우면 행하고, 불리하면 그친다. 이것이 군자의 도리이다. 그런데 유가들이 성인이라 모셨던 공자의 행동을 들어보면 군자의 도리와 어긋난다. 아래 「비유」 편의 기록은 이러한 관점에서 공자를 비난하는 것들이다. 얼마나 타당한 사실인지를 떠나 공자의 새로운 면을 볼 수 있는 것들이다. 모두 가져온다.

【非儒下 7-1】 夫一道術學業仁義者，皆大以治人，小以任官，遠施周偏，近以脩身，不義不處，非理不行，務興天下之利，曲直周旋，利人則爲，不利則止，此君子之道也。以所聞孔某之行，則本與此相反謬也。齊景公問晏子曰：「孔子為人何如？」晏子不對，公又復問，不對。景公曰：「以孔某語寡人者眾矣，俱以賢人也，今寡人問之，而子不對，何也？

> 무릇 도리와 정책, 학문과 사업은 한마디로 어질고 의로워야 한다. 모두 크게는 사람을 다스리고, 작게는 관부를 감당하며, 멀리는 두루 고루 베풀고, 가까이는 자신을 수양한다. 의롭지 않는 곳에 처하지 않고, 이치가 아니면 행하지 않고, 천하의 이로움을 힘써 일으키고, 옳고 그름을 두루 살펴서 사람에게 이로우면 행하고, 불리하면 그친다. 이것이 군자의 도리이다. 이로써 공자의 행동을 들어보면, 근본이 이것과 상반되고 그릇된다. 제나라 경공이 안자에게 물었다: "공자의 사람됨이 어떠한가?" 안자가 대답하지 않았다. 제경공이 재차 반복하여 물었다: "공자에 대해 나에게 말하는 사람이 많다. 모두가 현명한 사람이라 한다. 지금 과인이 물었는데 그대는 대답하지 않으니, 왜인가?"

*謬(류): 그릇되다. 오류이다.

【非儒下 7-2】 晏子對曰：「嬰不肖，不足以知賢人。雖然，嬰聞所謂賢人者，入人之國，必務合其君臣之親，而弭其上下之怨。孔某之荊，知白公之謀，而奉之以石乞，君身幾滅，而白公僇。嬰聞賢人得上不虛，得下不危，言聽於君必利人，教行下必利上，是以言明而易知也，行明而易從也，行義可明乎民，謀慮可通乎君臣。

안자가 대답했다: "영(안영, 안자)은 불초하여, 족히 현명한 사람을 알지 못합니다. 그러나 내가 이른바 현명한 사람에 대해 들은 바에 의하면, 남의 나라에 들어가면 반드시 그 나라의 임금과 신하간의 친애에 힘쓰며, 상하 간의 원망이 그치도록 합니다. 공자가 형 땅에 갔을 때, 백공의 모반을 알고도 석걸로 하여금 받들게 하고, 임금이 스스로 죽을 뻔했는데도 백공이 죽였습니다. 제가 듣건대, 현명한 사람은 윗사람을 얻음에 속이지 않고, 아랫사람을 얻음에 위태롭게 하지 않습니다. 말을 임금에게 들어 반드시 사람을 이롭게 하고, 아랫사람을 가르쳐 반드시 윗사람을 이롭게 합니다. 이로써 말은 분명하여 알아듣기 쉽고, 행동은 분명하여 따르기 쉽습니다. 의로움을 행하여 백성들에게 밝히고, 계책이 사려 깊어 군신 간에 소통시킵니다.

*弭(미): 그치다, 중지하다.

【非儒下 7-3】 今孔某深慮同謀以奉賊，勞思盡知以行邪，勸下亂上，教臣殺君，非賢人之行也，入人之國，而與人之賊，非義之類也，知人不忠，趣之為亂，非仁義之也。逃人而後謀，避人而後言，行義不可明於民，謀慮不可通於君臣，嬰不知孔某之有異於白公也，是以不對。」景公曰：「嗚乎！貺寡人者眾矣，非夫子，則吾終身不知孔某之與白公同也。」

지금 공자는 깊이 생각하여 모반을 같이 하여 적을 받들었고, 생각을 짜내고 지혜를 다하여 사악한 행동을 했고, 아랫사람을 권면하여 윗사람을 공격하고, 신하를 가르쳐 임금을 죽였으니, 현명한 사람의 행동이 아닙니다. 남의 나라에 들어가, 남의 적과 더불어 하니, 의로운 사람이 아닙니다. 남이 충성스럽지 않은 것을 알고도 그를 추동하여 난을 일으키게 했으니, 인의로운 사람이 아닙니다. 남의 나라로 도망쳐 모의를 꾸미고, 남을 피해 뒷말을 하는 것은 의로움을 행하여 백성들에게 밝히는 것이 아니며, 사려 깊은 계책으로 군신 간에 소통하는 것이 아닙니다. 나는 공자가 백공과 다른 것이 있는지 모르겠습니다. 이로써 대답하지 않은 것이었다. 제경공이 말하길 "오호라~! 과인을 깨우쳐 준 것이 많도다. 자네가 아니었다면, 나는 종신토록 공자와 백공이 같다는 것을 알지 못하였을 것이다."

*貺(황): 하사하다, 깨우쳐주다.

【非儒下 8-1】 孔某之齊，見景公，景公說，欲封之以尼谿，以告晏子。晏子曰：「不可，夫儒浩居而自順者也，不可以教下，好樂而淫人，不可使親治。立命而怠事，不可使守職，宗喪循哀，不可使慈民，機服勉容，不可使導眾。孔某盛容脩飾以蠱世，弦歌鼓舞以聚徒，繁登降之禮以示儀，務趨翔之節以觀眾，

공자가 제나라로 가서 경공을 알현하였다. 경공이 기뻐하며 이계 땅에 봉하고자 안자에게 고했다. 안자가 말하기를 "안 됩니다. 무릇 유가들은 거만하게 거하면서 자신을 따르는 자들입니다. 아랫사람을 가르칠 수 없고, 음악을 좋아하여 사람들을 음란하게 하고, 백성을 친애하고 다스릴 수 없습니다. 운명을 내세워 일에 태만하여 직분을 다할 수 없습니다. 상례를 중시하여 슬픔을 좇음으로

백성들을 자애롭게 할 수 없습니다. 기이한 옷과 용모를 꾸밈으로 백성들을 인도할 수 없습니다. 공자는 용모를 성대하게 하고 장식을 꾸미면서 세상에 독을 뿌리며, 음악과 춤으로 무리를 모으며, 번다하게 오르내리는 예로 위의를 보이고, 새처럼 총총 걸음의 예절에 힘써 백성들에게 보입니다.

*蠱(고): 독.

【非儒下 8-2】 博學不可使議世，勞思不可以補民，絫壽不能盡其學，當年不能行其禮，積財不能贍其樂，繁飾邪術以營世君，盛為聲樂以淫遇民，其道不可以期世，其學不可以導眾。今君封之以利齊俗，非所以導國先眾。」公曰：「善。」於是厚其禮，留其封，敬見而不問其道。

박학하지만 세상을 의론할 수 없고, 생각에 수고로워도 백성들에게 보탬이 없습니다. 수명을 다하여도 그들의 학문을 다할 수 없으며, 장년이라도 그들의 예를 다 실행할 수 없으며, 재물을 축적해도 그들의 음악을 다 충족할 수 없으며, 번다한 장식과 사악한 계책으로 세상과 임금을 좌지우지하고, 성대한 음악으로 만나는 백성마다 음란하게 만듭니다. 그들의 도로는 세상을 기약할 수 없고, 그들의 학문으로는 백성을 인도할 수 없습니다. 지금 임금께서 그를 봉하여 제나라의 습속을 이롭게 하고자 하지만, 나라를 이끌고 백성을 선도하는 방책이 아닙니다. 경공이 "좋다"하였다. 이에 그에게 예를 후하게 했지만 그를 책봉하는 것을 유보했다. 공경으로 만나주었지만 그의 도를 묻지 않았다.

*絫(유): 포개다, 쌓다. *贍(섬): 넉넉하다.

【非儒下 8-3】 孔某乃恚，怒於景公與晏子，乃樹鴟夷子皮於田常之門，告南郭惠子，以所欲為，歸於魯。有頃，聞齊將伐魯，告子貢曰：「賜乎，舉大事於今之時矣。」乃遣子貢之齊，因南郭惠子以見田常，勸之伐吳，以教高國鮑晏，使毋得害田常之亂，勸越伐吳。三年之內，齊吳破國之難，伏尸不可以術數，孔某之謀也。

> 이에 공자가 화가 나서, 경공과 안자에게 분노하였다. 이에 치이자피를 전상의 문하에 심어놓고, 남곽혜자에게 하고자 하는 것을 고하고 노나라로 돌아갔다. 얼마 뒤에 제나라가 노나라를 치려는 것을 듣고, 자공에게 고하기를 "사야, 지금이 큰 일을 일으킬 때이다."하였다. 이에 자공을 제나라로 보내어 남곽혜자를 통하여 전상을 만나서 오나라를 치도록 권면하고, 고씨·국씨·포씨·안씨 가문에 교지하여 전상의 반란을 방해하지 말도록 하였다. 또 월나라에게 오나라를 치도록 권면하였다. 삼년 안에 제와 오나라는 파탄의 어려움에 봉착하였고, 죽은 시체가 수를 헤아릴 수 없었으니, 공자의 음모였던 것이다.

*恚(에): 성내다. *有頃(유경): 얼마 후에.

【非儒下 9-1】 孔某為魯司寇，舍公家而奉季孫。季孫相魯君而走，季孫與邑人爭門, 關決植。孔某窮於蔡陳之閒，藜羹不糂十日, 子路為享豚，孔某不問肉之所由來而食，褫人衣以酤酒，孔某不問酒之所從來而飲。哀公迎孔子，席不端弗坐，割不正弗食，子路進，請曰：「何其與陳蔡反也？」孔某曰：「來，吾語女。曩與女為苟生，今與女為苟義。」夫飢約則不辭妄取以活身，贏飽則偽行以自飾，汙邪詐偽，孰大於此！

공자가 노나라의 사구가 되었을 때, 공가를 버리고 계손씨를 받들었다. 계손씨가 노나라 임금을 돕다가 도망할 때, 계손씨와 고을 사람들이 문을 앞두고 싸웠는데, 공자가 관문의 빗장을 열어주었다. 공자가 채나라와 채나라 틈바구니에서 궁핍에 빠졌을 때, 나물도 없는 여나라국으로 열흘을 견디어야 했다. 자로가 돼지고기를 바치자 공자는 고기의 출처를 묻지도 않고 먹었다. 남의 옷을 빼앗아서 술을 사오자, 공자는 술의 출처를 묻지 않고 마셨다. 애공이 공자를 맞아들이자, 좌석이 단정하지 않으면 앉지 않았고, 고기를 바르게 썰지 않으면 먹지 않았다. 자로가 나아가 청하여 말하길 "어찌 진나라와 채나라에 처했을 때와 전혀 다릅니까?"하자, 공자가 말하길 "오너라, 내가 너에게 말해주겠다. 그 때에는 너와 함께 구차하게 살아남아야했지만, 지금은 너와 함께 진실로 의로움을 해야 한다."하였다. 무릇 굶주리고 곤궁할 때에는 살아남기 위해 망령된 말도 사양하지 않다가, 살찌고 배부르면 거짓 행동으로 자신을 꾸민다. 더럽고 간사하고 교묘하고 거짓됨이 이보다 클 수가 있는가?

*闗決植(관결식): 여기서 植(식)은 관문의 빗장, 관문의 빗장을 해결하다(*기세춘).
*藜(려): 나라이름. *羹(갱): 국. *糝(삼): 나물. *褫(치): 옷을 빼앗다.
*曩(낭): 앞 서에, 예전에. *羸(영): 남다.

【非儒下 9-2】 孔某與其門弟子閒坐，曰：「夫舜見瞽叟就然, 此時天下圾乎!周公旦非其人也邪？何為舍其家室而託寓也？」孔某所行，心術所至也。其徒屬弟子皆效孔某，子貢季路輔孔悝亂乎衛，陽貨亂乎魯，佛肸以中牟叛，桼雕刑殘，亂莫大焉! 夫為弟子後生，其師必修其言，法其行，力不足，知弗及而後已。今孔某之行如此，儒士則可以疑矣。

공자가 문하제자들과 한가로이 앉아있을 때 말하길 "순임금은 아비인 고수를 보면 안절부절하였다. 이때가 천하가 위태로웠다. 주공 단이 훌륭한 사람이 아니지 않는가? 어째서 자기 가문을 버리고 객지에 의탁하였는가?" 공자의 소행과 심술이 여기에 이르렀으니, 그 무리에 속한 제자들도 모두 공자를 본받았다. 자공과 계로는 공리를 도와 위나라에서 난을 일으켰고, 양화는 노나라에서 난을 일으켰고, 불힐은 중모 땅으로 모반하였고, 칠조개는 형벌로 죽었으니, 어지러움이 막대하도다~! 무릇 제자된 자들의 뒤에 삶이란 자기 스승에게서 반드시 말을 수양하고 행동을 본받는다. 힘이 모자랄까, 지혜가 미칠 수 없을까 하며 뒤따를 뿐이다. 지금 공자의 행동이 이와 같으니, 유가의 선비들을 의심하지 않을 수 없다.

*就然(취연): 蹴然(축연), 불안해하는 모양. *圾(급): 위태롭다. *寓(우): 객지에 머무르다.

3. 밥을 나눈 사랑

묵자는 공자의 혈연중심의 별애(別愛: 차별적, 차서적 사랑)에 반대하고 겸애(兼愛: 무차별적 사랑)를 주장했을 뿐만 아니라, 그 사랑의 본질은 이익을 서로 나누는 것이라는 공리(公利)와 실용의 교리(交利)사상을 전개했다. 묵자의 주장을 미리 보자.

> 부자가 서로 사랑하고 형제가 서로 사랑하며, 부부가 서로 사랑하고 붕우가 서로 사랑하고 군신이 서로 사랑하고 대소 빈부 강약이 서로 사랑하고 집집마다 서로 사랑하고 각국이 서로 사랑하고 일체의 인류가 서로 사랑하기를 자기 사랑하는 것같이 하여 그 각각의 사이에 털끝만큼의 차별도 없어야 한다.38)

> 국가는 서로 공격하지 않고 사람과 가문끼리 서로 교란하지 않는다면 이것이 천하의 해로움이겠는가? 그것은 천하의 이로움(利)이라 말하지 않을 수 없다. 여러 이익의 근원을 찾아볼 때, 그 이익은 어디서 생겨나는가? 그 이익은 남을 사랑하고 이롭게 하는데서 생겨났다고 말해야 한다. 남을 사랑하고 남을 이롭게 하는 사람들을 별(別)이라 불러야 하는가? 겸(兼)이라 불러야 하는가? 반드시 겸애라 불러야 한다. 그렇다면 서로 겸애하는 사람들은 천하에 큰 이익(大利)을 생기게 하는 자가 아니겠는가?39)

묵자는 이러한 겸애와 교리가 하늘(天)과 귀신(鬼神)의 뜻이라 여겼으며, 도덕적 행위나 정치의 시비득실(是非得失)을 판단하는 준거로 삼표(三表: 本·原·用)를 제시하였다. 삼표란, 첫째, 본(本)은 옛 성왕의 사적(事跡)에 근본을 둔다는 것이고, 둘째, 원(原)은 아래로 백성들이 직접 듣고 본 사실에서 연원을 찾아야 한다는 것이며, 셋째, 용(用)은 국가와 백성의 이익

38) 『墨子』「兼愛中; 2」.
39) 『墨子』「兼愛下; 2」.

에 맞는지 살펴보아야 한다는 것이다.[40] 이러한 삼표에 의거한 행위인지 여부에 따라 하늘과 귀신이 상벌을 내릴 것이라는 상제천(上帝天)의 관점을 그는 견지했다.[41]

그러나 묵자는 하늘이 모든 만물을 차별없이 사랑하듯이 사람들도 서로 겸애해야 하지만, 선험적으로 인간본성이 선하거나 악하다고 보진 않았다. 그는 소염론(所染論)을 주장했다.[42] 즉, 물들임에 따라 착한 사람이 되기도 하고 악한 사람이 되기도 한다는 것이다. 나라와 백성을 다스림에도 어떻게 물들일 것이냐가 중요하다. 따라서 인간을 겸애의 도(道)로 염색하여 서로 상하지 않게 해야 한다는 사회화론의 교육적 관점을 견지하였다.[43] 나아가 묵자는 백성들의 민심에 귀 기울여 이른바 '일반의지'(一般意志, volonte generale)에 토대하는 상동(尙同)의 정치와, 인재를 차별 없이 능력에 따라 등용하는 상현(尙賢)의 정치를 주장하였다. 또한 그는 모든 공격정벌 전쟁에 반대하고 평화의 세계를 추구하는 비전론(非戰論), 물자를 절약해야 한다는 절용론(節用論), 과도한 상제례를 반대하는 절장론(節葬論), 마음을 어지럽히는 음악에 반대하는 비악론(非樂論)을 주장하기도 하였다.

---

40) 『墨子』「非命上: 1」.

41) 『墨子』「天志篇」.

42) "묵자가 실을 물들이는 것을 보고 탄신하며 말했다. 파란 물감을 물들이면 파래지고, 노란 물감으로 물들이면 노래진다. 넣는 물감이 변하면 그 색깔도 변한다. 다섯 가지 물감을 넣으면 다섯 가지 색이 된다. 그러니 물들이는 것을 신중하게 하지 않을 수 없다. 유독 실을 물들이는 것만 그런 것이 아니고 나라도 물들여지는 것이니 신중해야 할 일이다." 『墨子』「所染篇: 1」.

43) 그러나 뒤에서 보겠지만, 이러한 묵자의 관점이 인간을 학습에서 맹목적으로 수동적인 존재로만 보는 것이 아니다. 다만, 선천적 본성의 선악을 부정했다는 것일 뿐이다.

그래서 나는 묵자의 철학을 한마디로 "밥을 나눈 사랑"이라 말한다. 기세춘이 논평하듯이, 묵자는 중국 최초의 철학자였다. 선진시대의 학문은 대체로 경세치학(經世治學)이었다. 그러나 묵자철학은 그야말로 형이상학과 인식론을 겸비한 철학적 사유체계이다. 중국의 고대문헌들이 대체로 역사서이거나 언행록인데 반해 『묵자』는 체계적인 '논변'(論辯)으로 되어 있다. '논변'은 '시비를 가리는 합리적 담론'을 의미한다. 『묵자』의 원문은 해설거리가 별로 없을 정도이다. 앞으로『묵자』을 읽으면서 논변에 기초한 그의 철학적 사유체계와 세상보기의 도를 만나게 될 것이다. 그러나 불행히도 철학적 사유의 시원을 열었던 기축시대의 고전(古典)들이 대체로 그러하듯이 『묵자』 역시 철학적 체계를 갖추어 수미일관하게 정돈된 책은 아니다. 그래서 나는 철학적 체계와 주제에 따라 『묵자』의 각 편을 재편성하는 작업을 시도하였고, '리통기국'(理通氣局)의 관점[44]에서 철학적 읽기와 해석을 시도하였다.

44) '리통기국'(理通氣局)적 관점이란 묵자철학을 현재라는 시공간적 관점에서 재해석한다는 뜻이다. '리통기국'이라는 표현은 율곡에게서 빌려왔다. '리통'이 보편성이라면, '기국'은 특수성이다. 그러니까 이미 보편성을 획득한 묵자철학을 오늘날의 시공간적 특수성의 맥락에서 재해석한다는 의미가 되겠다.

제2장

악(惡)의 소종래(所從來)와 진리에 대하여

제2장 악(惡)의 소종래(所從來)와 진리에 대하여

철학의 개론수준에서 많은 학자들이 '철학함'의 계기로 "놀라움", "경이로움", "의심", "한계상황" 등을 말하지만, 나는 모든 사상이나 철학적 사유를 시공적(時空的) 아픔의 산물이라 여긴다. 현실사회를 짓누르는 악(惡)을 아픔으로 느끼는 순간부터 사상가의 철학적 고민은 시작된다. 악 그 자체만으로도 철학적 사유의 주제이긴 하지만, 그보다는 현실적 악이 어디로부터 왔는지를 분석하고 그 악이 없는 이상사회를 구상한다. 그리고 이상사회로 가기 위한 방책이 무엇인지를 사유한다. 이러한 사유의 체계가 시공을 넘어 보편성을 획득할 때 사상은 하나의 독립된 철학으로 등록된다. 물론 시대마다 철학적 사유의 주제가 변해왔다고 하지만 그 바탕에는 늘 이러한 현실적 문제의식이 깔려 있었다. 그리고 하나의 독립된 철학은 일리(一理)를 갖춘 진리로 등극하여 사람들의 삶에 정표가 되고 사회가 나아갈 지표가 된다.

1. 악은 어디로부터 오는가? - 칠환(七患)

현실적으로 당면한 악(惡)을 직시하며 그것의 소종래(所從來; 근원, 원인)를 분석하는 작업은 사상가가 철학적 사유를 전개하는 출발점이다. 앞의 제1장에서 나는 악에 대하여 잠시 언급한 바 있다. 춘추전국시대는 중국사, 동양사, 아니 세계사적으로도 가장 악이 횡행했던 시기라 할 수 있다. 전쟁, 질병, 죽음, 가난, 고통, 증오, 질투, 중상모략 등이 이 시대를 일컫는 대명사들이다. 한마디로, 악의 시대라 할 것이다. 그렇다면 악이란 무엇이며, 어디로부터 오는가? 프랑스의 현대 철학자인 리쾨르(P. Ricoeur)는 악의 현상을 '도덕적으로 범한 악'과 '고통을 당한 악'으로 분류하여 설명하고 있다.[1)]

사실 동양적 전통에서 악의 기원에 대한 주장이 없었던 것은 아니다. 이를테면, 동양사상적 자기원인론의 일종인 '반대급부이론(反對給付理論)'이 그것이다. "악의 도래는 자기가 스스로 취한 것"(惡之來也, 己則取之. 『左傳』), "길흉은 사람으로 말미암은 것"(吉凶由人. 『左傳』)과 같은 답을 제시했다. 그러나 이와 같은 반대급부이론은 그렇게 만족스러운 답이 못된다. 왜냐하면 이 이론은 다음과 같은 질문 앞에 지극히 무력해지기 때문이다. 왜 도덕적으로 순수한 사람들에게 도저히 합리적으로 설명할 수 없는 고통들이 닥쳐오는 것인가? 왜 현실 역사에서 선인(善人)이 악인(惡人)보다 더 고통을 당하는 일이 생기는가? 왜 그런 부조리한 경우가 생기는가? 왜 순진무구한 어린아이가 고통 속에서 죽어가야 하는가? 왜 전쟁, 전염병, 지진이나 홍수 등 자연재앙과 같은 집단적 고통을 당해야 하는가? 도대체 고통을 당한 악은 그 이유가 무엇이란 말인가? 이러한 질문들에 반대급부이론은 적절한 답을 주지 못한다.

1) 이하의 '범한 악'과 '당한 악'에 대한 설명은 김형효, 『맹자와 순자의 철학사상』(서울: 삼지원, 1990), 15~22쪽에서 빌려왔다.

〈표 3〉 범한 악과 고통을 당한 악

도덕적으로 범한 악
죄(罪)의 현상으로, 이 악에 대하여 도덕적 악을 범한 주체를 상정해서 사람들은 책임소재를 밝힘. 그 주체가 도덕을 위반한 행동이 명백한 경우 고소를 하고, 도덕적·법적 심판에 따라 징계를 하고 고통과 형벌을 부과하게 됨.
고통을 당한 악
이 악은 고통이 도덕적 악으로서의 죄에 대한 징계에서 오는 형벌과 반드시 일치하지 않는데서 문제가 발생함. 우리가 생활해 나가는 와중에서 우리가 도덕적으로 짓는 죄와 아무런 상관없이 바라지 않는 불행과 화를 당하게 됨. 자연의 재화나 재앙은 말할 나위도 없거니와 사회생활에서 타인의 악의에 의하여 무고하게 죄와 화를 뒤집어쓰는 경우도 있음. 병이나 사랑하는 가족의 죽음, 이별·고통 등 수없는 아픔을 우리는 체험하기도 함. 이런 경우 우리는 그런 고통들이 부당하다고 심정 상 느끼지 않을 수 없음. 그런 느낌은 인간의 도덕적 순수성에 대한 심대한 타격을 가하게 됨.

악에 대하여 철학적으로 가장 민감하게 반응한 곳은 기독교 문화권일 것이다. 전지전능하고 절대적인 선(善) 자체인 신(神)에 의해 창조된 이 세계에 왜 악이 존재하는가? 성(聖) 아우그스티누스(St. Augustinus)의 대답은 이렇다. 첫째, 악은 존재(存在)의 결핍이다. 절대자인 신과 피조물 사이에는 존재적 갭(gap; 틈새)이 있을 수밖에 없다. 따라서 그 부족한 결핍은 자기 스스로 발생된 것이 아니라 존재의 결핍상태에 해당하는 것이기에, 악은 존재하는 선의 세계에 대한 필연적 어둠이라는 것이다. 둘째, 원죄(原罪)때문이다. 신은 인간을 창조할 때 자신의 결핍을 자유의지로 보완해 나갈 수 있는 재량권을 부여

했다. 그 재량권은 더 충만한 존재에로 상승하느냐 아니면 결핍의 세계로 나락하느냐 하는 선택적 운명이었는데, 불행하게도 아담과 이브는 상승의 길을 마다하고 나락(奈落)의 유혹에 빠져버렸다는 것이다. 이외에 칸트의 근본악(根本惡)[2], 헤겔의 범비극주의(凡悲劇主義)[3], 마르크스의 사유재산제도 기원론 등 다양한 견해들이 있지만, 이들 설명들은 대체로 도덕적으로 범한 악에 대한 것이지 '고통을 당한 악'에 해당하는 것은 아니다.

천하에 도가 없어지면 고통을 당한 악에 처하는 사람들은 늘 민중이고 민초들이다. 권력자들의 실정으로 그들 간에 벌어지는 아귀다툼과 범한 악은 자기 원인이기에 그에 대한 책임도 그들에게 있다. 그러나 그들 때문에 자신의 의지나 잘못에 상관없이 당하는 악에 처하는 민초들의 삶은 어떻게 해야 하는가? 그들에게는 잘못이 전혀 없다. 예나 지금이나 권력자들을 바꾸고 사회구조를 개선하는 길 외에 뚜렷한 다른 방도가 있겠는가? 대체 악은 무엇이고, 어디로부터 오는가? 묵자는 이에 대해 답을 줄 수 있을까?

묵자를 포함하여, 동양의 선진(先秦) 철학자들은 악이란 무엇인가에 대한 철학적·이론적 질문은 던지지 않았던 것 같다. 왜 그들은 이론적인 형이상학의 문제로서 악이란 무엇인가라는 물음을 던지지 않았을까? 하나의 가설은, 자기 시대를 숨 쉴 틈도 없이 짓누르고 있던 악을 우선 극복하는 실천적·도덕적 요구가 가장 긴급한 문제로 대두될 수밖에 없었기 때문에, 한

2) 인간에게는 선천적으로 경험에 우선하여 악을 향하는 자연적 경향성이 있다는 관점.

3) 개인의 고통과 비극은 전적으로 '세계정신'이나 '절대정신' 속에 소멸되고 마는 '이성의 교지(狡智)'라는 관점.

가하게 악이란 무엇인가 하는 사변적 사유에 깊이 몰두할 정신적 여유가 없었을 것이라는 점이다. 또 다른 가설은, 악에 대한 낙관적 신념을 가졌던 것이 아닌가 생각된다. 즉, 악을 정복할 수 있다는 낙관적 신념에 차 있었기 때문에 어떻게 악한 세상을 광정하는가, 악은 어디로부터 오는가 하는 물음을 철학적으로 숙고하였지, 결코 악 자체가 무엇인가 하는 이론적 물음에 관심이 없었던 것이 아닌가 한다.

오늘날은 자연재해조차도 인재라고 여기는 시대가 되었지만, 자연적 재앙이 가져오는 당한 악이 아니라면 시공을 넘어 민초들의 겪는 악은 늘 권력자들의 불의와 부당한 정치에 있었다. 묵자 역시 여기에 동의한다. 그는 구체적으로 환난을 가져오는 소종래를 7가지로 진단한다. 『묵자』「칠환七患」편을 읽어보자.

【七患 1-1】 子墨子曰：「國有七患。七患者何，城郭溝池不可守，而治宮室，一患也。邊國至境四鄰莫救，二患也。先盡民力無用之功，賞賜無能之人，民力盡於無用，財寶虛於待客，三患也。仕者持祿，游者愛佼，君脩法討臣，臣懾而不敢拂，四患也。君自以為聖智而不問事，自以為安彊而無守備，四鄰謀之不知戒，五患也。所信者不忠，所忠者不信，六患也。畜種菽粟不足以食之，大臣不足以事之，賞賜不能喜，誅罰不能威，七患也。以七患居國，必無社稷，以七患守城，敵至國傾。七患之所當，國必有殃。

> 묵자가 말했다: 나라에는 일곱 가지 환난이 있다. 일곱 가지 환난은 무엇인가? 성곽과 구지(성주위에 둘러 판 물

도랑)는 지킬 수 없으면서 궁실을 짓고 치장하는 것이 첫 번째 환난이다. 주변국이 쳐들어와도 이웃나라가 구제해 주지 않는 것이 두 번째 환난이다. 백성의 노동력을 실용성이 없는 일에 소진하고는 무능한 사람들에게 상과 선물을 내어주고, 백성의 노동력을 쓸모없는 데에 진력하고 재물과 보화는 빈객을 접대하는 일에 탕진하는 것이 세 번째 환난이다. 관리들은 자기 녹봉을 지키려 하고, 노는 자들은 교활하기를 좋아하고, 임금은 법을 앞세워 신하를 포악하게 다스리고, 신하는 비를 두려워하여 감히 떨어내려 하지 않는 것이 네 번째 환난이다. 임금이 스스로 성스럽고 지혜롭다고 여겨 신하들에게 일을 묻지 않고, 스스로 안전하고 강하다고 여겨 수비를 게을리 하고, 이웃나라가 음모를 저질러도 경계할 줄 모르는 것이 다섯 번째 환난이다. 소신 있는 자들은 충성스럽지 않고, 충성스런 자들은 소신 없는 것이 여섯 번째 환난이다. 가축과 씨앗과 콩과 조 등의 곡식은 백성을 먹이는 데 부족하고, 대신들은 일을 처리하는 데 만족스럽지 않고, 상과 선물에도 기뻐하지 않고 처형과 벌에도 두려워하지 않는 것이 일곱 번째의 환난이다. 이러한 일곱 가지 환난이 나라에 있으면 반드시 사직이 무너지고, 일곱 환난이 있는 가운데서는 성을 쌓아도 적군이 이르러 나라가 기울어질 것이다. 일곱 가지 환난을 당하면 나라에 반드시 재앙이 따른다.

*懾(섭): 두려워하다. *菽粟(숙속): 콩과 조.

인용에서 보듯이, 국가에 환난을 가져오고 사직을 무너지게 하는 악의 소종래는 7가지이다. 다시 〈표 4〉로 정리하여 분석적으로 보자.

〈표 4〉 7가지 환난의 내용과 문제 분석

	환난의 내용	문제 분석
1	성곽과 구지는 돌보지 않고, 궁실을 짓고 치장하는 것	• 안보부실, • 사치(낭비)
2	주변국이 쳐들어와도 이웃나라가 구원해 주지 않는 것	• 외교부실
3	백성의 노동력을 실용이 없는 일에 다 써버리고 무능한 사람들에게 상과 선물을 내어주며, 백성의 노동력을 쓸모없는 데에 진력하고 재물과 보화는 빈객을 접대하는 일에 탕진하는 것	• 실용성 없는 노동력 낭비, • 상과 벌의 적용에 부정의함, • 사치(낭비)
4	관리들은 자기 녹봉을 지키려 하고, 벼슬하지 않는 자들은 교활하기를 좋아하고, 임금은 법을 앞세워 신하를 포악하게 다스리고, 신하는 임금이 두려워 감히 거스르지 못하는 것	• 관리들의 책임의식 결여, • 선비들의 교활성과 파당성, • 위압적 법술의 정치
5	임금이 스스로를 성스럽고 지혜롭다고 여겨 신하들에게 일을 묻지 않고, 스스로를 안전하고 강하다고 여겨 나라를 지킴에 게을리 하고, 이웃나라가 음모를 저질러도 경계할 줄 모르는 것	• 임금의 자만과 협치 부족 • 안보부실, • 외교부실
6	소신 있는 자들은 충성스럽지 않고, 충성스런 자들은 소신 없는 것	• 신하의 소신과 충성 부족
7	가축과 곡식은 백성을 먹이는 데에 부족하고, 대신들은 일을 처리하는 데에 만족스럽지 않고, 상과 선물에도 기뻐하지 않고 처형과 벌에도 두려워하지 않는 것	• 생산력 부족, • 대신들의 무능, • 상과 벌의 적용에 부정의함

환난을 가져오는 원인을 문제별로 분석해보면, 대외(국제)적으로는 안보 및 외교 정책의 부실이다. 국내적으로는 임금을 비롯한 위정자들이 사치(낭비)를 일삼고, 백성들을 쓸모없는 부역에 동원함으로써 노동력을 낭비하고 생산력을 떨어뜨려 식량을 비롯한 나라의 물자가 부족한 것이 문제이다. 그리고 임금은 자만과 독선에 빠져 신하의 간언을 듣지 않고 위압적 법술의 정치만을 휘두르는 것이 문제이고, 신하와 관리와 선비들은 소신 없이 무능하고 무책임하며 나라에 대한 충성도가 떨어지는 것이 문제이다. 임금과 신하들이 이러할진대, 나라의 법도가 정의로움을 찾을 수가 없으니 이 또한 문제이다. 이들 중에서도 가장 중요한 문제는 식량안보를 비롯한 나라와 백성들의 경제력 향상에 철저하지 못한 것이다. 이것의 모든 원인은 임금을 비롯한 위정자들이 사치와 낭비에 일삼고 백성들을 위한 정치를 하지 않는데 있다고 묵자는 진단한다. 나머지 「칠환七患」 편을 마저 읽어보자.

【七患 2-1】 凡五穀者，民之所仰也，君之所以為養也。故民無仰則君無養，民無食則不可事。故食不可不務也，地不可不立也，用不可不節也。五穀盡收，則五味盡御於主，不盡收則不盡御。一穀不收謂之饉，二穀不收謂之旱，三穀不收謂之凶，四穀不收謂之餽，五穀不收謂之饑。歲饉則仕者大夫以下，皆損祿五分之一。旱則損五分之二。凶則損五分之三。餽則損五分之四。饑則盡無祿稟食而已矣。故凶饑存乎國，人君徹鼎食，大夫徹縣，士不入學，君朝之衣不革制，諸侯之客，四鄰之使，雍食而不盛，徹驂騑，塗不芸，馬不食粟，婢妾不衣帛，此告不足之至也。

무릇 오곡은 백성이 우러러 보는 것이고, 임금이 백성을 기르는 수단이다. 그러므로 백성이 우러러 보는 것이 없으면 임금이 백성을 기를 수가 없다. 백성이 먹을 것이 없으면 섬기게 할 수 없다. 그러므로 먹는 것에 힘쓰지 않으면 안 되고, 토지를 잘 다스리지 않으면 안 되며, 재용을 절약하지 않으면 안 된다. 오곡을 잘 수확해야 오미가 왕에게도 진상되고, 수확하지 못하면 진상되지 않는다. 한 가지 곡식을 수확하지 못한 것을 '근'이라 하고, 두 가지 곡식을 수확하지 못한 것을 '한'이라 하고, 세 가지 곡식을 수확하지 못한 것을 '흉'이라 하고, 네 가지 곡식을 수확하지 못한 것을 '궤'라 하며, 다섯 가지 곡식을 수확하지 못한 것을 '기'라고 한다. '근'이 든 해에는 벼슬하는 대부이하는 모두 녹을 오분의 일로 줄이고, '한'이 든 해에는 오분의 이로 줄이고, '흉'이 든 해에는 오분의 삼을 줄이고, '궤'가 든 해에는 오분의 사로 줄이고, '기'가 든 해에는 아예 녹이 없고 먹을 것을 나눠줄 뿐이다. 그러므로 나라에 '흉'과 '기'가 든 해에는 임금은 고기요리를 치우고, 대부는 종과 북을 치우며, 선비는 학교에 가지 않는다. 임금은 조복을 새로 짓지 않고, 제후의 손님이나 이웃의 사신이 와도 외빈용 식사를 성대하게 차리지 않는다. 수레에 딸린 예비용 곁마를 없애고, 길의 풀을 깍지 않으며, 말에게 곡식을 먹이지 않고, 비와 첩에게 비단옷을 입히지 않는다. 이것은 식량이 부족에 이르렀음을 고하는 것이다.

*鼎食(정식): 제후의 음식. *縣(현) : 종과 북을 방안에 거는 것.

*驂騑(참비): 수레에 딸린 예비용 곁마.

【七患 3-1】 今有負其子而汲者，墜其子於井中，其母必從而道之。今歲凶民饑道餓，此疚重於墜其子，其可無察邪。故時年歲善，則民仁且良，時年歲凶，則民吝且惡。夫民何常此之有？為者疾，食者眾，則歲無豐。故曰：「財不足則反之時，食不足則反之用。」故先民以時生財，固本而用財，則財足。故雖上世之聖王，豈能使五穀常收，而旱水不至哉。然而無凍餓之民者，何也。其力時急，而自養儉也。故夏書曰：「禹七年水。」殷書曰：「湯五年旱。」此其離凶餓甚矣。然而民不凍餓者，何也。其生財密，其用之節也。

지금 자식을 업고 물을 긷던 자가 자식을 우물에 빠뜨렸다면 부모는 반드시 쫓아서 건지려 할 것이다. 지금 흉년이 들어 백성이 굶주려 길에서 아사한다면 자식을 빠뜨린 것보다 더 아플 것이니, 어찌 살피지 않을 수 있겠는가? 그러므로 세월이 좋은 해에는 백성이 어질고 선량할 것이지만, 세월이 흉년이면 백성은 인색하고 포악해진다. 무릇 백성들이 어떻게 항상됨을 유지할 수 있겠는가? 일하는 자가 고생하여도 먹는 자가 많으면 세월에 풍년도 없는 법이다. 옛 말에 이르길 "재물이 부족하면 때를 반성하고 먹을 것이 부족하면 용처를 반성하라."하였다. 그러므로 옛 백성들은 때에 맞추어 재물을 생산하고, 근본을 확고히 하며 재물을 사용했기에 재물이 풍족했다. 비록 먼 옛날의 성왕이라도 어찌 오곡을 항상 수확하기만 하고 가뭄과 홍수가 이르지 않았겠는가? 그러나 얼어 죽고 굶어죽는 백성이 없었던 것은 무슨 까닭인가? 때에 맞춰서 노력을 다투고 스스로를 부양하는데 검소했던 것이다. 그러므로 하서에 이르기를 "우임금 시대에 칠 년의 홍수가 있었다." 은서에 이르기를 "탕임금 시대에 오 년의 가뭄이 있었다." 이토록 흉년과 굶주림이 심했다. 그러나 백성들이 얼어 죽고 굶어죽지 않은 것은 무슨 까닭인가? 재물의 생산은 많았고 그것의 사용은 절약했기 때문이다.

*疚(구): 오래된 병, 고통, 고생. *墜(추): 떨어뜨리다.

【七患 4-1】 故倉無備粟，不可以待凶饑。庫無備兵，雖有義不能征無義。城郭不備全，不可以自守。心無備慮，不可以應卒。是若慶忌無去之心，不能輕出。夫桀無待湯之備故放，紂無待武之備故殺。桀紂貴為天子，富有天下，然而皆滅亡於百里之君者，何也。有富貴而不為備也。故備者國之重也，食者國之寶也，兵者國之爪也，城者所以自守也，此三者國之具也。

그러므로 창고에 곡식을 비축해 두지 않으면 흉년과 굶주림을 대비할 수가 없다. 무기고에 병장기를 갖추어 두지 않으면 비록 의로운 자라도 불의를 물리칠 수가 없다. 성곽을 완비해 놓지 않으면 자신을 지킬 수가 없다. 마음에 생각을 담아두지 않으면 갑작스런 변고에 대응할 수가 없다. 그러므로 '경기'처럼 용맹한 이도 준비하는 마음이 없으면 가벼이 출정할 수가 없다. 무릇 걸왕은 탕왕을 대비하는 준비가 없었던 까닭으로 쫓겨났고, 주왕은 무왕을 대비하는 준비가 없었던 까닭으로 살육당했다. 걸과 주는 귀하기로는 천자요, 부유하기로는 천하를 소유했으나 모두 사방 백리의 임금에게 멸망당한 것은 무슨 까닭인가? 부귀를 가졌지만 준비하지 않았기 때문이다. 그러므로 준비하는 것은 나라의 중대한 일이다. 먹을 것은 나라의 보배요, 병장기는 나라의 발톱이요, 성곽은 스스로를 지키는 수단이다. 이 세 가지는 나라를 지키는 도구이다.

*慶忌(경기): 오나라 僚王(료왕)의 아들로 매우 용맹했음.

*無去之心(무거지심): 無備之心(무비지심)의 착오로 읽음(※기세춘).

【七患 4-2】 故曰：以其極賞，以賜無功，虛其府庫，以備車馬衣裘奇怪，苦其役徒，以治宮室觀樂，死又厚為棺槨，多為衣裘，生時治臺榭，死又脩墳墓，故民苦於外，府庫單於內，上不厭其樂，下不堪其苦。故國離寇敵則傷，民見凶饑則亡，此皆備不具之罪也。且夫食者，聖人之所寶也。故周書曰：「國無三年之食者，國非其國也，家無三年之食者，子非其子也。」此之謂國備。

옛사람이 말했다. 공적이 없는 이에게 지극한 상과 선물을 주고, 창고를 비워 수레와 말을 갖추고, 옷과 갖옷을 괴이하게 사치하고, 백성들에게 노역을 혹사시키며 궁실을 치장하고 음악을 관람하다가 죽어서는 후하게 관곽을 만들고, 많은 수의를 입는다. 살아서는 누각과 정자를 세우고, 죽어서는 또한 분묘를 치장한다. 그러므로 밖으로는 백성들이 혹사당하고 안으로는 창고가 바닥난다. 윗사람들은 환락에 싫증내지 않고, 아랫사람들은 고통을 감내하지 못한다. 그러므로 나라는 분열과 도적과 적의 침략으로 망해가고, 백성들은 흉년과 굶주림으로 죽어간다. 이것은 모두 준비가 갖추어지지 않은 죄인 것이다. 거듭 말하건대, 무릇 먹는 것을 성인들은 보배로 여겼던 것이다. 그러므로 주서에 이르기를 "나라에 3년 동안 먹을 것이 없으면 나라는 그의 나라가 아니다. 가문에 3년 동안 먹을 것이 없는 자식이 그의 자식이 아니다."고 하였다. 이것은 나라의 준비에 대해 말한 것이다.

2. 모든 일에는 표준이 있다 - 법의(法儀)

악의 소종래(所從來)를 알고 문제를 분석하였다면, 이제 그 문제의 고리를 끊는 처방전을 모색해야 한다. 철학이란 진리에 대해 사유(思惟)하는 학문이다. 사유를 통해 진리가 구성된다. 인간적 삶의 이상과 원리, 정의로운 공동체의 이념과 실현방안 등을 탐색해야 한다. 이를 실천철학이라 부른다. 그러나 사실 이것들의 탐색에 앞서 전제되어야 할 것은 세계의 본질과 인간의 본성에 대한 철학적 가정이다. 이것이 이론철학이다. 세계는 어떻게 탄생하였고, 세계를 움직이는 실재(reality)는 무엇인가? 인간의 본성은 무엇이고 세계에서 차지하는 위상은 무엇인가? 이러한 질문들에 대한 철학적 가정이 먼저 사유되지 않고서는 인간적 삶의 이상과 정의로운 사회가 무엇인가에 관한 실천철학적 진리 또한 구성할 수가 없다. 그래서 고대 철학적 사유의 체계는 대체로 세계관(형이상학적 실재론), 인간관, 윤리관, 정치경제관, 교육관의 순서로 배치되어 있는 것이다. 이것이 사변철학의 체계이다.

사변철학의 체계를 구성하는 내용요소들이 모두 중요한 철학적 주제이긴 하지만, 이 중에서도 가장 중요한 것은 아무래도 인간적 삶의 이상과 정의로운 사회에 대한 실천철학적 탐색이 아닐까 한다. 철학적 진리를 사유하는 이유는 결국 '어떻게 살 것인가'라는 문제에 답을 찾으려는 것이라 여겨지기 때문이다. 특히 앞 절에서 보았듯이, 춘추전국이라는 악의 시대에서 동양의 철학자들은 '악' 자체에 대한 이론적 논구보다는 '악'을 치유하는 방안을 모색하는 실천철학을 위급한 과제로 삼았다. 이 점에서 묵자도 마찬가지였다. 그래서 그에게 가장 시급한 과제는 '천하를 다스리는 방안'의 탐색이었다. 묵자에게 그것은 철학적 진리를 사유하는 것과 다르지 않았다. 그러나 그는 자신의 철학적 사유체계를 본격적으로 논구하기에 앞서 철학적 진리탐색의 표준을 세우고자 하였다. 이를 바탕으로 진리의 인식방법 혹은 참된 진리의 논거가 무엇인지를 명확히 제시하고자 하였다. 이것은 철학적 진리인식론이라 할만하다. 뿐만 아니라 묵자는 논리학에 대해서도 탐구했던 것 같다.[4]

인식론과 논리학은 비판철학의 과제이다. 그러니까 묵자는 사변철학과 비판철학을 아우르는 철학의 전 영역을 종합적으로 사유했던 동양 최초의 철학자다운 철학자라 할만하다. 사실 비판철학의 과제는 사변철학을 하기 위한 전제에 해당한다. 따라서 우리는 묵자의 철학적 진리인식론부터 돌아보아야 한다. 먼저, 이 절에서는 그의 진리탐색의 표준을 어떻게 정하고 있는지를 보기로 하자. 그는 이것을 모든 일을 함에는 표준이 필요하다는 데에 비유하고 있다. 「법의法儀」 편을 읽어보자.

【法儀 1-1】 子墨子曰:「天下從事者，不可以無法儀，無法儀而其事能成者無有也。雖至士之為將相者，皆有法，雖至百工從事者，亦皆有法。百工為方以矩，為圓以規，直以繩，正以

---

4) 그러나 아쉽게도 이 책에서는 묵자의 논리학에 대해서는 탐구하지 않는다.

縣, (平以水)。 無巧工、不巧工，皆以此五者為法。巧者能中之，不巧者雖不能中，放依以從事，猶逾己。故百工從事，皆有法所度。今大者治天下，其次治大國，而無法所度，此不若百工辯也。」

> 묵자가 말했다: 천하의 일에 종사함에는 본받을 표준이 없으면 안 된다. 본받을 표준이 없으면서 일이 성사된 적이 없다. 비록 선비가 장군이나 재상이 되어도 모두 따라야 할 법도가 있고, 백공이 일을 하는 데에도 역시 법도가 있다. 백공은 곱자를 가지고 각을 만들고, 그림쇠를 가지고 원을 만들고, 먹줄을 가지고 선을 그리고, 추를 가지고 수직을 세우고, 물을 가지고 수평을 만든다. 정교한 공인이나 그렇지 않은 공인이나 이 다섯 가지를 표준으로 삼는다. 정교한 공인은 표준에 적중하고, 미숙한 공인은 비록 적중할 수는 없어도 표준에 의지하여 일에 종사하기에 더 나을 수가 있다. 그러므로 백공이 일에 종사함에는 모두 표준이 되는 법이 있어야 한다. 지금 크게는 천하를 다스리고, 버금으로 큰 나라를 다스리면서 표준이 되는 법도가 없다면 이것은 백공의 분별력보다 못한 것이다.

*縣(현): 매달다, 여기서는 추를 매달아 수직을 재는 공구를 뜻함.

*水(수): 물을 담아서 만들어진 수평을 재는 공구를 뜻함.

*(平以水(평이수))는 원래 본문에 없는 것인데, 다음 구절이 '五者爲法(오자위법)'이라 했기 때문에 손이양이 삽입한 것이라 함(※기세춘).

모든 일에 종사함에는 본받을 표준이 필요하다. 이를 테면 곱자, 그림쇠, 먹줄, 추, 수평구 등은 백공들이 자기 일에 종사할 때 필요한 표준들이다. 묵자는 목공출신이었다. 그래서 예를 그렇게 들고 있다. 백공들이 일을 할 때 이러한 표준들이 필요하듯이, 모든 일에는 표준이 필요하다. 정교한 공인은 표준에 적중할 수 있지만, 미숙한 공인이라도 이것이 있으면 여기에 의지하여 일에 종사하기가 쉬워진다. 천하를 다스리고 나라를 다스리는 철학적 진리를 탐색하는 데에도 그러한 원칙이 있어야 할 것이다. 그렇다면 무엇에 표준을 둘 것인가?

【法儀 2-1】 然則奚以為治法而可，當皆法其父母奚若，天下之為父母者衆，而仁者寡，若皆法其父母，此法不仁也。法不仁不可以為法。當皆法其學奚若，天下之為學者衆，而仁者寡，若皆法其學，此法不仁也。法不仁不可以為法。當皆法其君奚若，天下之為君者衆，而仁者寡，若皆法其君，此法不仁也。法不仁不可以為法。故父母學君三者，莫可以為治法。

그러면 무엇을 다스리는 법도로 삼는 것이 좋겠는가? 마땅히 모두 부모를 법도로 삼으면 어떨까? 천하에 부모된 자는 많지만 어진 이는 드물다. 만약 모두가 부모를 법도로 삼으면 이 법은 어질지 못한 것이다. 법도가 어질지 못하면 표준으로 삼는 것이 불가하다. 마땅히 모두가 배우는 학자를 법도로 삼으면 어떨까? 천하에 배우는 학자는 많지만 어진 이는 드물다. 만약 모두 배우는 학자를 법도로 삼으면 이 법도는 어질지 못할 것이다. 법도가 어질지 못하면 표준으로 삼는 것이 불가하다. 마땅히 임금을 법도로 삼으면 어떨까? 천하에 임금된 자는 많지만 어진 이는 드물다. 만약 모두 임금을 법도로 삼으면 이 법은 어질지 못할 것이다. 법도가 어질지 못하면 표준으로 삼는 것이 불가하다. 그러므로 부모와 학자와 임금, 이 세 사람은 다스리는 법도로 삼을 수가 없다.

인용에서 보듯이, 부모와 학자와 임금은 표준이 될 수 없다. 왜냐하면 부모와 학자와 임금은 많아도, 부모다운 부모, 학자다운 학자, 임금다운 임금은 세상에 별로 존재하지 않는다. 그야말로 천차만별이다. 그러면 무엇을 표준으로 삼아야 할까? 묵자가 보기에 그것은 '하늘'(天)이다. 왜냐하면 '하늘'은 세상의 존재들을 차별과 사심 없이 두루 사랑하고 이롭게 하는 무한 보시(報施)의 존재이기 때문이다. 나머지 「법의」 편을 마저 읽자.

【法儀 3-1】 然則奚以為治法而可, 故曰莫若法天。天之行廣而無私，其施厚而不德，其明久而不衰，故聖王法之。既以天為法，動作有為必度於天，天之所欲則為之，天所不欲則止。然而天何欲何惡者也, 天必欲人之相愛相利，而不欲人之相惡相賊也。奚以知天之欲人之相愛相利，而不欲人之相惡相賊也。以其兼而愛之，兼而利之也。奚以知天兼而愛之，兼而利之也，以其兼而有之，兼而食之也。

그러면 무엇을 다스리는 법도로 삼으면 좋을까? 옛 말에 이르기를 하늘을 본받는 것보다 나은 것이 없다고 하였다. 하늘의 행실은 넓고 사사로움이 없으며, 그 베풂은 후하지만 얻으려 않으며, 그 밝음은 영원하여 쇠함이 없다. 그러므로 성왕은 그것을 법도로 삼았다. 이미 하늘을 법도로 삼으면 모든 움직임이 반드시 하늘에 표준을 둘 것이다. 하늘이 하고자 하는 바라면 그것을 하고, 하늘이 하고자 하지 않는 바라면 멈춘다. 그러면 하늘은 무엇을 하고자 하고 무엇을 싫어하는가? 하늘은 반드시 사람들이 서로 사랑하고 서로 이익을 나누기를 바라지, 사람들이 서로 미워하고 서로 해치기를 바라지 않는다. 어떻게 하늘은 사람들이 서로 사랑하고 서로 이익을 나누기를 바라고, 사람들이 서로 미워하고 해치기를 바라지 않는다는 것을 알 수 있는가? 하늘은 두루 사랑하고, 두루 이롭게 하기 때문이다. 어떻게 하늘이 두루 사랑하고 두루 이롭게 하는지를 알 수 있는가? 하늘은 두루 가지고 있고 두루 먹여주기 때문이다.

【法儀 4-1】 今天下無大小國，皆天之邑也。人無幼長貴賤，皆天之臣也。此以莫不犓羊，豢犬豬，潔為酒醴粢盛，以敬事天，此不為兼而有之，兼而食之耶。天苟兼而有食之，夫奚說不欲人之相愛相利也。故曰:「愛人利人者，天必福之，惡人賊人者，天必禍之。曰殺不辜者，得不祥焉。」夫奚說人為其相殺而天不與禍乎！是以知天欲人相愛相利，而不欲人相惡相賊也。

지금 천하에는 크고 작은 나라가 없고 모두가 하늘의 읍일 뿐이다. 사람은 어리고 어른이고 귀하고 천한 이가 없고 모두가 하늘의 신하일 뿐이다. 이로써 누구나 소와 양을 치고, 개와 돼지를 기르고, 정성들여 기장으로 단술을 담아 제상을 마련하여 공경하게 하늘을 섬기는 것이다. 이것은 하늘이 두루 소유하면서 두루 먹여주기 때문이 아니겠는가? 하늘은 진실로 두루 소유하면서 먹여주는데, 무릇 어찌 사람들이 서로 사랑하고 서로 이익을 나누는 것을 싫어한다고 말할 수 있겠는가? 옛말에 이르기를 "사람을 사랑하고 사람을 이롭게 하는 자에게 하늘이 반드시 복을 주고, 사람을 미워하고 사람을 해치는 자에게 하늘은 반드시 화를 내린다."고 하였고, "무고한 사람을 죽이는 자에게는 상서롭지 않은 일을 얻는다."고 하였다. 무릇 어찌 사람들이 서로 죽이는데 하늘이 화를 내리지 않는다고 말할 수 있겠는가? 이로써 하늘은 사람이 서로 사랑하고 서로 이익 나누기를 하고자 하고, 사람이 서로 미워하고 서로 해치기를 원치 않음을 알 수 있다.

*犓(추): 소에게 꼴을 먹이다. *豢(환): 기르다. 사육하다. *醴(례): 단술.

*粢(자): 기장, 피. *辜(고): 허물.

【法儀 4-2】 昔之聖王禹湯文武 , 兼愛天下之百姓 , 率以尊天事鬼 , 其利人多 , 故天福之 , 使立為天子 , 天下諸侯 , 皆賓事之。暴王桀紂幽厲 , 兼惡天下之百姓 , 率以詬天侮鬼 , 其賊人多 , 故天禍之 , 使遂失其國家 , 身死為僇於天下 , 後世子孫毀之 , 至今不息。故為不善以得禍者 , 桀紂幽厲是也 , 愛人利人以得福者 , 禹湯文武是也 , 愛人利人以得福者有矣 , 惡人賊人以得禍者亦有矣。

옛날의 성왕인 우•탕•문•무는 천하의 백성을 두루 사랑하였고, 백성을 이끌어 하늘을 존숭하고 귀신을 섬겼다. 그들은 사람을 이롭게 함이 많았기에 하늘이 복을 내려 자리를 내어 천자로 삼았고, 천하의 제후들이 모두 받들어 섬겼다. 난폭한 왕들인 걸•주•유•려는 천하의 백성을 미워하였고, 백성을 이끌어 하늘을 욕보이고 귀신을 업신여겼다. 그들은 사람을 해치기를 많이 하였기에 하늘이 화를 내려 끝내 나라와 가문을 잃게 하였고, 자신도 죽어 천하에 치욕거리가 되었고, 후세자손이 훼손되어 지

> 금에 이르러 자식이 없게 되었다. 그러므로 불선을 저질러 화를 얻은 자는 걸·주·유·려가 이들이다. 사람을 사랑하고 사람을 이롭게 하여 복을 얻은 자는 우·탕·문·무가 그들이다. 사람을 사랑하고 사람을 이롭게 하여서 복을 얻은 자가 있고, 사람을 미워하고 사람을 해쳐서 화를 얻은 자가 또한 있는 법이다.

*詬(후): 꾸짖다, 욕보이다. *僇(륙): 욕보이다, 죽다.

대국과 소국에 상관없이 하늘 아래 모든 나라는 하늘의 읍일 뿐이고, 어른과 아이에 상관없이 하늘 아래 모든 사람은 하늘의 자식이고, 귀천에 상관없이 모든 사람은 하늘의 신하일 뿐이다. 그러니까 하늘은 차별 없이 두루 사랑하고 이롭게 한다. 이처럼 하늘은 모든 이의 부모이기에 정성으로 제사를 드리며 공경으로 섬겨야 한다. 또한 인간들도 하늘의 뜻을 받들어 두루 사랑하고 서로 이익을 나눠야 한다. 그런 이에게 하늘은 상과 복을 내리고, 어기는 자에게 하늘은 벌과 재앙을 내린다. 옛날 성왕인 우·탕·문·무는 하늘을 본받아 두루 사랑하고 서로 이익을 나누며 하늘을 섬기었기에 복을 받았고, 폭군인 걸·주·유·려는 하늘의 뜻을 어기고 욕보였기에 재앙을 받았던 것이다.

마치 하늘은 예수님 아버지 하느님인 것 같다. 이러한 점은 「천지天志」 편을 다룰 때 더 자세히 보겠지만, 여하튼 하늘은 천하와 나라를 다스리는 진리탐색의 출발점이자 근본적인 표준이 되어야 한다. 그러나 하늘 혹은 하느님의 사랑은 아무래도 추상적이고 형이상학적인 원리이다. 하늘은 세상을 두루 사랑하고 이롭게 하기에 인간들도 이러한 하늘을 본받아야 한다고 하지만, 그것이 참된 진리임을 무엇으로 증명할 수 있는가? 참된 진리를 증명하는 기준이 있다면 그것은 진리를 인식하는 방법론이 될 것이다. 그리고 이러한 준거는 형이상의 세계에서가 아니라 형이하의 세계인 역사현실에서 찾아져야 한다.

3. 진리의 세 가지 준거 - 비명(非命) 중의 삼표론(三表論)

묵자는 참된 진리의 준거로 세 가지를 제시한다. 이른바 '삼표론'(三表論)이 그것이다. 이에 대해서는 『묵자』「비명非命」(상•중•하)편에 나온다. 일단 읽어보자.

【非命上 1-2】 然則明辨此之說將奈何哉？子墨子言曰:「必立儀。言而毋儀，譬猶運鈞之上而立朝夕者也，是非利害之辨，不可得而明知也。故言必有三表。」何謂三表？子墨子言曰:「有本之者，有原之者，有用之者。」於何本之？上本之於古者聖王之事。於何原之？下原察百姓耳目之實。於何用之？發以為刑政，觀其中國家百姓人民之利，此所謂言有三表也。

그러면 이들의 주장을 밝게 분별하기 위해서는 어떻게 해야 하는가? 묵자는 말했다: "반드시 표준을 세워야 한다. 말에 표준이 없는 것은 비유하면 질그릇을 만드는 돌림대 위에 아침과 저녁을 표시하는 것과 같아서, 옳고 그름, 이로움과 해로움의 분별을 명확히 알 수가 없다. 그러므로 말에는 반드시 세 가지 표준이 있어야 한다." 세 가지 표준이 무엇인가? 묵자가 말했다: "표본(本)이 있는 것이요, 근원(原)이 있는 것이요, 실용(用)이 있는 것이다." 무엇에 표본을 두어야 하는가? 위로 옛날 성왕의 일에 표본을 두어야 한다. 무엇에 근원을 두어야 하는가? 아래로 백성들이 듣고 보는 실정에 근원을 두어야 한다. 무엇에 실용을 두어야 하는가? 법과 정치를 하여 그것이 국가와 백성들의 이로움에 적중하는 것인지를 살펴야 한다. 이것을 이른바 말에 세 가지 표준이라 한다.

*鈞(균): 녹로, 흙으로 그릇을 만들 때 쓰는 돌림대(*기세춘)

【非命中 1-1】 子墨子言曰：「凡出言談，由文學之為道也，則不可而不先立義法，若言而無義，譬猶立朝夕於員鈞之上也，則雖有巧工，必不能得正焉。然今天下之情偽，未可得而識也，故使言有三法。三法者何也，有本之者，有原之者，有用之者。於其本之也，考天鬼之志，聖王之事。於其原之也，徵以先王之書。用之奈何？發而為刑政，觀其中國家百姓人民之利。此言之三法也。

묵자가 말했다: 무릇 학문에 따라 담론을 하는 도리가 되기 위해서는 먼저 의로운 법을 세우지 않으면 안 된다. 만약 말에 의로움이 없으면 비유컨대 둥근 돌림판 위에 아침과 저녁을 표시하는 것과 같다. 그러면 기교 있는 백공이라도 반드시 바름을 얻을 수가 없다. 그래서 지금 천하의 실정이 거짓으로 가득차도 알아차릴 수가 없다. 그러므로 말에는 세 가지 법칙이 있어야 한다. 세 가지 법칙이란 무엇인가? 그것의 표본이 있어야 하고, 그것의 근원이 있어야 하며, 그것의 실용이 있어야 한다. 그것의 표본에 대하여는

하늘과 귀신의 뜻, 그리고 성왕의 사례를 상고해야 하고, 그것의 근원에 대하여는 선왕의 책에서 증명되어야 한다. 그것의 실용은 어떡해야 하는가? 법과 정치를 하여 그것이 국가와 백성들의 이로움에 적중하는 것인지를 살펴야 한다. 이것을 이른바 말에 세 가지 법칙이라 한다.

【非命下 1-1】 子墨子言曰：「凡出言談，則必不可而不先立儀而言。若不先立儀而言，譬之猶運鈞之上而立朝夕焉也。我以為雖有朝夕之辯，必將終未可得而從定也。是故言有三法。何謂三法？曰：有考之者，有原之者，有用之者。惡乎考之？考先聖大王之事。惡乎原之？察眾之耳目之請。惡乎用之？發而為政乎國，察萬民而觀之。此謂三法也。」

묵자가 말했다: "무릇 담론을 함에는 반드시 먼저 표준을 세우지 않고 말할 수 없다. 만약 표준을 세우지 않고 말하는 것은 비유컨대 돌림판 위에 아침과 저녁을 표시하는 것과 같다. 그래서 내가 아침과 저녁의 분별을 하고자 하더라도 반드시 얻어 정할 수가 없다. 그러므로 말에는 세 가지 법이 있어야 한다. 무엇이 세 가지 법칙인가? 그것을 고증할 수 있어야 하고, 근원이 있어야 하고, 실용이 있어야 한다. 어떻게 고증하는가? 선대 성스런 대왕들의 사적으로 고증한다. 어디에 근원을 두는가? 백성들이 듣고 보는 실정을 살펴야 한다. 무엇에 실용을 두는가? 나라에 정치를 베풀어 백성들을 살펴서 그것을 관찰한다. 이것을 세 가지 법칙이라 말한다.

'말'(言)은 진리를 표현하는 수단이고, '담론'은 말을 가지고 진리에 대해 철학적 토론을 벌이는 것이다. 어떤 주장이나 이론이 진리가 되기 위해서는 그것을 증명하는 준거가 있어야 한다. 그것이 없음은 마치 둥근 돌림판 위에 아침과 저녁의 시간을 표시하는 것과 다르지 않다. 묵자는 진리의 준거로 세 가지를 제시하고 있는데, 본(本; 표본)•원(原; 근원)•용(用; 실용)이 그것이다. 그런데 인용들에서 이에 대한 설명이 비슷하면서도 다름이 있다. 〈표 5〉로 정리하여 분석적으로 읽어보자.

〈표 5〉 진리의 세 가지 준거(삼표론)

	삼표		
	표본(本)	**근원(原)**	**실용(用)**
비명 상 非命 上	•옛날 성왕의 일	•백성들이 듣고 보는 실정	•법과 정치를 하여 그것이 국가와 백성들의 이로움에 적중하는 지의 여부
비명 중 非命 中	•하늘과 귀신의 뜻, 그리고 성왕의 사례	•선대 왕의 책	•법과 정치를 하여 그것이 국가와 백성들의 이로움에 적중하는 지의 여부
비명 하 非命 下	•선대 성스런 대왕들의 사적	•백성들이 듣고 보는 실정	•나라에 정치를 베풀어 백성들을 살펴서

『묵자』는 묵자가 직접 쓴 것이 아니라, 제자들이 스승의 말을 기록했던 것을 모아서 편집한 책이다. 기세춘은 묵자의 제자들에 3파가 있었다고 여긴다.[5] 상편은 순수파, 중편은 반

---

5) 기세춘, 앞의 책, 59쪽.

동파, 하편은 절충파의 제자들이 각각 정리한 것이라고 한다. 순수파는 묵자 본연의 가르침을 지키려 했고, 반동파는 현실에 영합하려 했고, 절충파는 이들을 절충하려 했다는 것이다. 이러한 기세춘의 관점이 적합한 것인지는 모르겠다. 그러나 〈표 5〉에서 보듯이, 세 준거 중에 '실용'(用)에 대한 설명은 세 편이 모두 같다. 그러나 다른 두 준거의 설명에서 중편은 아무래도 좀 이상하다.

'표본'(本)에 대해 상・하편은 모두 "선대의 성왕의 사적(사례)"이라고만 하였는데, 중편은 이에 앞서 "하늘과 귀신의 뜻"을 들고 있다. 진리탐색의 표준이었던 '하늘의 뜻'은 추상적 원리이기에 역사현실에서 준거를 찾아야 하는 것이라 하였다. 그렇다면 중편이 "하늘과 귀신의 뜻"을 거명한 것은 별로 의미가 없는 것이다. 그리고 또 다른 준거인 '근원'(原)에 대해 상・하편은 모두 "백성들이 듣고 보는 실정"이라 하였는데, 중편은 "선대왕의 서적(책)"이라 하고 있다. 중편은 앞의 '표본'(本)도 "성왕의 사적"이라 하였고, '근원'(原)은 "선대왕의 서적(책)"에 두라고 한다. "성왕의 사적"도 "선왕의 서적"에 기록되어 있을 것인데, 차이가 무엇인가? '표본'과 '근원'을 모두 선대의 왕의 사적에 두라는 것인가? 착오가 아니라면 이것은 기세춘의 지적처럼 반동파의 주장인 것 같다. 참된 진리의 준거를 백성에 두지 않고 왕에게 두라는 것이기 때문이다. 그래서 중편은 의심이 간다. 상・하편으로 삼표론을 이해해야 마땅하다.

첫째, 참된 진리의 '표본'(本)은 "선대 성왕들의 사적"에 두어야 한다. 왜냐하면 그들은 하늘의 뜻을 본받아 역사현실에서 백성들을 두루 사랑하고 서로 이익을 나누도록 하는 정치를 실행했던 성인들이기 때문이다. 요・순・우・탕・문・무가 그들이다.

둘째, 참된 진리의 '근원'(原)은 "백성들의 보고 들은 실정"에 두어야 한다. 앞으로 묵자의 '상동'(尙同)의 정치론을 읽을 기회가 있겠지만, 그는 백성들의 민심에 귀 기울여 이른바 '일반의지'(一般意志, volonte generale)에 토대하는 정치를 주장한다. 참된 진리의 '근원'은 백성들의 여론과 민심(民心)에 두어야 한다는 뜻이다.

셋째, 참된 진리의 '실용'(用)은 설명 그대로 "법과 정치를 실행하여 그것이 국가와 백성들의 이로움에 적중하는 지의 여부"에 두어야 한다. 말하자면 모든 국가의 정책은 공리성(公利性)과 실용성(實用性)에 두어야 한다는 것이라 할 수 있다.

이것이 진리의 준거들이고 진리인식의 방법론이다. 한마디로, 묵자에게 철학적 진리란 백성들의 삶과 사회를 개선시키는 실용적인 목적에 기여하는 것이다. 개인적 • 사회적으로 부닥친 악의 본질을 명료히 하고, 제안된 해결책이 유용성(공리성과 실용성)을 평가하며, 미래의 개선과 발전을 위한 적절한 방향과 방법을 제시해 줄 수 있을 때만이 철학이고 진리라고 할 수 있다. 그래서 묵자의 철학은 인식론적으로 자연주의라 부를 수 있다. 인식론적 자연주의는 사실과 가치 사이의 엄격한 구별을 거부하는 동시에 선과 가치의 근원을 비윤리적인 조건들로부터 도출하고자 하는 것이기 때문이다.

사실 인식론적 자연주의 윤리학에는 두 가지 관점이 있다. 형이상학적 자연주의와 경험적 자연주의가 그것이다. 전자는 형이상학적 사실(실재, reality)로부터 인간된 삶의 이상과 원리, 정의로운 사회의 비전 등의 도덕적 진리를 직관해내고자 하는 것이다. 묵자는 형이상학적 실재를 '하늘'이라 하였다. 하늘은 모든 만물을 두루 사랑하고 이롭게 한다. 이로부터 인간들도 서로 두루 사랑하고 이익을 나눠야 한다는 도덕적 진리를 직관해 낼 수 있는 것으로 가정하고 있다.

한편, 후자의 경험적 자연주의는 경험적 사실, 즉 인간은 심리학적으로 욕구의 존재이기에 그것을 충족시켜 주는 것이 곧 옳은 것이라는 관점에서 도덕적 진리를 추론해내고자 한다. 도덕적 진리란 인간의 필요와 욕구, 사회 공동체의 안정과 발전, 그리고 그 속에서의 평화롭고 조화로운 인간 상호작용과 의미 있는 삶의 실현 등에 기여하는 것이어야 한다는 것이다. 인간은 경험적 지성을 통하여 그러한 진리를 인식할 수 있는 존재이다. 묵자는 이러한 관점에서 진리의 3가지 준거를 제시하였다.

인식론적 비자연주의 철학자들은 자연주의적 관점을 존재(사실)로부터 당위(가치)를 이끌어내는 '자연주의적 오류'(naturalistic fallacy)를 범하고 있다고 비난하겠지만,[6] 묵자를 비롯한 동양

---

6) '자연주의적 오류'의 개념은 영국의 윤리학자인 무어(George Edward Moore, 1873~1958)가 제시한 것으로, 가치어(value terms)를 비가치어(non-value terms)로써 정의하려는 시도, 또는 가치판단을 사실판단으로 번역하려는 시도 안에 깃든 논리적 난점을 지적한 것이다. 인식론적 자연주의자들은 '좋음'(善; goodness)은 곧 '좋은 것'(good things)이라는 관점이다. 그러나 인식론적 비자연주의자에 따르면, '좋음'(善; goodness)과 '좋은 것'(good things)은 서로 다른 것이다. 이러한 관점에서 전자의 관점이 자연주의적 오류를 범하고 있다고 비난한다. '좋음'은 좋은 사물의 특징의 일부 또는 그 자연적 특성의 하나가 아니라, 그 사물의 모든 다른 특성들의 필연적인 결과로서의 세계에 속하는 실재(實在)로 본다. 그러나 '좋은 것'은 자연현상으로서 시간과 공간 안에 존재하는 것이다. '좋은 것'은 '좋음'을 가지고 있으나 그 자체가 '좋음'은 아니다. '좋음' 그 자체는 시공 안에 있을 수 없는 실재로써(가치실재론價値實在論이라 부른다) 경험적 지각의 대상이 될 수 없는 것이다. 이를테면, 내가 어떤 여인을 사랑하고 있다면 그것은 '좋은 것'이다. 그러나 나와 연인 간의 사랑이 '사랑' 그 자체는 아니며, 시공을 넘어 실재하는 사랑의 이념을 시공 안에서

철학에서 형이상학적 자연주의의 관점은 대체로 보편적인 관점이었다. 천인합일론(天人合一論)을 주장하는 모든 철학들은 여기에 해당하기 때문이다. 그러나 묵자적 인식론의 특징은 여기에 머무르지 않고 경험적 자연주의의 관점을 채택하고 있다는 점이다.

4. 맺음말

묵자가 활동했던 춘추말엽에서 전국초기는 춘추시대 말기를 화려하게 수놓은 오왕 합려(闔閭) 및 부차(夫差) 부자와 월왕 구천(句踐)이 천하의 패권을 놓고 치열한 각축전을 벌인 이른바 오월(吳越)시대였다. '오월시대'는 앞선 시대와 뚜렷한 차이를 보인다. 춘추시대 중기에 활약한 제환공(齊桓公)과 진문공(晉文公), 초장왕(楚莊王) 등은 이른바 존왕양이(尊王攘夷)를 기치로 내걸고 왕도에 가까운 패도를 추구했다. 그러나 '오월시대'는 구천의 와신상담(臥薪嘗膽) 일화가 보여주듯이 수단방

일부 실현하고 있을 뿐이다. 또한 '좋음'과 '좋은 것'의 구별에서 유의해야 할 것은 좋은 것들이 가지고 있는 자연적 특성을 좋음으로 규정하면 안 된다는 것이다. 자연주의 윤리학자들은 "선은 쾌락이다" 혹은 "선은 유용성을 가져오는 것이다"고 정의하는 데, 이는 좋음을 심리학적 사실로 등치시켜 이해하는 것이다. 인간은 욕구하는 존재라는 심리학적 사실을 전제하고 좋음을 규정하려는 시도이기에, 이는 가치판단을 사실판단으로 번역하는 것이다. 이러한 관점은 형이상학적 사실(실재)을 가정하고 이로부터 좋음과 당위를 이끌어내려는 형이상학적 자연주의자들에게 적용된다. 요컨대, 비자연주의자들에게 〈존재와 사실의 영역〉과 〈당위와 가치의 영역〉은 전혀 카테고리를 달리한다. 당위와 가치의 도덕적 진리는 그 자체로 즉각적으로 파악되어야 하는 것이다. 그래서 비자연주의 윤리학을 직관론적 윤리론(intuitional ethics)이라 부르기도 한다. 김태길, 『윤리학』(서울: 박영사, 1984), 170~172쪽.

법을 가리지 않고 패업을 추구했다. 전국시대는 바로 오월시대의 연장선상에 있었다. 그러니까 묵자가 활동했던 시기는 춘추시대부터 진전된 악의 상황에 극한으로 몰고 가는 시대였던 것이다.

자연적 재앙이 가져오는 당한 악이 아니라면 시공을 넘어 민초들이 겪는 악은 늘 권력자들의 불의와 부당한 정치에 있었다. 묵자는 이러한 정치현실과 백성들의 핍박받는 삶을 목도했다. 그는 현실적 악의 소종래를 7가지로 분석하여 정리하고, 이러한 악을 근본적으로 치유하는 방안을 모색하고 실천하고자 하였다. 그에게 가장 시급한 과제는 '천하를 다스리는 방안'의 탐색이었다. 묵자에게 그것은 철학적 진리를 사유하는 것과 다르지 않았다. 그러나 그는 자신의 철학적 사유체계를 본격적으로 논구하기에 앞서 철학적 진리탐색의 표준을 세우고자 하였다. 이를 바탕으로 진리의 인식방법 혹은 참된 진리의 논거가 무엇인지를 명확히 제시하고자 하였다.

모든 일에 표본이 있어야 하듯이, 진리를 탐색하는 일에도 표본이 있어야 한다. '천하를 다스리는 방안'으로서 철학적 진리탐색의 표본은 '하늘'에 두어야 한다. 부모도 학자도 임금도 진리탐색의 표본으로는 적합하지 못하다. 부모다운 부모, 학자다운 학자, 임금다운 임금이 드물기도 하거니와, 부모는 자기 자식만을 사랑할 가능성이 높고, 학자는 자기 학문과 제자만을 사랑할 가능성이 높으며, 임금은 자기 나라와 자기 백성만을 사랑할 가능성이 농후하다. 궁극적 진리탐색의 표본은 모든 이를 차별 없이 사랑하는 위로부터 연역되어야 한다. 그것이 '하늘'이다. '하늘'은 세계의 모든 존재들을 차별 없이 사랑하고 이롭게 하는 무한 보시의 존재이다. 인간도 이러한 '하늘'을 본받아 진리탐색의 표준으로 삼아야 한다.

그러나 하늘 혹은 하느님의 사랑은 아무래도 추상적이고 형이상학적인 원리이다. 이러한 진리탐색의 표본은 구체적인 역사현실에서 증명될 수 있어야 한다. 그래야 누구나 수긍한 참된 진리로 여겨질 수 있고, 거짓된 사이비 진리와 구별하는 기준이 될 수 있다. 묵자는 참된 진리의 준거로 본(本; 표본)・원(原; 근원)・용(用; 실용)의 삼표론(三表論)을 주장한다. 첫째, 참된 진리의 '표본'(本)은 "선대 성왕들의 사적"에 두어야 한다. 둘째, 참된 진리의 '근원'(原)은 "백성들의 보고 들은 실정"에 두어야 한다. 셋째, 참된 진리의 '실용'(用)은 모든 국가정책의 실행을 공리성과 실용성에 두어야 한다. 한마디로, 묵자에게 철학적 진리란 백성들의 삶과 사회를 개선시키는 실용적인 목적에 기여하는 것이라 할 수 있다.

이제 겨우 『묵자』를 읽기 시작했지만, 묵자철학에서 마치 서양의 여러 사상가들을 만나는 듯하다. 인간을 차별 없이 두루 사랑하라는 예수(BC. 7-2?~ 기원후 약 26-36년)의 목소리를 듣는 것 같고, 서로 이익을 나누라는 마스크스(Karl Marx, 1818~1883)를 만나는 것 같기도 하다. '일반의지'(General Will)에 바탕을 둔 변혁적 민주주의 정치를 주장한 루소(Jean Jacques Rousseau, 1712~1778)가 떠올려 지기도 하고, 공리성과 실용성을 진리의 기준으로 삼은 벤담(Jeremy Bentham, 1748~1832)과 듀이(John Dewey, 1859~1952)가 생각나기도 한다. 묵자가 이들과 같은 철학을 한 것은 아니다. 다만 이들에게 철학적 질료를 제공한 사람일 수는 있을 것이다.

제3장
세계의 본질 : 필연과 자유 사이

1. 하늘의 뜻은 무엇인가?
2. 귀신의 존재이유
3. 그러나 운명은 없다

제3장 세계의 본질 : 필연과 자유 사이

세계의 기원은 무엇인가?[1] 어떻게 생성하게 되었나? 신 혹은 위대한 설계자가 있어 창조되고 질서가 부여된 것인가? 혼돈 속에서 우연히 자생한 것인가? 세계는 왜 이렇게 존재하게 되었는가? 세계는 처음부터 결정론적 인과법칙의 사슬로 짜여진 것인가? 이 세계의 운동을 이끌어 가는 법칙이나 원리는 무엇인가? 우리는 누구인가? 대체 우리는 어디로부터 와서 어디로 가는가? 인간에게 자유의지란 존재하는가? 세계의 본질과 인간의 운명에 관한 이러한 영원한 물음은 아득한 인류의 역사와 함께 지속되어 왔다. 동아시아 문명 역시 예외가 아니었다.

그래서 철학사에서 세계의 기원 및 실재(實在, reality)에 대한 물음과 함께 운명(運命, destiny), 필연(必然, necessity), 우연(偶然, accident) 그리고 자유 등의 주제는 중요한 탐구의 과제였다.[2] 실재와 실체(實體, substance)와 본질(本質, essence)에 관한 물음이 변화무쌍한 현실세계를 넘어 '참으로 존재하는 것'(참 존재)을 묻는 존재론적 물음이라면, 운명과 필연과 우연은 실재로부터 부여된(혹은 생성된) 현실세계의 존재방식이나

---

1) 이 장은 독립된 논문으로 발표한 것이지만, 여기서는 단행본의 체제에 맞게 재구성하고 수정 보완하였다. 발표된 논문을 보려면 강봉수, "묵자철학에서 필연과 자유의 관계", 『도덕윤리과교육』 제47호 (한국도덕윤리과교육학회, 2015. 5), 21~53쪽.

2) 이에 대한 개념적 설명을 잘 정리한 책은 이정우, 『개념 - 뿌리들(1)』 (서울: 철학아카데미, 2004) 참조,

운동법칙과 관련된 주제들이다. 참 존재인 실재의 '실체'를 질료(質料, hypokeimenon)로 볼 것인가, 형상(形相, ousia, idea)으로 볼 것인가에 따라 형상철학(idealism)과 유물론철학(materialism)으로 분류되고, 참 존재인 실재의 '본질'은 그것의 유일한 본성과 의미를 다루는 것이다.

운명과 필연과 우연도 일종의 존재양식이기에 존재론적 물음이기도 하지만, 인과론적 물음이기도 하다. 내가 철학박사학위를 받았을 때, 같은 시골출신으로 시내에서 철학관을 운영하시던 어른이 당신도 철학을 한다며 축하해주셨다. 내가 동양철학을 한다니까 어떤 분은 자기 사주를 봐달라고 하였다. 이처럼 운명철학(運命哲學)이란 것이 있다. 계획한 일마다 마음먹은 대로 안 될 때 팔자타령을 하고, 예기치 못한 불행이나 고통에 직면할 때에는 종종 '운'이 없었다거나 '재수'가 나빴다고 말하기도 한다. 전자의 팔자타령은 운명과 관련되고, 후자의 '운'과 '재수'는 우연과 관련된다.

운명은 결정론적인 인과법칙과도 같은 것이어서 신들조차도 따르지 않을 수 없는 숙명(宿命)적인 것이다. 신들조차도 그러한대, 그의 부산물들의 운명이야 어쩌겠는가? 사람은 누구나 태어나서 죽는다. 도저히 납득할 수 없는데 어쩔 수 없이 어떤 길을 가야만 하는 것도 운명이지만, 결정론적 관점에서 볼 때 '운'과 '재수'조차도 우연이 아니라 운명이다. 이러한 운명론적 관점에서 세상을 보면 인간의 자유의지는 존재하지 않는다. 운명은 결정론적 인과법칙이기에 필연의 뜻을 담고 있다. 그러나 운명이 인간의 의지나 감정을 담고 있는 개념이라면, 필연은 그러한 인간적인 것이 배제된 법칙을 뜻하는 점에서 운명과 다르다. 오늘날 자연과학에서 말하는 인과법칙이 필연이다.[3)]

그러나 고대 철학자들에게 필연은 자연과학적 법칙만을 뜻하지 않았다. 그것은 세계의 섭리(攝理)이고 이치(理致)로서 자연과학적 법칙 이상의 존재법칙이었다. 필연을 운명과 엄격히 구분되지 않은 미분화된 상태로 이해하였다. 나아가 법칙적 필연성은 존재의 법칙이기도 하였지만 당위(當爲)의 법칙으로도 보았다. 존재법칙은 마치 사명(使命)과도 같이 마땅히 따라야만 하는 도덕률이다. 이것은 존재론과 윤리학이 일치인데, 동양철학에서 천인합일론(天人合一論)은 그러한 예의 대표적인 것이다. 주자학도 존재법칙인 소이연이고(所以然之故)와 도덕법칙인 소당연지칙(所當然之則)을 하나로 여긴다.[4] 이처럼 이 세계에 법칙적 필연성이 존재한다면 인간의 자유의지는 있는 것인가? 우연이란 것도 있는 것이 아닐까?

형상철학자들은 용납할 수 없겠지만 데모크리토스나 노자 같은 철학자들은 우연히 원자의 일탈과 기(氣)들의 이합집산으로 세상이 자발적으로 생성하였고, 법칙적 필연성도 그렇게 만들어진 것으로 여긴다. 진화론자들도 긴 세월동안 우주의 진화과정에서 세상의 법칙들이 만들어져왔다고 본다. 이들의 관점에서 법칙적 필연성이란 것도 우연일 뿐이다. 그러니까 도대체 우주가 하필이면 왜 그런 식으로 존재하는지, 그리고 내가 왜 그런 우주의 흐름에서 하필이면 이런 존재로 태어났는지, 그것 자체는 과학적으로 설명할 수가 없다. 그냥 우연일 뿐이다. 그러나 사실 이 경우는 엄격히 말해 '우연'이 아니라 '우발

---

3) 사실 자연과학에서 발견한 이론들도 보편적인 인과법칙은 아니다. 자연과학이론들도 세계를 보는 하나의 개념이고 도식일 뿐이다. 인식의 방법론만큼이나 과학법칙이 있다고 할 수 있다. 그래서 과학적 이론들은 대체로 서로 통약불가능((incommensurability)하다. R. J. 앤더슨 외(양성만 역), 『철학과 인문과학』(서울: 문예출판사, 1988), 314~370쪽 참조.

4) 앞의 2장에서 언급한 바의 인식론적 자연주의가 이것이다.

성'(contingency)이라 부른다.

우발성은 과학이 아니라 형이상학적이고 존재론적 개념이다. 엄격한 의미의 우연이란 인과론적 메카니즘을 찾아내지 못할 때 성립하는 개념이다. 예컨대, 주사위를 던져 어떤 수가 나올지는 우연이다. 결정론에 치우친 과학자들은 여기조차도 인과론적 메카니즘이 있으며 그 변수를 다 고려하지 못한 탓으로 돌릴 것이다. 그들에겐 우연이란 없고 필연만이 존재한다. 이렇게 보면 운명도 필연도 우연도 그렇게 대립적인 개념이 아닐 수 있다. 운명론과 결정론과 숙명론에 치우칠수록 인간의 자유의지는 들어설 공간이 없다. 그러나 인간들은 그런 필연에 저항하고 자유를 찾는 존재이다. 근대로 올수록 그러한 자유의 영역을 확대해온 것도 사실이다. 물론 그것이 착각일지도 모르겠다. 필연과 자유 사이의 어느 지점에 인간은 위치하고 있을까?[5)]

묵자는 이러한 질문에 어떤 대답을 줄 수 있을까? 선진시대의 동양철학에서 세계의 기원과 실재, 그리고 세계의 운동법칙을 다루는 철학의 영역을 본체론, 우주론, 천도론이라 불렀는데, 이 때 주목되는 개념이 자연•세계•우주 등의 의미를 포괄하는 '하늘'(天)이다. 앞의 제2장에서 묵자는 천하를 다스리는 진리를 탐색하는 표준으로 '하늘'을 주목한 바 있다. 이 때 '하늘'은 세상에 존재와 당위의 법칙을 내리는 주재자와도 같았다. 이에 덧붙여 그는 '귀신'을 밝히고자 한다. 그래서 그동

---

5) 여기서 '자유' 혹은 '자유의지'는 사회적 혹은 정치적인 관념인 해방(liberty)이 아니라, 도덕적인 결단을 하거나 도덕적인 행위를 취함에 있어 가능한 여러 가지 선택 사항들 가운데 어떤 것(들)을 선택할 수 있는 행위자의 능력을 의미한다. 안건훈, 『자유의지와 결정론』(서울: 집문당, 2006), 273쪽.

안 묵자의 '하늘'과 '귀신' 개념은 주로 종교사상의 관점에서 해석해왔다.[6] 그러나 이러한 개념들은 아무래도 이 세상을 관장하는 법칙의 필연성을 말하고자 하는 것 같다. 한편으로 묵자는 운명을 거부한다. 요컨대 세상에 필연은 있되, 운명은 없다는 것이다. 이러한 주장을 통해 묵자가 말하고자 했던 것은 단순히 종교사상이 아니라 세계의 법칙적 필연성과 인간의 자유의지 문제에 관한 보다 보편적인 철학적 주제를 탐구하려했던 것이 아닌가 한다. 이 장에서는 이러한 관점에서 묵자의 '하늘', '귀신', '운명'에 관한 주장들을 재검토해 보고자 한다.

1. 하늘의 뜻은 무엇인가? - 천지(天志)

일찍부터 자연·세계·우주 등의 의미를 포괄하는 개념인 '천'(天)은 중국철학의 중심 주제 중 하나였다. 그리고 이 '천' 개념은 인간의 삶과 연관되어 그 의미가 부여되었기 때문에 인간과 천의 관계를 지칭하는 '천인지제'(天人之際)에 대한 논의는 인간과 자연, 인간과 우주라는 포괄적 주제로 그 범위가 확대되어 왔다.

천인관계의 유형은 크게 천인합일론(天人合一論)과 천인분리론(天人分離論)으로 대별할 수 있다. 천인합일론은 천도(天道)와 인도(人道), 물리(物理)와 도리(道理)가 연속적이며, 천도는

---

6) 대표적으로 기세춘은 묵자의 '하늘' 개념을 기독교의 신 개념과 대비적 관점에서 검토하고 있으며, 박문현도 종교사상적 관점에서 접근하고 있다. 풍우란 역시 종교적 제재라는 관점에서 '하늘'과 '귀신'개념에 주목한다. 기세춘, 앞의 책, 89~173쪽; 박문현, 앞의 책, 25~44쪽; 풍우란, 앞의 책, 160~167쪽 등 참조.

인도의 존재론적 근거이다. 천인합일론에서의 천(天)은 그 성격에 있어서 단순한 물리적 자연현상 이상의 형이상학적 의미를 진하게 지닌다. 이에 비해서, 천인분리론(天人分離論)에서의 천은 무목적(無目的)·무의지적(無意志的)인 자연으로서 인간사회의 치란(治亂)과는 관계없이 일정한 법칙에 의해서 운행되는 것이며 인간의 이용 대상으로 인식된다.[7] 결국 천인관계의 본질은 '천' 개념을 어떻게 볼 것이냐에 달렸다. 중국철학사에서 '천'의 의미는 다양한 함의를 가져왔는데, 대략 8가지 정도로 요약할 수 있다.[8]

첫째, 푸른창공을 뜻하는 창창유형(蒼蒼有形)의 천(天)이다. 이 천은 단순히 자연 현상의 하나인 하늘을 뜻하는 것이다. 예컨대, 주역의 기본 괘를 상징하는 하늘(天), 땅(地), 물(水), 불(火), 산(山), 못(澤), 우레(雷), 바람(風)의 여덟 가지는 고대 중국인들이 가장 주목했던 자연 현상들이었다.

둘째, 의지를 지닌 인격신을 뜻하는 상제천(上帝天)이다. 위의 여덟 가지 자연현상만이 아니라 모든 사물에는 신성(神聖)이 깃들어 있다. 애니미즘과 다신론적 사유가 그것이다. 그러나 점차 이들 중에서 하늘의 역할이 특별히 주목되었다. 그것은 더 이상 자연현상이고 여러 신성 중의 하나가 아니라, 그들 위에서 존재들의 생사고락을 주관하는 유일의 '절대적 신'(天帝)의 개념으로 관념화된다. 이것이 상제천(上帝天)이고 주재천(主宰天)으로서의 천 개념이다. 이러한 천 개념은 주로 고대(古代)의 시가(詩歌)나 은주(殷周)의 종교적 문화에서 자주 발

7) 장승구, 「퇴계의 향내적 철학과 다산의 향외적 철학 비교」(한국정신문화연구원 한국학대학원 박사학위 논문, 1995), 11쪽.

8) 강봉수, 『주제별 키워드로 읽는 논어와 세상보기의 도』(서울: 원미사, 2012), 110~111쪽.

견된다.

셋째, 인간의 힘으로 어쩔 수 없는 불가항력적 힘이 있다. 명(命) 혹은 천명(天命)이 그것이다. 상제천은 인간의 길흉화복을 주재하지만, 천명은 객관적 필연성으로 인간에게 다가온다. 인간은 상제천에게 화를 줄이고 복을 달라고 빌 수도 있지만, 이 불가항력적인 운명은 빌었다고 바뀔 수가 있는 것도 아니다. 천명은 상제도 어쩔 수 없는 힘이다. 천명은 인간에게 사명(使命)을 내리기도 하지만, 그것은 바꿀 수 없는 명령이기에 준명(俊命: 명령을 기다림)하거나 지명(知命; 명령을 인식함)하여 순명(順命; 명령을 따름)하거나 입명(立命: 명령에 순응하여 안정을 얻음)할 수 있을 뿐이다.

넷째, 무위무불위(無爲無不爲)의 포괄적 자연계를 뜻하는 자연천(自然天)이다. 자연의 존재원리와 운행법칙은 상제와 상관없다. 자연(自然)은 말 뜻 그대로 '스스로 그러함'이다. 인위적 개입이 없어도 자연은 자기 스스로 존재하고 운동 변화한다. 자연에는 그 안에 존재와 운동변화의 법칙을 함장하고 있다. 인간도 자연의 일부이기에, 그러한 자연법칙을 따라야 한다. 이른바 노장(老莊)이나 도가철학에서 보는 천 개념이 이것이다.

다섯째, 도덕법칙의 근거로서의 의리천(義理天)이다. 인간은 단순히 자연의 일부이기만 한 존재가 아니다. 그들은 도덕적 존재이다. 자연은 도덕성이 없기에 물리적으로 주어진 자연법칙에 따라 살아갈 뿐이다. 그러나 인간은 도덕적 존재이기에 따라야할 도덕법칙이 따로 있다. 자연과 달리 인간에게 특별성을 부여한 것은 하늘이다(천명지위성天命之謂性; 『중용中庸』). 하늘은 인간이 따라야할 도덕법칙의 근거이다. 자사(子

思)와 맹자(孟子)의 천(天) 개념은 여기에 있다.

여섯째, 궁극적인 형이상학적 법칙을 뜻하는 이법천(理法天)이다. 천(天)은 존재의 법칙(所以然)인 동시에 당위의 법칙(所當然)이다. 자연법칙(天道)과 도덕법칙(人道)이 별개의 것이 아니다. 따라서 도덕법칙은 자연법칙으로부터 추론될 수 있다. 이것은 성리학이 정립한 천 개념으로, 성리학자들은 천(天)이라는 용어를 리(理)와 태극(太極)이라는 용어로 대체하기도 하였다. 그들의 관점은 자연학과 인간학을 포괄적으로 설명하려는 거대 패러다임이다.

일곱째, 자연과학적 대상으로서의 천이다. 천은 종교적 의미와 형이상학적 의미로부터 탈각되었다. 자연은 물리적 대상일 뿐이고 인간에 의해 이용되어야할 수단에 불과하다. 청대(淸代 이후의 실학적(實學的) 관점의 천 개념이다.

여덟째, 서양의 기독교 문명이 들어오면서 천은 다시 종교적 유일신의 의미로 재해석되기도 하였다.

이러한 천(天) 개념들 중에 『묵자』에서 보이는 묵자의 관점은 어떤 것이었을까? 결론부터 말하면 묵자의 천 개념은 복잡하다. 상제천, 의리천, 이법천, 기독교적 천개념 등이 복합적으로 드러나는 것 같다. 「천지天志」 편을 읽어보자.

【天志上 1-1】 子墨子言曰：「天下之士君子，知小而不知大。何以知之？以其處家者知之。若處家得罪於家長，猶有鄰家所避逃之。然且親戚兄弟所知識，共相儆戒，皆曰：不可不戒矣!不可不慎矣!惡有處家而得罪於家長，而可為也！非獨處家者為然，雖處國亦然。處國得罪於國君，猶有鄰國所避逃之。然且親戚兄弟所知識，共相儆戒，皆曰：不可不戒矣！不可不愼矣！誰亦有處國得罪於國君，而可為也！

묵자가 말했다: 천하의 사군자들이 작은 일은 알고 정작 큰일은 알지 못한다. 무엇으로 그것을 알 수 있는가? 그들이 가문에서 처신하는 것을 보면 알 수 있다. 만약 가문에서 처신하면서 가장에게 죄를 얻으면 오히려 이웃 가문으로 도피할 수 있지만 부모와 친척과 형제들이 알면 공히 서로 경계하여 모두 말하길 '경계하고 삼가지 않으면 안 될 것이다. 어찌 가문에 처신하면서 가장에서 죄를 얻는 일을 할 수가 있는가?'라 할 것이다. 유독 가문에 처신하는 일에서만 그러한 것이 아니다. 나라에서 처신하는 것 또한 그렇다. 나라에서 처신하면서 임금에게 죄를 얻으면 오히려 이웃나라로 도피할 수 있지만 친척과 형제가 알면 공히 서로 경계하여 말하길 '경계하고 삼가지 않으면 안 될 것이다. 어찌 나라에 처신하면서 임금에게 죄를 얻는 일을 할 수가 있는가?'라 할 것이다.

*儆(경): 경계하다.

【天志上 1-2】 此有所避逃之者也，相儆戒猶若此其厚，況無所避逃之者，相儆戒豈不愈厚，然後可哉？且語言有之曰：焉而晏日焉而得罪，將惡避逃之？曰：無所避逃之。夫天不可為林谷幽間無人，明必見之。然而天下之士君子之於天也，忽然不知以相儆戒，此我所以知天下士君子，知小而不知大也。」

이것은 도피하는 자에 대하여 서로 경계하는 것이 오히려 이처럼 엄하거늘, 하물며 도피할 수 없는 자에 대하여

> 서로 경계하는 것이 어찌 더욱 엄하지 않겠는가? 또한 전해오는 속담이 있다: **"아~~청천백일 하에 죄를 얻으면 장차 어디로 도피할 것인가?"** 이르기를 "도망갈 곳이 없다."할 것이다. **무릇 하늘은 깊은 산림과 계곡의 그윽한 사람이 없는 곳에까지 밝혀 드러내는 것이 불가하겠는가?** 그러나 천하의 사군자들은 하늘에 대하여 홀연 서로 경계할 줄을 모른다. 이것이 내가 이른바 천하의 사군자들이 작은 것은 알고 정작 큰일은 모른다고 한 까닭이다.

*晏日: "青天白日下에 사람이 보는데서"의 뜻(*기세춘).

사람들은 가문이나 나라에서 죄를 얻으면 다른 가문이나 이웃나라로 도망할 수 있고, 또한 다른 사람들도 죄를 얻은 자에게 경계하여 그러지 말도록 말한다. 그러나 청천백일 하에 하늘에 죄를 얻으면 도망갈 곳도 없고, 다른 이들도 죄를 얻은 자에게 경계할 줄 모른다고 한다. 전자는 작은 일이고, 후자의 하늘에 죄를 짓고 이에 경계하는 것은 큰일인데, 사람들은 오히려 작은 일은 알아도 큰일은 모른다고 개탄하고 있다. 여기에 함의된 하늘의 개념은 인격신을 뜻하는 상제천이다. 그래서 하늘은 세상의 모든 일을 주관하고 주재한다.

【天志中 4-2】 且吾所以知天之愛民之厚者有矣，曰以磨為日月星辰，以昭道之，制為四時春秋冬夏，以紀綱之，雷降雪霜雨露，以長遂五穀麻絲，使民得而財利之，列為山川谿谷，播賦百事，以臨司民之善否，為王公侯伯，使之賞賢而罰暴，賊金木鳥獸，從事乎五穀麻絲，以為民衣食之財，自古及今，未嘗不有此也。今有人於此，驩若愛其子竭力單務以利之，其子長，而無報子求父，故天下之君子，與謂之不仁不祥。今夫天兼天下而愛之，撽遂萬物以利之，若毫之末，(莫)非天之所為，而民得而利之，則可謂否矣。然獨不報夫天，而不知其為不仁不祥也。此吾所謂君子明細而不明大也。

> 또한 나는 하늘이 백성을 사랑함이 돈후하다는 것을 알 수 있는 방법이 있다. 이르길 하늘은 일월성신을 갈마들게 하여 비추어 인도해 주시고, 춘하추동 사계절을 제정하여 질서를 부여하고, 번개와 눈과 서리와 비와 이슬을 내려 오곡과 삼마를 자라게 하여, 백성들이 그것을 얻어 재물을 이롭게 하였다. 산천과 계곡을 정비하고, 백 가지 일을 뿌리고 거두며, 백성들의 착함과 그렇지 못함을 사령하며, 왕공과 후백들이 현명한 이에게 상을 내리고 포악한 이에게 벌을 내리도록 하였다. 쇠와 나무와 조수를 내려서 오곡과 삼마를 기르는 데에 종사케 하여, 백성들이 입고 먹는 재물로 삼도록 하였다. 자고로 이러한 베풂이 없었던 적이 없었다. 지금 여기에 한 사람이 있어 기쁨으로 제 자식을 사랑하고 힘을 다하여 힘써서 이롭게 하고자 한다. 그 자식이 장성하여 부모에게 보답이 없으면, 천하의 군자들이 더불어 어질지 못하고 상서롭지 못한 자라고 한다. 지금 하늘이 두루 천하를 사랑하고, 만물을 맞이하여 이루고 이롭게 한다. **털끝 하나라도 하늘이 하지 않은 것이 없다.** 백성이 그것을 얻어 이로우면 '크다'고 말할 수 있다. 그러나 유독 하늘에 보답하지 않고, 그것이 어질지 못한 것임을 알지 못하면 상서롭지 않은 일이다. 이것이 내가 군자가 작은 일에 밝지만 큰일에는 밝지 못하다고 한 뜻이다.

*賊金木鳥獸: 여기서 賊은 敷(베풀다)의 뜻(*기세춘).

*驩: 기뻐하다. *無報子求父: 여기서 子는 于의 착오이고, 求는 其의 착오(*기세춘).

“털끝 하나라도 하늘이 하지 않은 것이 없다.” 하늘은 우선 세상에 존재의 법칙을 부여하고 그것을 주재한다. 하늘은 일월성신을 갈마들게 하는 법칙을 부여하였고, 춘하추동 사계절을 제정하는 질서를 부여하였고, 번개와 눈과 서리와 비와 이슬을 내려 오곡과 삼마를 자라게 하였다. 산천과 계곡을 정비하고 백 가지 일을 뿌리고 거두는 존재의 법칙을 부여하였다. 그리고 이러한 존재의 법칙은 아무리 지극한 성인도 바꿀 수 없는 법칙적 필연성이다. 아래 「사과辭過 5-1」이 그렇게 말하고 있다. 그리고 「비악상非樂上 6-1」에서는 세계에서 차지하는 인간의 위상과 존재의 차이를 말한다.

【辭過 5-1】 凡回於天地之間，包於四海之內，天壤之情，陰陽之和，莫不有也，雖至聖不能更也。何以知其然, 聖人有傳。天地也，則曰上下。四時也，則曰陰陽。人情也，則曰男女。禽獸也，則曰牡牝雄雌也。真天壤之情，雖有先王不能更也。

> 무릇 하늘과 땅 사이를 운회하고 사해의 안을 포괄함에 하늘과 땅의 본성은 음과 양의 조화가 있지 않은 데가 없다. 비록 지극한 성인이라도 바꿀 수가 없다. 어찌하여 그러함을 아는가? 성인이 전해주었기 때문이다. 하늘과 땅이란 위와 아래라 일컫고, 사시란 음양이라 일컫고, 사람의 본성이란 남과 여를 일컫고, 금수란 암수자웅이라 말한다. 진실로 하늘과 땅의 본성은 비록 선왕이라도 바꿀

수가 없다.

【非樂上 6-1】 今人固與禽獸麋鹿蜚鳥貞蟲異者也。今之禽獸麋鹿蜚鳥貞蟲，因其羽毛以為衣裘，因其蹄蚤以為絝屨，困其水草以為飲食。故唯使雄不耕稼樹藝，雌亦不紡積織紝，衣食之財固已具矣。今人與此異者也，賴其力者生，不賴其力者不生。君子不強聽治，即刑政亂，賤人不強從事，即財用不足。今天下之士君子，以吾言不然，然即姑嘗數天下分事，而觀樂之害。

지금 사람은 본래 금수, 사슴, 메뚜기, 새, 곤충 등과는 다르다. 금수, 사슴, 메뚜기, 새, 곤충 등은 날개와 깃털로 옷을 삼고, 발굽과 손톱으로 바지와 신을 삼고, 물과 풀로 음식을 삼는다. 그러므로 수놈에게 밭 갈고 씨 뿌리는 등 농사일을 시키지 않고, 암놈에게 또한 실 뽑고 길쌈하는 일을 시키지 않아도, 입고 먹는 재물이 본래 이미 갖추어져 있다. 그러나 사람은 이와 다르다. 자기 힘에 의지해야 살 수 있다. 자기 힘에 의지하지 않으면 살 수가 없다. 군자가 정사를 돌봄에 다하지 않으면 법과 정치가 혼란해지고, 비천한 자가 농사일 등에 종사를 다하지 않으면 재용이 부족해진다. 지금 천하의 사군자들이 나의 말이 그렇지 않다고 한다면, 상고하여 천하에서 일의 나눔을 헤아려보고, 음악의 해로움을 살펴보기로 하자.

*蹄(제): 발굽. *蚤(조): 벼룩, 일찍, 손톱. *絝(고): 바지. *屨(구): 신. *賴(뢰): 의지하다.

「사과 5-1」의 인용에서 음과 양은 기(氣)의 질료일 것이다. 이 기의 질료에 상제천인 하늘이 질서와 법칙을 부여하였다. 그래서 하늘과 땅을 구분하고, 사시를 정하고, 남녀와 금수를 구분하는 세상 존재들의 다양성을 낳았다고 할 수 있다. 그리고 「비악상 6-1」에서 보듯, 인간이 다른 존재와 다른 점은 일을 하지 않고는 살아갈 수 없다. 여하튼 이러한 점은 무(無)로부터 유(有)를 창조하는 기독교적 신개념과는 다른 것이겠다. 오히려 묵자의 하늘은 상제천이면서 의리천(義理天)이고 이법천(理法天) 개념에 가깝다. 하늘은 존재의 법칙을 부여할 뿐만 아니라 당위의 법칙까지 주관하기 때문이다. 하늘은 세상에 질서를 부여하고 존재의 다양성을 탄생시켰다. 하늘은 또한 다양한 존재에 걸맞게 존재이유와 존재방식을 부여하였다. 모든 만물이 하늘의 자식이고 신하이며 모든 땅이 하늘의 읍이고 마을이다.[9] 그래서 하늘은 모든 만물을 차별 없이 사랑하고 이롭게 한다. 다양한 생명들이 하늘로부터 부여된 존재와 삶의 법칙에 따라 살아가듯이 인간에게도 인간의 법칙이 주어졌다. 위의「천지중 4-2」에서, 하늘은 백성들의 착함과 그렇지 못함까지 사령(司令)한다고 하였다. 그렇다면 하늘이 인간에게 내린 당위의 법칙으로서 하늘의 뜻은 무엇인가?

【天志上 2-1】 然則天亦何欲何惡？天欲義而惡不義。然則率天下之百姓以從事於義，則我乃為天之所欲也。我為天之所欲，天亦為我所欲。然則我何欲何惡？我欲福祿，而惡禍祟。若我不為天之斯欲，而為天之所不欲，然則我率天下之百姓，以從事於禍祟中也。然則何以知天之欲義而惡不義？曰：天下有義則生，無義則死，有義則富，無義則貧，有義則治，無義則

9) 『墨子』「法儀天 4」.

亂。然則天欲其生而惡其死，欲其富而惡其貧，欲其治而惡其亂，此我所以知天欲義而惡不義也。

> 그러면 하늘은 또한 무엇을 바라고 무엇을 싫어하는가? 하늘은 의로움을 바라고 불의를 싫어한다. 그런즉 천하의 백성을 이끌어 의로움에 종사한다면 곧 하늘이 바라는 것을 하는 것이다. 내가 하늘이 하고자 하는 것을 하면 하늘도 내가 바라는 바를 해준다. 그러면 나는 무엇을 바라고 무엇을 싫어할까? 나는 복록을 바라고 화와 재앙을 싫어한다. 만약 내가 하늘이 바라는 것을 하지 않고 하늘이 바라지 않을 것을 한다면 나는 천하의 백성을 이끌어 화와 재앙에 종사하도록 하는 것이다. 그러면 무엇으로 하늘이 의로움을 바라고 불의를 싫어하는지를 알 수 있는가? 이르기를 "천하에 의로움이 있으면 살고 의로움이 없으면 죽는다. 의로움이 있으면 부유해지고, 의로움이 없으면 가난해진다. 의로움이 있으면 다스려지고, 의로움이 없으면 혼란해진다. 그런즉 하늘은 삶을 바라고 죽음을 싫어하며, 부유해지기를 바라고 가난해지는 것을 싫어하며, 다스려지는 것을 바라고 혼란해지는 것을 싫어한다. 이것이 내가 이른바 하늘이 의로움을 바라고 불의를 싫어한다는 것을 아는 이유이다.

*祟(수): 빌미.

【天志上 3-1】 曰：且夫義者政也，無從下之政上，必從上之政下。是故庶人竭力從事，未得次己而為政，有士政之，士竭力從事，未得次己而為政，有將軍大夫政之，將軍大夫竭力從事，未得次己而為政，有三公諸侯政之，三公諸侯竭力聽治，未得次己而為政，有天子政之，天子未得次己而為政，有天政之。天子為政於三公諸侯士庶人，天下之士君子固明知，天之為政於天子，天下百姓未得之明知也。故昔三代聖王，禹湯文武，欲以天之為政於天子，明說天下之百姓，故莫不犓牛羊，豢犬彘，潔為粢盛酒醴，以祭祀上帝鬼神，而求祈福於天。我未嘗聞天下之所求祈福於天子者也，我所以知天之為政於天子者也。

이르길 "대저 의로움이란 바른 것이니, 아랫사람이 윗사람을 바르게 할 수 없고, 반드시 윗사람이 아랫사람을 바르게 한다. 그러므로 서민은 힘을 다하여 일에 종사하되, 차례를 얻어 스스로를 바르게 할 수 없다. 선비가 그들을 바르게 하되, 선비는 힘을 다하여 일에 종사하지만 차례를 얻어 스스로를 바르게 할 수는 없다. 삼공과 제후가 그들을 바르게 하되, 삼공제후들이 힘을 다하여 정사를 듣되, 차례를 얻어 스스로를 바르게 할 수는 없다. 천자가 그들을 바르게 하되, 천자도 차례를 얻어 스스로를 바르게 할 수는 없다. 하늘이 그를 바르게 한다. 천자가 삼공과 제후와 사서인을 바르게 하는 것을 천하의 사군자들은 확고하게 잘 알고 있지만, 하늘이 천자를 바르게 하는 것에 대해서는 천하백성이 잘 알지 못한다. 그러므로 옛날 삼대시대의 성왕인 우·탕·문·무는 하늘이 천자를 바르게 해 준다는 것을 천하백성들에게 잘 설명하고자 하였다. 그래서 소와 양을 기르고 개와 돼지를 기르며 청결한 젯밥과 단술을 갖추어 상제와 귀신에게 제사지내며 하늘에 복을 기원하였던 것이다. 나는 일찍이 천하가 천자에게 복을 기원한다는 것을 들어본 적이 없다. 내가 하늘이 천자를 바르게 해준다는 것을 아는 이유이다.

하늘은 '의로움'(義)을 바라고 불의(不義)를 싫어한다. 천하에 의로움이 있으면 살고 의로움이 없으면 죽는다. 의로움이 있으면 부유해지고, 의로움이 없으면 가난해진다. 의로움이 있으면 다스려지고, 의로움이 없으면 혼란해진다. 그런즉 하늘은 삶을 바라고 죽음을 싫어하며, 부유해지기를 바라고 가난해지는 것을 싫어하며, 다스려지는 것을 바라고 혼란해지는 것을 싫어한다. 그런데 의로움은 바르게 다스리는 것인데, 그것은 아랫사람이 윗사람을 바르게 할 수 없다. 천자가 삼공과 제후와 사서인을 바르게 다스릴 수 있지만 천자는 누가 다스리는가? 하늘이다. 하늘만이 의로움의 궁극적 원인이다. 그렇다면 하늘이 바라는 의로움이 무엇인지 알아야 한다.

【天志下 2-1】 今天下之士君子之欲為義者，則不可不順天之意矣。曰順天之意何若？曰兼愛天下之人。何以知兼愛天下之人也？以兼而食之也。何以知其兼而食之也？自古及今，無有遠靈孤夷之國，皆犓豢其牛羊犬彘，潔為粢盛酒醴，以敬祭祀上帝山川鬼神，以此知兼而食之也。苟兼而食焉，必兼而愛之。譬之若楚越之君，今是楚王食於楚之四境之內，故愛楚之人，越王食於越，故愛越之人。今天兼天下而食焉，我以此知其兼愛天下之人也。

지금 천하의 사군자들이 의로움을 하고자 한다면 하늘의 뜻을 따르지 않으면 안 된다. 하늘의 뜻을 따르려면 어떻게 해야 하는가? **천하의 사람들을 두루 사랑하라.** 무엇으로 천하의 사람들을 두루 사랑하는 것을 알 수 있는가? **두루 먹여준다.** 무엇으로 그가 두루 먹여주는 지를 알 수 있는가? 자고로 멀리 신령스럽고 독특한 동이족의

나라가 있는데, 이를 포함하여 모든 나라가 소와 양과 개와 돼지를 잡고 젯밥과 단술을 마련하여 공경으로 상제와 산천귀신들에게 제사를 지냈다. 이로써 두루 먹여준다는 것을 알 수 있다. 진실로 두루 먹여준다는 것은 반드시 두루 사랑한다는 것이다. 비유컨대, 초나라와 월나라 임금과 같다. 지금 초나라 왕이 초나라의 사방 경계 내의 백성들을 먹인다. 그러므로 초나라 백성들을 사랑하는 것이다. 월나라 왕은 월에서 먹인다. 그러므로 월나라 백성을 사랑하는 것이다. 지금 하늘이 천하의 백성들을 두루 먹인다. 이로써 나는 천하의 백성들을 두루 사랑한다는 것을 알 수 있다.

【天志中 2-1】 故子墨子曰：「今天下之君子，中實將欲遵道利民，本察仁義之本，天之意不可不慎也。」既以天之意以為不可不慎已，然則天之將何欲何憎？子墨子曰：「天之意，不欲大國之攻小國也，大家之亂小家也，強之暴寡，詐之謀愚，貴之傲賤，此天之所不欲也。不止此而已，欲人之有力相營，有道相教，有財相分也，又欲上之強聽治也，下之強從事也。上強聽治，則國家治矣，下強從事，則財用足矣。

그러므로 묵자가 말했다: "오늘날 천하의 군자들이 실로 도리를 존중하고 백성을 이롭게 하고자 한다면 근본적으로 어짊과 의로움의 뿌리인 하늘의 뜻에 삼가지 않으면 안 된다." 이미 하늘의 뜻에 삼가지 않으면 안 된다고 한다면 하늘은 무엇을 바라고 무엇을 미워하는가? 묵자가 말했다: "하늘의 뜻은 대국이 소국을 공격하고, 큰 가문이 작은 가문을 어지럽히고, 강자가 약자를 위협하고, 지혜로

> 운 자가 어리석은 자를 도모하고, 귀한 자가 천한 자를 업신여기는 것들을 바라지 않는다. 이것이 하늘이 바라지 않는 것들이다. 이에 머무를 뿐이 아니다. **사람들이 서로 힘을 합쳐 경영하고, 도를 서로 가르치고, 재물을 서로 나누기를 바란다.** 또한 윗사람이 정사를 잘 듣고, 아랫사람이 일에 잘 종사하기를 바란다. 윗사람이 정사를 잘 들으면 국가는 다스려지고, 아랫사람이 일에 잘 종사하면 재용이 풍족하다.

하늘이 바라는 의로움이란 "천하의 사람을 두루 사랑하라"(兼愛)는 것이다. 하늘은 두루 먹여준다. 그것은 하늘이 모든 존재를 차별 없이 사랑하기 때문이다. 그러므로 군주를 비롯한 모든 사람들이 하늘의 사랑에 감사의 제사를 드리며, 서로 차별 없이 사랑하고 서로 이익을 나눠야 한다. 강자가 약자를 해치거나 죽여서는 안 된다. 하늘의 뜻을 따르면 상을 내리고 어기면 상서롭지 못한 재앙을 내린다.[10] 천자는 천하에서 가장 고귀하고 부유한 자이다. 따라서 그는 성왕인 우•탕•문•무처럼 하늘의 뜻에 따라 의로움의 정치를 해야지, 폭군인 걸•주•유•려처럼 하늘의 뜻을 거역하여 폭력적 정치를 해서는 안 된다.

【天志下 3-1】 今天下之士君子欲為義者，則不可不順天之意矣。曰順天之意者，兼也，反天之意者，別也。兼之為道也，義正，別之為道也，力正。曰義正者何若？曰大不攻小也，強不侮弱也，衆不賊寡也，詐不欺愚也，貴不傲賤也，富不驕貧也，壯

---

10) 『墨子』「天志上 4-1」.

不奪老也。是以天下之庶國，莫以水火毒藥兵刃以相害也。若事，上利天，中利鬼，下利人，三利而無所不利，是謂天德。故凡從事此者，聖知也，仁義也，忠惠也，慈孝也，是故聚斂天下之善名而加之。是其故何也？則順天之意也。

지금 천하의 사군자들이 의로움을 실천하고자 한다면 하늘의 뜻을 따르지 않으면 안 될 것이다. 하늘의 뜻을 따르는 것은 겸애이고, 하늘의 뜻에 반하는 것은 차별이다. 겸애를 도로 삼으면 의로움의 정치이고, 별애를 도로 삼으면 폭력의 정치이다. 의로운 정치란 무엇인가? 대국이 소국을 공격하지 않고, 강자가 약자를 업신여기지 않고, 무리가 소수를 해치지 않고, 지혜로운 자가 어리석은 자를 기만하지 않고, 귀한 자가 비천한 자를 업신여기지 않고, 부자가 가난한 자를 교만하지 않고, 젊은이가 노인을 겁탈하지 않는 것이다. 이로써 천하의 많은 나라들이 물과 불, 독약과 병장기로 서로를 해치지 않는다. 이와 같으면, 위로 하늘을 이롭게 하고, 가운데로 귀신을 이롭게 하고, 아래로 사람을 이롭게 한다. 이 세 가지 이로움이 있으면 세상에 이롭지 않은 것이 없다. 이를 일러 '하늘의 덕'이라 한다. 그러므로 무릇 이것에 종사하는 자는 성스럽고 지혜로우며, 어질고 의로우며, 충직하고 은혜로우며, 자애롭고 효도한다. 그러므로 천하의 아름다운 이름을 모아 붙여준다. 이것은 무슨 까닭인가? 하늘의 뜻에 순종하기 때문이다.

【天志下 3-2】 曰力正者何若？曰大則攻小也，強則侮弱也，衆則賊寡也，詐則欺愚也，貴則傲賤也，富則驕貧也，壯則奪老也。是以天下之庶國，方以水火毒藥兵刃以相賊害也。若事，上不利天，中不利鬼，下不利人，三不利而無所利，是謂之賊。故几從事此者，寇亂也，盜賊也，不仁不義，不忠不惠，不慈不孝，是故聚斂天下之惡名而加之，是其故何也？則反天之意也。

> 폭력적 정치는 무엇인가? 대국이 소국을 공격하고, 강자가 약자를 업신여기고, 무리가 소수를 해치고, 지혜로운 자가 어리석을 자를 기만하고, 귀한 자가 비천한 자를 업신여기고, 부자가 가난한 자를 교만하고, 젊은이가 노인을 겁탈하는 것이다. 이로써 천하의 많은 나라들이 바야흐로 물과 불, 독약과 병장기로 서로를 해친다. 이와 같으면, 위로 하늘에 이롭지 않고, 가운데로 귀신에게 이롭지 않고, 아래로 사람에게 이롭지 않다. 이 세 가지 이롭지 않은 것이 있으면 세상에 이로운 것이 없다. 이를 일러 '하늘의 도적'이라 부른다. 그러므로 이것에 종사하는 자는 원망하고 난을 일으키며, 도적질하고 해치며, 어질지 아니하고 의롭지도 않으며, 충직하지도 않고 은혜롭지도 않으며, 자애롭지도 않고 효도하지도 않는다. 그러므로 천하의 더러운 이름을 모아 붙여준다. 이것은 무슨 까닭인가? 하늘의 뜻에 반하기 때문이다.

하늘의 뜻을 따른 의로움의 정치는 위로 하늘을 이롭게 하고, 가운데로 귀신을 이롭게 하고, 아래로 사람을 이롭게 한다. 이를 '하늘의 덕'이라 부른다 하늘의 뜻을 거역하는 폭력의 정치는 위로 하늘에 이롭지 않고, 가운데로 귀신에게 이롭지 않고, 아래로 사람에게 이롭지 않다. 이를 '하늘의 도적'이라 부른다. 여기서 귀신에게 이롭고 이롭지 않음에 대해서는 다음

절의 과제다. 여하튼 당시대의 정치는 어떠한가? 의로움의 정치는 사라지고 폭력적 정치만이 난무하고 있다는 것이 묵자의 진단이다. 국내적으로는 무고한 자를 죽이는 것으로부터 남의 담장을 넘어가 남의 자녀를 납치하는 것, 남의 창고를 부수고 남의 금옥과 비단을 훔치는 것, 남의 우리를 넘어가 남의 우마를 훔치는 것, 남의 농원에 들어가 남의 복숭아와 자두, 참외와 생강을 훔치는 것까지 일어나고 있다. 여기에 머물지 않고, 천하의 제후들은 대외적으로 공격정벌을 벌이고 있다. 이것은 한 사람의 무고한 자를 죽이는 것의 수천만 배요, 남의 담장을 넘어 들어가 남의 자녀를 납치하는 것, 남의 창고를 부수고 남의 금옥과 비단을 훔치는 것의 수천만 배요, 남의 우리에 넘어가 남의 우마를 훔치는 것, 남의 농원에 들어가 남의 복숭아와 자두, 참외와 생강을 훔치는 것의 수천만 배이다. 그런데도 그들은 자신들이 의롭다고 말하고 있다.[11] 거짓 의로움을 말하지 말고 역사적 교훈을 배울 필요가 있다. 묵자는 말한다.

【天志上 4-2】 然則禹湯文武，其得賞者何以也？子墨子言曰：「其事，上尊天，中事鬼神，下愛人。故天意曰：此之我所愛，兼而愛之，我所利，兼而利之，愛人者，此為博焉，利人者，此為厚焉。故使貴為天子，富有天下，業萬世子孫，傳稱其善，方施天下，至今稱之，謂之聖王。」 然則桀紂幽厲，得其罰何以也？子墨子言曰:「其事，上詬天，中詬鬼，下賊人。故天意曰：此之我所愛，別而惡之，我所利，交而賊之。惡人者，此為之博也，賤人者，此為之厚也。故使不得終其壽，不歿其世，至今毀之，謂之暴王。」

11) 『墨子』「天志下 4-4」.

그러면 우·탕·문·무는 어떻게 하여 상을 받았는가? 섬김에 위로는 하늘을 존중하고 가운데로 귀신을 섬기고, 아래로 사람을 사랑하였다. 그러므로 하늘의 뜻을 이르길 "이들은 내가 사랑하는 것을 두루 사랑하였고, 내가 이롭게 하는 것을 두루 이롭게 하였다. 사람을 사랑하는 것이 이처럼 넓었고, 사람을 이롭게 하는 것이 이처럼 컸다. 그러므로 고귀하기로는 천자가 되고, 부유하기로는 천하를 소유하였고, 업적이 만세토록 후손에게 이어지도록 하였고, 그 선함을 칭송하는 것이 전하여져 천하에 널리 퍼져 오늘까지 그들을 칭송하여 성왕이라 일컫는다. 그러나 걸·주·유·려는 무엇으로 벌을 얻었는가? 묵자가 말했다: 그 섬김에 위로 하늘을 욕보이고, 가운데로 귀신을 꾸짖고, 아래로 사람을 해쳤다. 그러므로 하늘의 뜻이 이르길 "이들은 내가 사랑하는 것을 차별하여 싫어하였고, 내가 이롭게 하는 것을 서로 해쳤다. 사람을 싫어하는 것이 이처럼 넓었고, 사람을 해치는 것이 이처럼 컸다. 그러므로 천수를 다 누리지 못하였고, 후손을 남기지도 못하였다. 오늘까지 그를 비난하여 폭군이라 이른다.

그래서 묵자는 하늘의 뜻을 세우고 천하를 다스리는 표준으로 삼았던 것이다. 오늘날 천하의 사군자들이 실로 인의롭고자 하고, 구하여 훌륭한 선비가 되고자 하고, 위로 성왕의 도리에 적중하고, 아래로 국가와 백성의 이로움에 적중하고자 한다면, 마땅히 하늘의 뜻을 살피지 않으면 안 된다. 하늘의 뜻은 의로움의 표준이기 때문이다.[12]

12) 『墨子』「天志下 4-6」.

이상(以上)이, 묵자의 하늘 개념이다. 하늘은 모든 것을 주재하는 인격적 상제천이다. 그러나 기독교적 천 개념과는 달리, 상제는 육체를 가졌던 신이 아니라 섭리(攝理)에 가깝다. 그래서 하늘은 세상만물에 존재의 법칙을 부여하며 동시에 도덕법칙의 근저이기도 하다. 이 점에서 의리천이며 이법천으로 읽을 수도 있다. 그러나 이법천은 상벌을 주관하거나 인간사에 작위적으로 개입하는 않은 법칙일 뿐이라는 점에서, 묵자의 하늘은 순수한 이법천 개념은 아니다. 상제천 혹은 기독교적 천이면서 의리천으로 보면 좋을 듯하다.[13] 의리천은 도덕법칙을 부여하는 천 개념이다. 묵자의 도덕법칙은 한마디로 사람을 두루 사랑하라는 것이고, 서로 이익을 나누라는 것이다. 차별 없는 사랑은 박애를 주장하는 기독교적 사랑과 비슷하다.[14] 이처럼 묵

13) 이운구와 윤무학도 묵자의 천 개념을 의지적 천, 법칙적 천, 상벌 주재천으로 정리하고 있다. 이운구•윤무학, 『묵가철학연구』(성균관대학교 대동문화연구원, 1995), 134~140쪽. 한편, 최문형은 묵자는 인간•사회로부터 벗어나 외재적인 천을 상정하고 이 천을 인간•사회•역사의 가치규범의 절대적 근거로 삼고 있다고 분석한다. 그러나 천의 권위화 과정에서 천을 대상화함으로써 묵자의 의인화된 천은 대상화된 세계 내로 복귀시켰다고 지적한다. 최문형, 『한국전통사상의 탐구와 전망』(서울: 경인문화사, 2004), 111쪽.

14) 묵자의 천 개념과 기독교적 신 개념을 비교 분석한 기세춘의 관점은 흥미롭다. 먼저 같으면서 다른 점이 있다. ① 세계만물을 낳은 조물주라는 점에서 같다. 그러나 조물주와 피조물의 관계에서 묵자는 보답해야 한다고 말할 뿐 기독교처럼 복종과 경배를 요구하지 않은 점에서 다르다. ② 유일신이라는 점에서 같다. 그러나 묵자의 하늘은 부족신의 요소가 없는 관대한 신이라면, 기독교의 신은 사랑의 신이기도 하지만 야훼처럼 적에게 관대하지 않은 분노의 신이기도 하다. ③ 인격신이라는 점에서 같다. 그러나 기독교의 신은 육체를 가졌던 신이었으나 묵자의 하늘은 육신을 갖지 않은 섭리일 뿐이다. 그래서 묵자는 역사의 주체는 신이 아니라 인간 자신이라고 주장했다. ④ 강림하는 신이라는 점에서 같다. 묵자의 하늘은 자신의 뜻이 이 땅에 실현되기 바라기에 순종자에게 상을 주고 거역하는 자에게 벌을 내린다. 이점에서 기독교와 같지만, 묵자의 하늘은 기독교처럼 육신으로 강림하지 않고 사람들에게 명령만 할 뿐이다. 또한 묵

자의 하늘 개념은 다의적이다. 요컨대, 묵자는 세계의 기원과 실재를 '하늘'로 상정하고, 그로부터 법칙적 필연성인 존재의 법칙과 당위의 법칙을 드러내고 있다.

2. 귀신의 존재 이유 - 명귀(明鬼)

천도(天道)에 대해서는 별로 언급하지 않았다는[15] 공자의 『논어』에서도 사실은 여러 가지 천 개념을 발견할 수 있다. 상제천[16], 의리천[17]이 그것이고, 『묵자』에서 볼 수 없는 자연천[18] 개념도 있다. 이외에 '인간의 힘으로는 어쩔 수 없는

자의 하늘은 자신의 뜻을 당장 실현하려 하지만, 기독교의 신은 최후의 심판 때까지 기다린다. 묵자는 천당을 예비하고 않고 이 땅 위에 천국을 건설하려 하지만, 기독교는 천당을 예비하고 심판의 때를 기다린다. 이외에 기세춘은 묵자의 하늘 개념의 특징으로 ⑤ 사랑의 신, ⑥ 정의의 신, ⑥ 가치의 근원, ⑦ 민중의 신, ⑧ 해방의 신, ⑨ 평등의 신, ⑩ 평화의 신, ⑪ 인간을 자주적 존재이게 하는 신으로 규정하고 있다. 한편, 묵자의 하늘과 예수와 다른 점으로 다음을 들고 있다. ① 독생자도 사생아도 아니다, ②묵자는 땅나라, 예수는 하늘나라, ③ 구원의 표상이 천제인가(묵자), 성왕인가?(예수), ④구원의 주체가 민중인가(묵자), 신인가?(예수), ⑤ 전쟁신인가(예수), 자비신인가?(묵자), ⑥ 심판인가(예수), 선택인가?(묵자), ⑦ 투쟁인가(묵자), 인내인가?(예수). 그리고 기세춘은 묵자는 예수의 선지자라고 전제하면서 ① 묵자가 혁명가로서 민중적 하느님을 증언했다면, 예수는 종말과 천국을 증언했다, ②묵자의 겸애는 예수의 박애와 같다고 주장하고 있다. 기세춘, 앞의 책, 141~173쪽 참조.

15) 子貢曰: "夫子之文章, 可得而聞也, 夫子之言性與**天**道, 不可得而聞也。" 『論語』「公冶長: 12」.

16) 예컨대, 子見南子, 子路不說。夫子矢之曰: "予所否者, **天**厭之, **天**厭之!" (雍也: 26); 王孫賈問曰: "與其媚於奧, 寧媚於竈, 何謂也?" 子曰: "不然, 獲罪於**天**, 無所禱也。" (八佾: 13). 이상 모두 『論語』.

17) 예컨대, 子畏於匡, 曰: "文王旣沒, 文不在玆乎? **天**之將喪斯文也, 後死者不得與於斯文也, **天**之未喪斯文也, 匡人其如予何?" (子罕: 5); 子曰: "**天**生德於予, 桓魋其如予何?" (述而: 22). 이상 모두 『論語』.

불가항력적인 운명의 힘'을 뜻하는 '천명'(天命)도 나오는데, 이에 대해서는 다음 절에서 다룬다.『논어』에서 도덕법칙의 근거로서 의리천을 말하지만 그것이 뜻하는 바는 『묵자』의 개념과 다르다. 공자의 경우 도덕법칙은 주나라의 예악적(禮樂的) 도덕질서이거나 친친(親親)의 원리에 토대하는 차별적 사랑(仁)이지만[19], 묵자는 차별 없는 사랑(兼愛)과 서로 이익을 나누는 교리(交利)를 주장하기 때문이다. 그리고 묵자는 천신과 귀신에게 제사지내고 기도드릴 것을 주장하지만, 공자는 상제천을 말하면서도 기도나 귀신을 멀리하고 있다. 『논어』를 잠시 인용하자.

○ 子疾病，子路請禱。子曰："有諸?" 子路對曰："有之,〈誄〉曰：'禱爾于上下神祇。'" 子曰："丘之禱久矣。"(『論語』「述而: 34」)

공자가 병에 걸리자 자로가 기도하기를 청하였다. 공자가 말했다: "유래가 있는가?" 자로가 대답했다: "있습니다. 뢰에 말하기를, '위로 천신과 아래로 지신에게 기도한다.' 하였습니다." 공자가 말했다: "그렇다면 나는 이미 기도드린 지가 오래다."

*禱(도): 빌다. 기도하다. *誄(뢰): 죽은 이를 애도하면서 그의 행적을 서술한 글. *하늘의 神(신)을 神(신)이라 하고, 땅의 神(신)을 祇(기)라고 한다.

---

18) 예컨대, 子曰: "予欲無言。" 子貢曰: "子如不言，則小子何述焉?" 子曰: "天何言哉? 四時行焉，百物生焉，天何言哉?" (陽貨: 19); 子在川上曰: "逝者如斯夫! 不舍晝夜。" (子罕: 16). 이상 모두 『論語』.

19) 강봉수, 『주제별 키워드로 읽은 논어와 세상보기의 도』, 앞의 책, 117~217쪽(제7장 윤리론) 참조.

○ 季路問事鬼神。子曰：“未能事人，焉能事鬼?” “敢問死。” 曰：“未知生，焉知死?” (『論語』「先進：11」)

> 계로가 귀신 섬기는 법에 대해 물었다. 공자가 대답했다: “아직 사람을 섬길 수도 없는데 어찌 귀신을 섬길 수 있겠는가?” 감히 죽음에 대해 묻습니다. 대답했다: “아직 삶에 대해서도 모르거늘 어찌 죽음을 알 수 있겠는가?”

*季路(계로): 子路(자로)의 자.

○ 樊遲問知。子曰：“務民之義，敬鬼神而遠之，可謂知矣。” (『論語』「雍也：20」)

> 번지가 지혜로움에 대해 물었다. 공자가 대답했다: “사람의 의로움에 힘쓰고 귀신을 공경하되 멀리하면 지혜롭다할 수 있다.”

*樊遲(번지): 성명은 樊須(번수), 자는 子遲(자지), 노나라 출신의 공자제자.

인용 「술이述而: 34」에서 제자가 천신(天神)과 지신(地神)에게 기도드리도록 청하자 공자는 유래가 있는지 묻고 있다. 과연 공자가 그러한 유래를 몰라서 물었을지 의문이다. 다음의 인용「선진先進: 11」에서 귀신섬기는 법과 죽음에 대해 묻는 제자에게 공자는 사람섬기는 법과 삶을 앞세우며 모르겠다고 답하고 있다. 그런데 정작 다음의「옹야雍也: 20」에서는 ‘귀신을 공경하되 멀리하라’고 한다. 이로 보면, 공자는 귀신의 존재를 부정하는 것도 아니고 귀신 섬기는 법을 모르는 것도 아니다. 그는 일부러 부정하고 모르겠다고 답하고 있는 것이다. 이러한 공자의 관점은 신비하고 불가해(不可解)한 종교적 성격에서 벗어나 합리적이고 인본주의적 태도를 보여주는 것으로 볼 수도 있겠다. 그러나 묵자는 이러한 관점을 모순적인 태도라고 비난한다. 「공맹公孟」편의 관련 부분을 보자.

【公孟 9】公孟子曰：「無鬼神。」又曰：「君子必學祭祀。」子墨子曰：「執無鬼而學祭禮，是猶無客而學客禮也，是猶無魚而為魚罟也。」

> 공맹자가 말했다: "귀신은 없다." 또 말하길 "군자는 반드시 제사하는 법을 배워야 한다." 묵자가 말했다: "귀신은 없다고 고집하면서 제사하는 예법은 배워야 한다고 하는 것은 마치 손님이 없는데 손님 접대의 예절을 배우라 하고, 물고기가 없는데 고기 잡는 그물을 만들라고 하는 것과 같다."

『예기禮記』에 보면, 하나라는 "운명을 존중하여, 신을 섬기기를 공경은 하되 멀리했고"(尊命事鬼, 敬神而遠之), 은나라는 "신을 존중하여, 귀신을 먼저하고 예를 뒤로했고"(尊神, 先鬼而後禮), 주나라는 "예를 존중하고 숭상하여, 신을 섬기기를 공경하되 멀리했다."(尊禮尚施事鬼, 敬神而遠之)는 기록이 보인다.[20] 그러니까 삼대의 문화는 존명(尊命: 운명중시) → 존신(尊神: 신앙중시) → 존례(尊禮: 예제중시)의 순서로 발전해

20) 이에 대한 자세한 고찰은 기세춘, 앞의 책, 108~110쪽 참조.

온 것이다. 이 중에 공자는 주나라 예악문화를 본받고자 했으므로, 귀신에 대한 관점도 "공경은 하되 멀리하라"고 했던 것으로 볼 수 있다. 그러나 묵자는 주나라의 예악문화와 유가들이 주장하는 당시의 예법들이 번잡하다고 생각했다. 특히 당시의 예법이란 백성들을 위한 것이기보다는 귀족과 지배자들을 위한 것이었다. 그래서 그는 '차별 없는 사랑'(兼愛)을 촉구하는 수단으로 하늘과 귀신의 존재를 밝히고 받들도록 하고자 하였던 것이다. 「명귀明鬼」 편을 보자.

【明鬼下 1-1】 子墨子言曰：「逮至昔三代聖王既沒，天下失義，諸侯力正，是以存夫為人君臣上下者之不惠忠也，父子弟兄之不慈孝弟長貞良也，正長之不強於聽治，賤人之不強於從事也。民之為淫暴寇亂盜賊，以兵刃毒藥水火，退無罪人乎道路率徑，奪人車馬衣裘，以自利者並作，由此始，是以天下亂。此其故何以然也？則皆以疑惑鬼神之有與無之別，不明乎鬼神之能賞賢而罰暴也。今若使天下之人，偕若信鬼神之能賞賢而罰暴也，則夫天下豈亂哉？」

묵자가 말했다: 삼대시대의 성왕들이 이미 돌아감에 미쳐서는 천하가 의로움을 잃고, 제후들은 폭력정치를 하였다. 이로써 임금과 신하, 상하가 은혜롭지 않고 충직하지 않으며, 부자와 형제가 자애롭지도 효도하지도 않고 공경하지도 선량하지도 않게 되었으며, 정치의 우두머리는 정사에 최선을 다하지 않고 백성들도 일의 종사에 최선을 다하지 않게 되었다. 백성들이 음란하고 포악하고 원망하고 난을 일으키고 도적질하며, 병장기와 독약과 물불을 가지고 도로와 오솔길에서 죄 없는 사람을 막아서 사람들

의 거마와 의복을 빼앗아 자기의 이익만을 추구하는 일이 여기저기서 일어났다. 이때부터 천하가 혼란스러워졌다. 이것은 무슨 까닭으로 그렇게 되었는가? 모두 귀신이 존재하는지 그렇지 않은 지의 구별을 의심하고, 귀신이 현명한 이에게 상을 내리고 포악한 자에게 벌을 내린다는 것을 알지 못하였기 때문이다. 지금 만약 천하의 사람들이 모두 귀신이 현명한 이에게 상을 내리고 포악한 자에게 벌을 내린다는 것을 믿는다면 천하가 어찌 혼란스럽겠는가?

*偕(해): 함께, 모두.

【明鬼下 1-2】 今執無鬼者曰：「鬼神者，固無有」。旦暮以為教誨乎天下，疑天下之眾，使天下之眾皆疑惑乎鬼神有無之別，是以天下亂。是故子墨子曰：「今天下之王公大人士君子，欲求興天下之利，除天下之害，故當鬼神之有與無之別，以為將不可以不明察此者也。」

귀신이 없다고 고집하는 자들이 말하길 "귀신은 진실로 없다."고 한다. 아침저녁으로 천하에 가르쳐, 천하의 백성에게 의심을 품게 하여, 천하의 백성들이 모두 귀신의 존재여부에 의혹을 가지게 함으로써 천하가 혼란스러워졌다. 그러므로 묵자는 말했다: "지금 천하의 왕공대인과 사군자들이 천하의 이로움을 구하여 일으키고, 천하의 해로움을 제거하고자 한다면 마땅히 귀신의 존재 여부의 구별에 대해 잘 살피지 않으면 안 될 것이다.

인용에서 보듯, 삼대의 성왕들이 돌아가신 이후에는 천하에 의로움이 사라지고 제후들의 폭력정치만이 난무하여 세상이 혼란스러워졌다. 이것은 무슨 까닭인가? 사람들이 귀신의 존재를 의심하고, 귀신이 상벌을 주관한다는 것을 알지 못하기 때문이라는 것이 묵자의 진단이다. 그래서 묵자는 우선 귀신의 존재를 밝히는 일에 적극 나선다. 앞에서 '하늘의 뜻'(天志)을 살필 때는 우리가 생략했지만, 묵자는 어떤 진리를 주장할 때에 늘 그가 진리의 준거로 제시했던 세 가지 조건(本・原・用의 삼표론)을 들어 증명하고자 한다. 그것은 성왕들의 사적과 책, 백성들의 보고 들은 실정, 백성들의 실용성이었다. 몇 가지만 보자.

【明鬼下 2-1】 既以鬼神有無之別，以為不可不察已，然則吾為明察，此其說將奈何而可？子墨子曰：「是與天下之所以察知有與無之道者，必以眾之耳目之實，知有與亡為儀者也。請惑聞之見之，則必以為有。莫聞莫見，則必以為無，若是，何不嘗入一鄉一里而問之，自古以及今，生民以來者，亦有曾見鬼神之物，聞鬼神之聲，則鬼神何謂無乎？若莫聞莫見，則鬼神可謂有乎？

이미 말한 바처럼 귀신의 유무 구별에 대해 살피지 않으면 안 된다고 생각한다. 그러면 내가 밝게 살피고자 한다면 그 주장을 어떻게 해야 될까? 묵자가 말했다: "천하에 유무의 도를 살펴 아는 방법은 반드시 백성들이 듣고 본 것을 실증으로 삼고, 유무의 표준을 알아야 할 것이다. 혹자가 듣고 보았다고 한다면 반드시 있는 것이 되고, 아무도 듣도 보도 못했다면 반드시 없는 것이 된다. 이렇다

> 면 어찌 한 고을 한 마을에 들어가 그것을 물어보지 않겠는가? 자고로 백성들이 태어난 이래에 귀신이란 물건을 본 자가 있고, 귀신의 소리를 들은 자가 있다면 귀신이 어찌 없다고 말할 수 있겠는가? 만약 듣도 보도 못했다면 어찌 귀신이 있다고 말할 수 있겠는가?"

【明鬼下 2-2】 今執無鬼者言曰：「夫天下亦孰為聞見鬼神之物哉？」子墨子言曰：「夫天下之為聞見鬼神之物者，不可勝計也, 若以眾之所同見，與眾之所同聞，則若昔者杜伯是也。周宣王殺其臣杜伯而不辜，杜伯曰：「吾君殺我而不辜，若以死者為無知則止矣，若死而有知，不出三年，必使吾君知之。」其三年，周宣王合諸侯而田於圃田，車數百乘，從數千人滿野。

> 지금 귀신이 없다고 고집하는 자들은 말한다: "무릇 천하에서 누가 귀신이란 물건을 듣고 보았는가?" 한다. 묵자가 말했다: 무릇 천하에서 귀신이란 물건을 듣고 본 자들은 헤아릴 수가 없다. 여러 사람이 함께 보았고, 여러 사람이 함께 들었다. 옛날 두백의 경우가 있다. 주나라 선왕은 신하인 두백을 죄 없이 죽였는데, 두백이 말하길 '나의 임금이 죄 없는 나를 죽이지만, 만약 죽은 자가 지각이 없으면 그치지만, 만약 죽어서도 지각이 있다면 삼년이 지나기 전에 반드시 나의 임금이 알도록 하겠다.'하였다. 삼년이 되자, 주선왕은 제후들을 모아서 포전에서 사냥하였는데, 수레가 수백이고 좇는 자가 수천으로 들이 가득했다.

*田於圃田(전어포전): 앞의 田(전)은 佃(전)(밭갈다, 사냥하다)의 뜻(*기세춘).

【明鬼下 2-3】 日中，杜泊乘白馬素車，朱衣冠，執朱弓，挾朱矢，追周宣王，射之車上，中心折脊，殪車中，伏弢而死。當是之時，周人從者莫不見，遠者莫不聞，著在周之春秋。為君者以教其臣，為父者以警其子，曰：「戒之慎之！凡殺不辜者，其得不祥，鬼神之誅，若此之憯遬也！」以若書之說觀之，則鬼神之有，豈可疑哉？

대낮에 두백이 흰 마에 하얀 수레를 타고, 붉은 의관을 입고, 붉은 활을 가지고, 붉은 화살을 끼고, 주선왕을 추격하여, 수레위에 그를 쏘아, 심장이 뚫리고 등뼈가 부러져, 수레 속에 쓰러져 활집에 엎드려 죽었다. 당시에 주나라 사람들과 좇는 자들이 보지 않은 이가 없었고, 멀리 있는 자까지 듣지 않은 이가 없었다. 주나라의 역사에서도 기록하고 있다. 임금된 자들은 이로써 신하를 가르쳐야 하고, 아버지된 자들은 이로써 자식에게 경계하여 일렀다. 이르길 "경계하고 삼가라. 무릇 무고한 자를 죽이면 상서롭지 않은 것을 얻을 것이다. 귀신의 벌은 이처럼 비통하고 신속하다."하였다. 책에 기록된 것을 본다면 귀신의 존재를 어찌 의심하겠는가?

*弢(도): 활집, 주머니. *警(경): 경계하여 이르다.

【明鬼下 2-4】 非惟若書之說為然也。昔者鄭穆公，當晝日中處乎廟，有神入門而左，人面鳥身，素服三絕，面狀正方。鄭穆公見之，乃恐懼奔，神曰：「無懼，帝享女明德，使予錫女壽十年有九，使若國家蕃昌，子孫茂毋失。」鄭穆公再拜稽首曰：「敢問神名？」曰：「予為句芒。」若以鄭穆公之所身見為儀，則鬼神之有，豈可疑哉？

오직 이 책에만 그러한 말이 있는 것이 아니다. 옛날 정나라 목공은 대낮에 사당에 있었는데 귀신이 문으로 들어와 왼편에 앉았다. 사람의 얼굴에 몸은 새와 같고, 흰 소복에 세 개의 띠를 두르고, 얼굴이 바르고 단정했다. 정 목공이 그것을 보고, 두려워 도망가려 하자, 귀신이 이르길 "두려워 말라. 천제께서 너의 밝은 덕을 가상히 여겨, 나에게 너의 수명을 19년 연장해주고, 국가를 번창하게 해주며, 자손이 번성하여 멸망하지 않도록 하였다." 정목공이 두 번 절하고 머리를 조아리며 말하길 "감히 귀신의 이름을 묻습니다." 대답하길 "나는 구망이다."하였다. 이처럼 정목공이 몸소 본 것을 표준으로 삼으면 귀신이 존재함을 어찌 의심하리오?

【明鬼下 3-1】 今執無鬼者曰：「夫衆人耳目之請，豈足以斷疑哉？奈何其欲為高君子於天下，而有復信衆之耳目之請哉？」子墨子曰：「若以衆之耳目之請，以為不足信也，不以斷疑，不識若昔者三代聖王，堯舜禹湯文武者，足以為法乎？」故於此乎自中人以上皆曰：「若昔者三代聖王，足以為法矣。」若苟昔者三代聖王足以為法，然則姑嘗上觀聖王之事。昔者武王之攻殷誅紂也，使諸侯分其祭曰：「使親者受內祀，疏者受外祀。」故武王必以鬼神為有，是故攻殷伐紂，使諸侯分其祭。若鬼神無有，則武王何祭分哉？

오늘날 귀신이 없다고 고집하는 자들을 말한다: "많은 사람들의 듣고 보고한 실정만으로 족히 의심을 떨쳐버릴

> 수가 있겠는가? 어찌 천하에 고상한 군자가 되고자 하면서 백성들의 듣고 보고한 실정에 강한 신뢰를 가질 수 있겠는가?" 한다. 묵자가 말했다: "만약 백성들의 듣고 보고한 실정으로 족히 신뢰할 수 없고, 의심을 떨쳐버릴 수 없다면 옛날 삼대시대의 성왕인 요·순·우·탕·문·무의 사례를 돌아본다면 족히 법도로 삼을만하지 않겠는가?" 여기에 중인이상의 사람들은 모두 말하길 "만약 옛날 삼대성왕이라면 족히 법도로 삼을만하다."한다. 진실로 옛날 삼대시대의 성왕으로 족히 법도로 삼을 수 있다면 상고하여 성왕의 사례를 볼 필요가 있다. 옛날 무왕이 은나라를 공격하여 주왕을 주벌하였는데, 제후들에게 제사를 나누어 모시도록 하면서 말하길 "친척은 종묘에서 지내는 내사를 맡도록 하고, 친척이 아닌 자는 산천 사방의 신에게 지내는 외사를 맡도록 하라."하였다. 무왕은 반드시 귀신이 있다고 생각하였기에, 은나라를 공격하여 주를 벌하고는 제후들에 제사를 나누어 주었던 것이다. 만약 귀신이 없다면 어찌 무왕이 제사를 나누어 주었겠는가?

*請: 情의 뜻(*기세춘).

인용에서 보듯, 귀신의 존재에 대하여 백성들도 보고 들었고, 성왕의 책이나 사적에도 나와 있다. 사람이 죽으면 귀신이 되지만, 산천에는 산천 귀신이 있고, 나라에는 종묘와 사직을 담당하는 귀신도 있다. 세상 위에 존재하는 천신(天神)도 있다. 그렇다면 귀신의 존재를 믿는 실용성은 무엇인가? 귀신의 존재이유는 무엇일까?

【明鬼下 5-1】 是故子墨子曰：「嘗若鬼神之能賞賢如罰暴也。蓋本施之國家，施之萬民，實所以治國家利萬民之道也。若鬼神見之以為不然，是以吏治官府之不絜廉，男女之為無別者，民之為淫暴寇亂盜賊，以兵刃毒藥水火，退無罪人乎道路，奪人車馬衣裘以自利者，有鬼神見之。是以吏治官府，不敢不絜廉，見善不敢不賞，見暴不敢不罪，民之為淫暴寇亂盜賊，以兵刃毒藥水火，退無罪人乎道路，奪車馬衣裘以自利者，由此止。是以莫放幽閒擬乎鬼神之明顯，明有一人，畏上誅罰，是以天下治。

그러므로 묵자가 말했다: 일찍이 귀신은 현명한 이에게 상을 내리고 포악한 자에게 벌을 내릴 수 있다. 대개 본래 국가에 그것을 베풀고, 백성들에 베푸는 것은 실로 국가를 다스리고 백성을 이롭게 하는 도리이기 때문이다. 만약 귀신이 그들을 지켜보는 것을 그렇게 하지 않는다면, 벼슬아치들이 관부를 다스림에 청렴하지 않을 것이고, 남녀의 구별이 없을 것이고, 백성들이 음란하고 포악하고 원망하고 난을 일으키고 도적질하며, 병장기와 독약과 물불을 가지고 도로에서 죄 없는 사람을 물리치고, 다른 사람의 거마와 의복을 포탈하여 자신을 이롭게 할 것이다. 귀신이 있어 그것을 보면, 벼슬아치들이 관부를 다스림에 감히 청렴하지 않을 수 없고, 착한 이를 보아도 상을 내리지 않을 수 없으며, 포악한 자를 보면 죄를 주지 않을 수 없고, 백성들이 음란하고 원망하고 난을 일으키고 도적질하며, 병장기와 독약과 물불을 가지고 도로에서 죄 없는 사람을 물리치고, 다른 사람의 거마와 의복을 포탈하여 자신을 이롭게 하는 것들이 이로부터 그치게 된다. 이로써 그윽한 틈바구니에 방치되어 있더라도 귀신의 밝

> 게 드러남을 의심함이 없게 한 사람까지 밝혀 위로 벌을 내림을 두려워한다면 이로써 천하는 다스려질 것이다.

귀신의 존재이유는 한마디로 천하를 다스리는 도리이기 때문이다. 귀신은 현명한 이에게 상을 내리고 포악한 이에게 벌을 내릴 수 있다. 따라서 귀신의 존재를 명확히 밝혀 모든 사람들로 하여금 귀신이 상벌을 주관한다는 것을 알게 한다면 천하는 다스려질 것이라고 묵자는 생각했다. 그러니까 '하늘'이 세상에 존재의 법칙과 당위의 법칙을 부여했다면, 귀신은 하늘을 도와 그러한 법칙이 지켜지도록 세상을 감독하고 주관하는 역할을 수행하는 존재인 것이다.

3. 그러나 운명은 없다 - 비명(非命)

묵자는 세계의 기원과 실재를 '하늘'로 상정하고, 그로부터 법칙적 필연성인 존재의 법칙과 당위의 법칙을 드러내고 있다. 그 당위의 법칙은 '사람들을 두루 사랑하라'는 것이고 그것이 천하를 다스리는 진리이다. 나아가 묵자는 하늘을 도와 그러한 법칙이 지켜지도록 세상을 감독하고 주관하는 역할을 수행하는 귀신의 존재를 주장하고 있다.

묵자는 하늘과 귀신의 존재를 자신만의 진리준거인 삼표론에 입각하여 주장하지만, 그에게 이를 과학적으로 입증하라 요구한다면 그것은 불가능한 일이다. 그것은 인과론적 메카니즘에서 벗어난 '우연'도 아니다. 단지 그것은 묵자의 철학적 가정이고 형이상학적 '우발성'일 뿐이다. 그렇지만 묵자에게 하늘과 귀신의 존재, 그들이 부여하고 주재하는 존재의 법칙과 당위의 법칙은 '필연'이다. 모든 세상의 존재들은 존재의 법칙에 따라 태어나고 죽으며 운동 변화한다. 그리고 인간은 마땅히 당위의 법칙에 따라 살아가야 한다. 그런데 묵자가 보기에 인간들은 이 필연의 법칙을 어기며 살아갈 수 있다. 인간존재는 생사의 운명을 벗어날 순 없지만 노력에 따라 생명을 연장시킬 수도 있고, 당위의 법칙을 어길 수도 있는 자유의 존재이다. 특히, 후자와 관련하여 제후를 비롯한 위정자들은 당위의 법칙을 어기는 화신들이다.

필연의 법칙에 따라 살아가고 의로운 정치를 행하면 세상이 다스려지고 하늘과 귀신도 그에 대하여 보상을 내린다. 필연의 법칙을 어기고 살아가고 불의한 정치를 펼치면 세상은 혼탁해지고 혼란스러워지며, 하늘과 귀신도 그에 대하여 재앙을 내린다. 그런데 사람들과 위정자들이 필연의 법칙을 어기고 살아가는 이유가 무엇인가? 묵자가 보기에 그것은 자유의지의 문제가 아니라, 이른바 '운명'이 있다고 믿기 때문이다. 운명은 결정론적인 인과법칙과도 같은 것이어서 신들조차도 따르지 않을 수 없는 숙명(宿命)적인 것이다. 도저히 납득할 수 없는데 어쩔 수 없이 어떤 길을 가야만 하는 것도 운명이지만, 결정론적 관점에서 볼 때 '운'과 '재수'조차도 우연이 아니라 운명이라 하였다. 이러한 운명론적 관점에서 세상을 보면 인간의 자유의지는 존재하지 않는다. 그래서 운명론자들은 모든 일과 삶의 문제를 운명의 탓으로 돌린다.

고대로 갈수록 운명론적 관점이 우세했겠지만, 합리적이고 인본주의적 관점을 보여주었던 공자조차도 운명이 있다고 여겼다. 『논어』에는 두 가지 운명이 나온다. '천명'(天命)과 '명'(命)이 그것이다. 물론 두 가지는 엄격히 구분되는 것이 아니지만, '천명'이 천자(天子)를 비롯한 지배층에게 부여된 어떤 정치적 사명(使命)같은 것이라면, '운명'은 일반적인 뜻에서 인간이 납득할 수 없지만 받아들일 수밖에 없는 불행인 것 같다. 전자의 '천명'은『서경』에도 자주 나오는데, 이를테면 탕(湯)임금이 걸(桀)을 주벌하여 은나라를 세우고 무(武)임금이 주(朱)를 주벌하여 주나라를 세운 것은 천명에 따른 사명이었다. 『논어』에도 보면, 요임금이 순에게 천자를 양위하면서 그것이 천명임을 말하고 있다.[21] 이외에 천명을 언급한 경우를 보면 '군자는 천명을 알아야 한다.'는 것을 주장할 때이다.[22]

'천명'은 하늘이 정치적 리더에게 부여된 사명이다. 그 사명을 다하면 천하는 다스려지고 어기면 어지러워진다. 이것이 공자의 천명에 대한 관점인 것 같다. 그러나 '운명'은 이와 다르다. 『논어』의 관련 주장을 보자.

○ 伯牛有疾，子問之，自牖執其手，曰: "亡之，**命**矣夫。斯人也而有斯疾也! 斯人也而有斯疾也!" (『論語』「雍也: 8」)

> 염백우가 질병에 걸리자 공자께서 문병가서 창문 너머로 그의 손을 잡고 말했다: "끝났구나, 운명이로다! 이 사람이

---

21) 堯曰: "咨! 爾舜! 天之曆數在爾躬，允執其中。四海困窮，天祿永終。" 舜亦以命禹。『論語』「堯曰: 1」.

22) 子曰: "吾十有五而志于學，三十而立，四十而不惑，五十而知**天命**，六十而耳順，七十而從心所欲，不踰矩。" (爲政: 4); 孔子曰: "君子有三畏，畏**天命**，畏大人，畏聖人之言。小人不知**天命**而不畏也，狎大人，侮聖人之言。" (季氏: 8); 子曰: "不知**命**，無以爲君子也，不知禮，無以立也，不知言，無以知人也。" (堯曰: 3). 이상 모두 『論語』.

몹쓸 병에 걸리다니, 이 사람이 이런 병에 걸리다니!"

*伯牛: 통칭 冉伯牛라 불리고, 성명은 冉耕. 노나라 출신의 공자제자. *自:~로부터 *牖: 창문.

○ 子曰: "回也, 其庶乎, 屢空。賜, 不受**命**, 而貨殖焉, 億則屢中。" (『論語』「先進: 18」)

공자가 말했다: "회(回)는 도에 거의 가깝다. 그러나 가난하여 자주 쌀뒤주가 비었다. 사(賜)는 운을 타고나지도 않았는데 재화가 늘어났다. 억측을 해도 자주 들어맞았다.

*回: 顔淵의 이름(顔回). *賜: 子貢의 이름(端木賜) *屢: 자주.
*億: 헤아리다. 셈하다.

○ 司馬牛憂曰: "人皆有兄弟, 我獨亡。" 子夏曰: "商聞之矣, 死生有**命**, 富貴在**天**。君子敬而無失, 與人恭而有禮。四海之內, 皆兄弟也, 君子何患乎無兄弟也?" (『論語』「顔淵: 5」)

사마우가 근심하며 말했다: "사람들은 모두 형제가 있는데 나만 홀로 없다." 자하가 말했다: "내(상商)가 듣기에, 생사는 운명에 달렸고 부귀는 하늘에 달렸다. 군자는 경건하고 잘못이 없어야 하며, 사람들에게 공손하고 예가 있어야 한다. 그러면 사해 내의 모든 사람이 형제인 것이다. 군자가 어찌 형제 없는 것을 걱정하리오?"

*司馬牛: 성명은 司馬耕, 자는 子牛, 宋나라 출신의 공자제자.

*子夏: 성명은 卜商, 위나라 출신의 공자제자, 도올은 그의 성이 卜氏 임을 들어 무속집안 출신일 가능성이 높다고 본다.

○ 公伯寮愬子路於季孫。子服景伯以告，曰：“夫子固有惑志於公伯寮，吾力猶能肆諸市朝。” 子曰：“道之將行也與，**命**也，道之將廢也與，**命**也。公伯寮其如**命**何!” (『論語』「憲問：38」)

공백료가 계씨에게 자로를 참소했다. 자복경백이 전하면서 말했다: “선생님께서는 실로 공백료에게 유감의 뜻이 있을 것입니다. 나의 힘으로 그를 저잣거리에 끌어낼 수 있을 듯 합니다.” 공자가 말했다: “도가 장차 행해지는 것도 운명이고, 도가 장차 폐해지는 것도 운명일 뿐이다. 공백료가 그 운명을 어찌하겠는가?”

*公伯寮: 노나라 사람인데 잘 모르겠다. *愬: 참소하다. *子服景伯: 성명은 子服何이고, 시호는 景, 자는 伯. 노나라 대부이다. *肆: 방자하다. 거리낌 없이 하다. *諸: 之於의 줄임. *市朝: 저자거리.

인용에서 보듯이, 사람의 생사, 빈부, 명운 등과 같은 개인적인 삶의 문제뿐만 아니라 나라에 도(道)가 행해지고 폐해지는 국운(國運)도 운명이다. 이것은 인간의 자유의지에 따라 마음대로 되지 않는 것들이다. 그래서 그러한 운명은 숙명(宿命)처럼 받아들일 수밖에 없다. 이러한 운명에 대해서는 순명(順命)해야만 안심입명(安心立命)할 수 있다. 이것이 공자의 ‘운명에 대한 관점인 것 같다. 그러나 묵자는 공자의 '천명'도 '운명'도 거부한다. 『묵자』의 「비명非命」 편을 보자.

【非命上 1-1】 子墨子言曰:「古者王公大人，為政國家者，皆欲國家之富，人民之眾，刑政之治。然而不得富而得貧，不得眾而得寡，不得治而得亂，則是本失其所欲，得其所惡，是故何也？」子墨子言曰：「執有命者以雜於民間者眾。」執有命者之言曰：「命富則富，命貧則貧，命眾則眾，命寡則寡，命治則治，命亂則亂，命壽則壽，命夭則夭。命雖強勁何益哉？」上以說王公大人，下阻百姓之從事。故執有命者不仁，故當執有命者之言，不可不明辨。」

묵자가 말했다: "옛날의 왕공대인들은 국가에서 정치를 함에 모두 국가가 부유해지고 백성이 많아지고 법과 정치가 다스려지기를 바랐다. 그러나 부유하지 않고 가난해지면 백성들이 많아지지 않고 적어지며, 정치가 다스려지지 않고 혼란해진다. 곧 이것은 본래 바라는 것은 잃고 싫어하는 것을 얻은 것이다. 이 까닭은 무엇인가?" 묵자가 말했다: "운명이 있다고 고집하는 자들이 백성들 사이에 섞여있음이 많기 때문이다." 운명이 있다고 고집하는 자들을 말한다: "운명적으로 부유할 자는 부유하고, 운명적으로 가난할 자는 가난하고, 운명적으로 많아지게 되어 있으면 많아지고, 운명적으로 적어지게 되어 있으면 적어지며, 운명적으로 다스려지게 되어 있으면 다스려지고, 운명적으로 혼란하게 되어 있으면 혼란해지고, 운명적으로 장수할 자는 장수하고, 운명적으로 요절할 자는 요절한다. 운명이 강하다면 무엇을 더할 것인가?" 이로써 위로 왕공대인을 설득하고, 아래로 백성들의 일에 종사하는 것을 막는다.

그러므로 운명이 있다고 고집하는 자들은 어질지 못하다. 그러므로 마땅히 운명이 있다고 고집하는 자들의 말을 밝게 분별하지 않으면 안 될 것이다.

*阻(조): 막히다, 어렵다.

인용에서 보듯이, 공자가 운명이라고 보았던 것들을 운명론자들도 그렇게 보고 있다. 삶과 죽음, 빈과 부, 장수와 요절, 나라의 다스려짐과 혼란함 등 개인적 삶이나 나라의 일이나 모두 운명이라 여긴다. 운명론자들은 윗사람이 상을 내려도 벌을 내려도 운명일 뿐이라고 말한다.

【非命上 3-2】 執有命者言曰:「上之所罰，命固且罰，不暴故罰也，上之所賞，命固且賞，非賢故賞也。」以此為君則不義，為臣則不忠，為父則不慈，為子則不孝，為兄則不良，為弟則不弟，而強執此者，此特凶言之所自生，而暴人之道也。

운명이 있다고 고집하는 사람들은 말한다: "윗사람이 벌을 내려도 본래 운명적으로 벌을 받게 되어 있었지, 포악한 까닭으로 벌을 받은 것이 아니다. 윗사람이 상을 내려도 본래 운명적으로 상을 받게 되어 있었지 현명한 까닭으로 상을 받은 것이 아니다." 이로써 임금은 의롭지 않게 되고, 신하는 충성하지 않게 되고, 부모는 자애롭지 않게 되고, 자식은 효도하지 않게 되고, 형은 선량하지 않게 되고, 동생은 공경하지 않게 된다. 이것을 더욱 강하게 고집하게 된다. 이처럼 흉한 말들은 스스로 생겨날 뿐이다. 포악한 사람들의 도리이다.

운명론은 포악한 무리들의 도리일 뿐이다. 그것을 어떻게 알 수 있는가? 포악한 무리들과 폭군들이 그것을 증거하여 보여줬다.

【非命上 3-3】 然則何以知命之為暴人之道？昔上世之窮民，貪於飲食，惰於從事，是以衣食之財不足，而飢寒凍餒之憂至。不知曰：「我罷不肖，從事不疾。」必曰：「我命固且貧。」昔上世暴王，不忍其耳目之淫，心涂之辟，不順其親戚，遂以亡失國家，傾覆社稷，不知曰：「我罷不肖，為政不善。」必曰：「吾命固失之。」

> 그러면 무엇으로 운명론이 포악한 사람들의 도리라는 것을 알 수 있는가? 옛날에 궁핍한 백성들이 음식을 탐하면서도 일에 종사하는 데는 게을렀다. 그래서 입고 먹을 재물이 부족했고, 굶주려 죽고 얼어 죽을 지경에 이르렀다. 그런데 그들은 솔직하게 "나는 불초하고 일을 함에 부지런하지 않았다."고 말하지 아니하고, 반드시 "나는 운명적으로 가난하게 되어 있었다."고 말했다. 옛날 폭군들은 귀와 눈의 음란함과 마음의 편벽됨을 참지 못하고, 부모와 친척을 따르지 않고, 결국은 국가를 멸망시키고 사직을 무너뜨렸다. 그런데 그들은 솔직하게 "나는 불초하고 정치를 바르게 하지 않았다."고 말하지 않고, 반드시 "나는 운명적으로 나라를 잃게 되어 있었다."고 말했다.

*惰(타): 게으르다. *涂(도): 도랑.

한마디로 운명론은 틀렸다. 세상이 다스려진 것은 운명이 아니라 하늘에 뜻에 따라 정치를 잘한 성왕의 능력 때문이었고, 세상이 혼란해진 것도 운명이 아니라 하늘의 뜻을 어기고 폭력적 정치를 행한 폭군들의 무능함 때문이었다.

【非命下 1-2】 故昔者三代聖王禹湯文武，方為政乎天下之時，曰：必務舉孝子而勸之事親，尊賢良之人而教之為善。是故出政施教，賞善罰暴。且以為若此，則天下之亂也，將屬可得而治也。社稷之危也，將屬可得而定也。若以為不然，昔桀之所亂，湯治之，紂之所亂，武王治之。當此之時，世不渝而民不易，上變政而民改俗。存乎桀紂而天下亂，存乎湯武而天下治。天下之治也，湯武之力也。天下之亂也，桀紂之罪也。若以此觀之，夫安危治亂，存乎上之為政也，則夫豈可謂有命哉？

옛날 삼대시대의 성왕인 우•탕•문•무가 바야흐로 천하에 정치를 베풀 때에, 이르길 "반드시 효자를 천거하는 데에 힘써서 그들에게 부모를 섬기도록 권면하였고, 현명하고 선량한 사람을 존중하여 그들에게 착하도록 가르쳤다. 이처럼 정치를 하고 가르침을 베풀어 선한 자에게 상을 내리고, 포악한 자에게 벌을 내렸다. 또한 이와 같이 하였기에, 천하가 혼란해져도 곧 다스려질 수 있었으며, 사직이 위태로워도 곧 안정될 수 있었다. 너는 그렇지 않다고 생각하는가? 옛날 걸의 혼란함을 탕이 다스리고, 주의 혼란함을 무왕이 다스렸다. 이때에는 세상이 변하고 백성이 바뀐 것도 아니었다. 위로 정치가 변하고 백성들이 습속을 바꾼 것이었다. 걸과 주가 재위함에는 천하가 혼란하고, 탕과 무가 재위함에는 천하가 다스려졌다. 천하가 다스려진 것은 탕과 무의 능력이고, 천하가 혼란해진

것은 걸과 주의 죄이다. 이로써 보건대, 안위와 치란은 윗사람의 정치를 함에 달려있는 것이지, 어찌 운명이 있다고 말할 수 있겠는가?

그 땅이 그 땅이고 그 백성이 그 백성으로 세상이 변하고 백성이 바뀐 것도 아닌데 세상이 다스려진 것은 위로부터 정치가 변하고 백성들이 습속을 바꿨기 때문이다. 안위와 치란은 이처럼 윗사람의 정치에 달린 것이지 운명이 아니다. 왕공대인들이 다스림에 최선을 다하고 학자들이 학문함에 최선을 다하고, 농부를 비롯한 백성들이 자기 일에 최선을 다하여 종사하는 것도 삶과 세상을 윤택하게 하기 위한 것이지 운명이 아니다. 그래서 그들은 태만하거나 권태롭지 않는다. 그러나 운명론을 신봉하게 되면 태만하고 권태롭게 된다. 어차피 세상은 나와 상관없이 운명에 따라 돌아가는 것이기 때문이다.

【非命下 2-3】 是故子墨子曰：「今天下之君子之為文學出言談也，非將勤勞其惟舌，而利其脣呡也，中實將欲其國家邑里萬民刑政者也。今也王公大人之所以蚤朝晏退，聽獄治政，終朝均分，而不敢怠倦者，何也？曰：彼以為強必治，不強必亂，強必寧，不強必危，故不敢怠倦。今也卿大夫之所以竭股肱之力，殫其思慮之知，內治官府，外斂關市，山林澤粱之利，以實官府，而不敢怠倦者，何也？曰：彼以為強必貴，不強必賤，強必榮，不強必辱，故不敢怠倦。

그러므로 묵자가 말했다: "지금 천하의 군자들이 학문을 하고 담론을 주장하려면 오직 혀를 수고롭게 하고, 입술을 예리하게 하는 것으로 안 되고, 실로 국가와 읍리와 백성과 형정에 적중해야 한다. 지금 왕공대인들이 일찍 조회에 나가 늦게 퇴근하면서 옥사를 듣고 정사를 다스리며 아침부터 종일까지 공평하게 직분을 다하면서 감히 태만과 권태를 하지 않은 것은 무엇 때문인가?" 이르길 "저들이 최선을 다하면 다스려지고, 최선을 다하지 않으면 반드시 혼란해진다. 최선을 다하면 안녕하고, 최선을 다하지 않으면 위태롭다. 그러므로 감시 태만과 권태를 하지 않는 것이다. 지금 경대부들이 팔다리의 힘을 다하여 생각의 지혜를 다하여 안으로 관부를 다스리고, 밖으로 관문과 시장, 산림과 택량의 이로움을 거두어, 관부의 창고를 채움에, 감히 태만과 권태를 하지 않은 것은 무엇 때문인가? 이르길 "저들이 최선을 다하면 상을 받고, 최선을 다하지 않으면 비천해지고, 최선을 다하면 영화롭고, 최선을 다하지 않으면 굴욕을 당한다. 그러므로 태만과 권태를 하지 않는 것이다.

*呡(문): 입술. *殫(탄): 다하다.

【非命下 2-4】 今也農夫之所以蚤出暮入，強乎耕稼術藝，多聚菽粟，而不敢怠倦者，何也？曰：彼以為強必富，不強必貧，強必飽，不強必飢，故不敢怠倦。今也婦人之所以夙興夜寐，強乎紡績織紝，多治麻絲葛緒，綑布縿，而不敢怠倦者，何也？曰：彼以為強必富，不強必貧，強必煖，不強必寒，故不敢怠倦。

지금 농부들이 일찍 나아가 늦게 들어오며 밭 갈고 씨뿌리는 등의 농사에 최선을 다하여 많은 곡식을 거두는

> 데에 태만과 권태를 하지 않은 것은 무엇 때문인가? 이르길 "저들이 최선을 다하면 부유해지고, 최선을 다하지 않으면 가난해지며, 최선을 다하면 배부르고, 최선을 다하지 않으면 굶주린다. 그러므로 태만과 권태를 하지 않는 것이다." 지금 부인들이 일찍 일어나 밤늦게 자면서 실을 뽑고 길쌈을 하는 데에 최선을 다하여 많은 삼과 비단실과 칡을 만들어 옷을 제작하는 데에 감히 태만과 권태를 하지 않는 것은 무엇 때문인가? 이르길 "저들이 최선을 다하면 반드시 부유해지고, 최선을 다하지 않으면 가난해지며, 최선을 다하면 따뜻하고, 최선을 다하지 않으면 춥게 된다. 그러므로 감히 태만과 권태를 하지 않는 것이다."

그런데 왕공대인들이 운명이 있음을 믿고 천하에 임한다면 옥사를 듣고 정사를 다스림에 태만하게 되고, 경대부들은 관부를 다스림에 태만하고, 농부는 농사에 태만하고, 부인은 길쌈과 방직에 태만하게 된다. 이처럼, 위정자들이 태만하게 되면 천하는 반드시 혼란해진다. 농부가 농사에 태만하고, 부인이 길쌈과 방직에 태만하게 되면 입고 먹는 재물이 반드시 부족하게 된다. 만약 운명을 믿고 천하에 임하면, 위로 하늘과 귀신을 섬겨도 하늘과 귀신이 감응하지 않고, 아래로 백성들을 잘 부양해도 백성들이 이롭지 않을 것이다. 반드시 떠나 흩어지고 재용을 얻지 못할 것이다. 들어가 수성해도 견고하지 못하고, 나가 주벌해도 승리하지 못할 것이다. 옛날 삼대의 폭군인 걸・주・유・려가 공히 사직이 기울고 천하를 잃은 사유가 여기에 있다.[23] 그래서 묵자는 "지금 천하의 사군자들이 실로 천하의 이로움을 구하고 해로움을 제거하고자 한다면 운명론을 강력히 거부해야 한다."[24]고 주장한다. 대신 하늘이 인간에게 부여한 당위의 법칙을 따르는 방향으로 자유의지를 발휘해야 한다.

4. 맺음말

묵자는 하늘로부터 부여된 법칙적 필연성은 있지만 운명은 없다고 한다. '운명'이 강한 결정론이라면 '필연'은 약한 결정론인가? 일단 묵자에게 '운명'이란 강한 결정론이 맞는 것 같다. 강한 결정론은 세계에서 일어나는 모든 일은 원인과 결과의 인과성으로 모두 분석되고 예측할 수 있으며 자유의지는 착각이거나 중요한 문제가 아니라고 주장한다. 물론 묵자가 그렇게 말하지는 않았지만, 운명론자들을 강한 결정론자로 규정하는 것 같다. 모든 일을 인과성으로 분석하고 예측하진 못하더라도 세상이 운명처럼 결정되어 있는 것으로 운명론자들은 믿는다. 그러니까 운명론자들은 자기 일에 최선을 다하지 않고 태만한 것이라 하였다. 어차피 세상은 나의 의지와 상관없이 돌아간다. 잘살아도 못살아도, 비명횡사를 하든 장수를 하든, 그것은 운이고 재수이다. 그러나 묵자는 이러한 운명론자들을 거부한다.

그렇다면 묵자가 주장하는 법칙적 필연성은 약한 결정론인가? 그런 것 같기도 하다. 모두에게 주어진 법칙이지만 성왕은 따르고 폭군들은 따르지 않기 때문이다. 말하자면, 법칙을 따

---

23) 『墨子』「非命下 2-5」.
24) 『墨子』「非命下 2-6」.

를 것인가 어길 것인가를 인간의 자유의지가 선택 가능한 것처럼 보인다. 그래서 약한 결정론을 주장하는 철학자들은 그것이 자유의지와 양립 가능한 것이라고 여긴다.[25] 또한 오늘날의 진화론자들에 의하면, 인간의 자유의지는 하늘에서 뚝 떨어진 게 아니며 지상에서 일어난 오랜 진화의 과정에서 얻어진 산물이라고 말한다. 이를테면, 인간의 자유의지는 리처드 도킨스가 주장했던 문화 유전자 '밈'(meme)과 생물 유전자 '진'(gene)의 상호작용에 의해 획득됐으며, 자연 환경에 대응해 최선의 선택을 할 줄 알았던 '선택 기계'로써 인간만의 능력이라는 것이다.[26] 과연 묵자도 이러한 관점이었을까?

묵자는 천자가 하늘의 뜻을 따르면 천하가 다스려지고 상을 내리며, 하늘의 뜻을 어기면 천하가 혼란스러워지고 재앙을 내린다고 하였다. 그런데 사람은 누구나 재앙을 싫어한다. 불행이 닥칠 줄 뻔히 알면서 나쁜 짓을 하지 않는다. 나쁜 짓을 했다면 무지하기 때문일 것이다. 그랬기 때문에 묵자는 사람들에게 하늘의 뜻을 알아야 한다고 거듭 거듭 강조하여 말했다. 묵자의 주장을 받아들여 하늘의 뜻을 알았다고 한다면 우리의 선택지는 하나다. 나의 자유의지와 상관없이 그냥 하늘의 뜻을 따라가면 된다. 그렇다면 이것은 필연이 아니라 운명이 아닌가? 필연성과 자유 사이, 어느 지점에 우리는 존재하는가?

우리는 흔히 인생을 연극에 비유하곤 한다.[27] 모든 연극에는 대본이 있고, 배우가 있게 마련이다. 대본을 쓰고 연극을 연출

---

25) 안건훈, 앞의 책, 138~213쪽 참조.

26) 리차드 도킨스(이상임 • 홍영남 옮김), 『이기적 유전자』(서울: 을유문화사, 2010) 참조.

27) 이하의 연극에 비유하여 필연과 자유를 설명한 아이디어는 김형효에게 얻었다. 김형효, 『동서철학에 대한 주체적 기록』(서울: 고려원, 1985), 머리말에서.

하는 작가와 감독도 있겠다. 이들을 묵자로 말하면 하늘이고 귀신정도로 치자. 대본의 구성(플롯)에 따라 연극이 진행된다. 대본의 플롯은 주어져 있지만, 주어진 역할에 따른 배우들의 연기는 각자의 능력(재능도 있겠지만 수행과 노력의 결과)에 따르지 않겠는가. 연기력이 열등한 배우는 플롯의 전개 과정의 노예가 되어서 전혀 개성과 주어진 역할의 노릇도 제대로 해내지 못하고 플롯의 꼭두각시가 될 것이다. 그러나 반대로 연기력이 뛰어난 배우는 필연적인 플롯이 강하게 주어져 있더라도 마치 자기 자신이 스스로 연극을 창조해 내는 자유인의 영혼과 느낌을 갖게 될 것이다. 전자의 배우들로 연극이 진행된다면 그 연극은 감동도 없고 혼란스러울 뿐이다. 아마 그러면 작가나 감독은 배우의 교체를 생각하게 될 것이다. 반대로 후자의 배우들로 연출된 드라마는 그야말로 관객들에게 감동과 공감을 불러오고 마치 그들이 대본도 없이 자유롭게 연기하는 자유인으로 비쳐질 것이다. 말할 것도 없이 이들에게 작가와 감독은 칭찬을 아끼지 않을 것이며 주연상과 조연상 등도 내릴 것이다. 혹시나 묵자가 생각했던 필연과 자유의 관계도 이런 것이 아니었을까?

제4장

인간의 본성 : 물들여짐에 따른다!

1. 인간은 왜 식색지성(食色之性)의 노예가 되었나?
2. 인간의 품격은 물들여짐에 따른다
3. 그래서 자기수양이 필요하다

제4장 인간의 본성 : 물들여짐에 따른다!

모든 세상의 존재들은 존재의 법칙에 따라 태어나고 죽으며 운동 변화한다. 여기서 인간도 예외가 아니다. 더 나아가 인간은 '두루 사랑하라'는 당위의 법칙도 부여받았다. 따라서 인간은 하늘로부터 부여받은 존재의 법칙과 당위의 법칙에 따라 살아가야 한다. 그런데 인간은 이러한 필연의 법칙을 어기며 살아갈 수 있다. 비록 생사의 운명 같은 것에서 벗어날 순 없지만 노력에 따라 생명을 연장할 수 있고, 당위의 법칙을 어길 수도 있는 자유의 존재이다. 이러한 점에서 인간은 다른 존재와 다르다.

특히, 인간이 다른 존재와 다른 점은 자기 '힘'(力)에 의지하여 일을 하지 않고는 살아갈 수 없다는 점이다.[1] 아래 각주(1) 인용의 의미는 인간만이 일을 하고 다른 존재는 일을 하지 않는다는 뜻이 아닐 것이다. 인간 아닌 존재들도 일을 한다. 다만, 그들은 하늘로부터 부여된 존재의 법칙에 따라 무위적(無爲的)으로 일을 하며 살아간다는 뜻으로 읽어야 한다. 그러나

---

1) 이 점과 관련하여 앞의 3장에서 「비락상非樂上 6-1」을 인용한 바 있다. 여기에 그 인용을 다시 가져온다. "지금 사람은 본래 금수, 사슴, 메뚜기, 새, 곤충 등과는 다르다. 금수, 사슴, 메뚜기, 새, 곤충 등은 날개와 깃털로 옷을 삼고, 발굽과 손톱으로 바지와 신을 삼고, 물과 풀로 음식을 삼는다. 그러므로 수놈에게 밭 갈고 씨 뿌리는 등 농사일을 시키지 않고, 암놈에게 또한 실 뽑고 길쌈하는 일을 시키지 않아도, 입고 먹는 재물이 본래 이미 갖추어져 있다. 그러나 사람은 이와 다르다. **자기 힘**에 의지해야 살 수 있다. **자기 힘**에 의지하지 않으면 살 수가 없다. 군자가 정사를 돌봄에 다하지 않으면 법과 정치가 혼란해지고, 비천한 자가 농사일 등에 종사를 다하지 않으면 재용이 부족해진다."

인간은 인위적(人爲的)으로 문화를 일구며 살아갈 수밖에 없는 존재이다. 처음부터 인간 아닌 존재들은 '완성된 존재'로 태어났다면, 어쩌면 인간은 '존재의 결여'를 가지고 태어났다고 할 수 있다. 그래서 인간은 사회를 구성하고 문화를 개발해야만 했다. 이처럼, 인간은 '존재의 결여'로 태어났기에 선택의 자유가 주어졌고, 당위의 법칙을 부여받기도 한 것이다.

그러나 사실 따지고 보면 당위의 법칙은 인간에게만 부여된 것이 아니다. 하늘이 만물을 차별 없이 사랑하고 이롭게 하듯이, 세상 만물들도 하늘이 부여한 당위법칙에 따라 살아가야 한다. 이것이 하늘의 뜻이다. 어쩌면 인간 아닌 존재들은 존재법칙에 따르는 삶이 곧 당위법칙을 실현하는 삶이라 할 수 있다. 그러기에 그들에게는 따로 당위의 법칙을 부여할 필요가 없다. 그러나 인간은 '존재의 결여'로 인하여 존재와 당위를 일치시키는 삶을 실현하지 못하고 있다고 보아야 한다. 그래서 묵자는 인간을 향하여 특별히 당위법칙을 부여하고 그에 따르기를 종용하는 것 같다.

그렇다면, 이 장에서 우리의 궁금증은 왜 인간에게만 선천적으로 '존재의 결여'로 태어나게 한 것이냐 하는 점이다. 그리고 존재와 당위를 일치시키는 삶을 실현하는 '존재의 완성'의 길은 무엇인가 하는 점이다. 이러한 물음들은 인간본성에 관한 존재론적 질문이고 수양론적 질문이다. 인간의 본성은 무엇인가? 인간 본성에 관한 단 하나의 정의는 있을 수가 없다. 그동안 철학사 속에서 철학자 수만큼이나 그것을 사유하였기 때문이다. 그러나 인간본성을 보는 관점이 무한히 다양하게 펼쳐지기보다는 일정한 범주소(範疇素)들이 구조적으로 재생 반복되어 나오는 주기율과 유사하다고 여긴다. 겉으로 보면 철학자

수만큼이나 인간을 보는 관점이 있을 수 있겠지만, 구조적으로 통찰해보면 몇 가지의 범주로 모인다고 할 수 있다. 한 철학자는 인간본성을 보는 10가지 철학적 성찰을 정리하여 제시하였지만,[2] 나는 인간본성에 대한 관점은 결국 크게 세 가지 범주로 정리될 수 있는 것이 아닌가 한다.

그것은 인간이 사회적 존재이자 자연적 존재라는 사실에서 비롯된다. 이러한 인간의 존재론적 특징이 우선 사회적 존재로서의 인간본성론과 자연적 존재로서의 인간본성론을 잉태하였다. 사회적 존재로서의 인간본성론은 인간만이 생존을 위하여 사회를 구성할 수 있다는 인간학적 관점에서 인간본성을 규정한다. 여기에는 두 가지 관점이 있을 수 있다. 인간을 이타심의 이성적 존재로 보는 관점과 이기심의 감정적 존재로 보는 관점이다. 자연적 존재로서의 인간본성론은 인간도 자연의 아들이라는 점에서 다른 생명체가 가진 본능이 곧 본성과 다르지 않다는 관점이다. 자연생명들은 생명의 유지를 본능이자 본성으로 가진다. 그것은 사회적 존재로서 인간이 가질 수 있는 이타심이나 이기심의 선악(善惡) 개념이 아니다. 그리고 자연생명의 지각능력은 인간만이 가진다는 선험적 이성이나 경험적 지성이 아니라 생명의 보존과 위협에 즉각적으로 대처하는 본

---

2) Roger Trigg 지음(최용철 옮김), 『인간 본성에 관한 10가지 철학적 성찰』(서울: 자작나무, 1997). 여기서 정리하고 있는 10가지 인간본성에 관한 철학적 성찰은 ① 인간은 타인의 결함을 보고 웃는 존재다(홉즈), ② 이성보다 감정에 지배되는 인간(흄), ③ 생존경쟁 속에서 우연히 살아남은 호모 사피엔스(다윈), ④ 인간은 동물과 초인 사이에 놓인 밧줄이다(니체), ⑤ 사회에 의해 만들어지는 인간(마르크스), ⑥ 아버지를 죽이고 어머니와 결혼한 오이디푸스의 후예(프로이트), ⑦ 어둠 속에서 빛을 추구하는 인간(플라톤), ⑧ 인간은 이성적 동물이다(아리스토텔레스), ⑨ 죄를 지을수록 더 많은 죄를 짓게 되는 인간(아퀴나스), ⑩ 언어에 의해 창조되는 인간(비트겐슈타인) 등이다.

능적 직관을 가질 뿐이다.

아직까지 이 세 가지 관점 중에 어느 것이 진리라고 단정할 수 없다. 철학자들의 인간본성에 대한 관점도 이후의 실천철학적 사유체계를 수립하기 위한 철학적 가정에 해당하기 때문이다. 그리고 인간은 처음부터 가지고 태어난 본성대로만 세상을 사는 것이 아니다. 인간은 본성을 토대로 환경과 상호작용하면서 구성되어 가는 존재이다. 그래서 오늘날도 심리학적으로 유전과 환경 중에 어느 것이 더 많은 영향을 미치는지를 놓고 논쟁중이다. 진화론자들은 유전조차도 긴 세월동안 진화과정 중에 바뀌어온 것으로 해석하겠지만, 앞 장의 묵자적 관점에서 인간은 필연성과 자유 사이에서 구성되는 존재이다. 여기서 필연은 본성이고, 자유는 수양과 공부의 영역이겠다. 그렇다면 묵자는 인간의 본성을 어떻게 보았고, 자유를 얻기 위한 수양과 공부에 대한 관점은 무엇이었는가?

1. 인간은 왜 식색지성(食色之性)의 노예가 되었나?
- 사과(辭過)

동양철학의 진영에서도 인간본성을 보는 관점은 다양했다. 특히 모든 마음의 표현은 마음속의 본성이 몸을 통하여 밖으로 표출되는 작용이라는 관점을 가졌기 때문에, 중국의 사상가들은 마음의 작용보다는 본성을 탐구하는 데에 더 심혈을 기울였다. 중국철학사에서 인간본성을 보는 관점은 대략 7가지로 볼 수 있다.[3]

---

3) 배종호, “동양 인성론의 의의,” 『동양철학의 본체론과 인성론』 (연세대학

첫째, 성선설(性善說)이다. 인간의 본성은 도덕적으로 선하다. 이 관점을 대표하는 이는 맹자(孟子)이다. 그는 인의예지(仁義禮智)의 사덕(四德)을 인간이 선험적으로 가지고 태어나는 본성으로 여긴다. 이러한 본성이 마음을 통하여 몸 밖으로 표출된 도덕적 감정이 사단(四端)인바, 측은지심(惻隱之心), 수오지심(羞惡之心), 사양지심(辭讓之心), 시비지심(是非之心)이다.

둘째, 성악설(性惡說)이다. 인간의 본성은 도덕적으로 악한 이기심이다. 이 관점을 대표하는 이는 순자(荀子)이다. 그는 인간은 태어나면서부터 이익을 좋아하게 되어 있다고 말한다. 그래서 쟁탈이 일어나고 사양함이 없는 것이라 여긴다. 이처럼, 인간의 본성은 악하다. 악한 본성이 선해지는 것은 어디까지나 후천적인 인위(人爲)적 노력의 결과라고 주장한다. 상앙, 한비자 등 법가류의 사상가들도 여기에 속한다.

셋째, 성유선유악설(性有善有惡說)이다. 이것은 인간 일반의 본성을 선하다(맹자; 성선설) 혹은 악하다(순자; 성악설)고 보는 것이 아니라, 사람마다 타고나는 본성이 달라 선한 본성의 소유자가 있고, 악한 본성의 소유자가 있다는 관점이다. 후한(後漢)시대 왕충(王充, 27~96?)의 관점이 대표적이다. 『맹자孟子』「고자告子」편에도 '혹자(或者)'가 이러한 주장(성유선유불선性有善有不善)을 했다는 기록이 나오는데, 이 '혹자'가 주나라의 세석(世碩)인지는 모르겠지만, 왕충은 그에 의탁하여 이 관점을 주장했다.

넷째, 성선악혼설(性善惡混說) 혹은 성유탐인설(性有貪仁說)

교 출판부, 1996), 343~367쪽; 강봉수, 『주제별 키워드로 읽는 논어와 세상보기의 도』, 앞의 책, 138~139쪽 참조.

이다. 이것은 사람마다 타고나는 본성이 다른 것이 아니라, 원래 선과 악을 동시에 가지고 태어난다고 보는 관점이다. 한(漢)나라 양웅(揚雄, BC 88~18)이 대표적이다. 양웅보다 앞서 동중서(董仲舒, BC 179~104)는 성유탐인설을 주장했다. 즉, 그는 성(性)을 벼에, 선(善)을 쌀에 비유하여 '쌀은 벼에서 나오지만 벼가 모두 쌀이 될 수 없다. 이처럼 선은 성에서 나오지만 성이 모두 선이 될 수 없다.'하고, '사람의 성에 탐(貪; 탐욕, 이기심)이 있고 인(仁; 도덕성)이 있다.'고 하였다.

다섯째, 성삼품설(性三品說)이다. 이것은 성유선악설과 성선악혼설을 합하여 주장한 관점으로, 사람마다 타고나는 본성이 다른데 세 가지 유형이 있다는 것이다. 본성이 선한자(생지자生知者), 선악혼합자(학지자學知者), 악한자(곤지자困知者)가 그것이다. 유향(劉向, BC. 80~9), 순열(荀悅, 148~209)이 선구를 이루고, 당(唐)나라 유학자인 한유(韓愈, 768~824)가 대표적이다. 생지(生知), 학지(學知), 곤지(困知)라는 표현은 『논어論語』 「계씨季氏」 편에 나오는데, 이를 성삼품설로 해석한 것이다.

여섯째, 본연기질성설(本然氣質性說)이다. 이것은 성(性)에는 본연지성(本然之性)과 기질지성(氣質之性)이 있다고 보는 관점으로, 근세 성리학에 와서 정립된 관점이다. 본연지성은 선(善) 그자체로 인간일반의 본성이다. 맹자의 관점을 이은 것이다. 그러나 사람마다 타고나는 기질의 차이에 따라 본연지성의 자각과 실현정도는 다를 수 있다. 그것이 기질지성이다. 그래서 기질지성은 선할 수도 악할 수도 있다. 장횡거(張橫渠,1020~1077), 정이천(程伊川,1033~1107)을 이어 주자(朱子,1130~1200)의 관점이 대표적이다. 그러나 이 관점은 주자학자들에 따라 조금씩 편차가 있다.

일곱째, 성무선무악설(性無善無惡說) 혹은 심무선무악설(心無善無惡說)이다. 이것은 '본성은 선도 아니고 악도 아니다' 혹은 '마음은 선도 아니고 악도 아니다'라는 관점이다. 도덕적으로 선이니 악이니 하는 것은 모두 후천적이고 인간중심적 관점이다. 원래 인간의 마음이나 본성은 도덕적으로 백지이다. '생의 욕구가 본성이다'(생지위성生之謂性). 그렇다고 본성이 이기심이고 욕망이라는 것도 아니다. 생의 욕구는 필요와 요구를 넘어서지 않은 자리심(自利心)에 다름 아니다. 그것은 생의 욕구추구가 곧 타자에게도 선이 되는 것이다(自利卽利他). 자연의 세계가 그렇다. 양주-노자-장자로 이어지는 무위철학자들과 고자(告子)가 성무선무악설을 주장했고, 왕양명(王陽明, 1472~1528)은 심무선무악설을 주장했다.

사실 이상의 7가지 인간본성에 대한 관점도 세 가지 범주로 요약할 수 있다. 성선설, 성악설, 성무선무악설이 그것이다. 이상의 7가지 혹은 세 가지 범주 중에 묵자의 관점은 어느 것일까? 불행히도 『묵자』에는 인간본성에 관한 직접적인 언급이 없다. 다만, '인간의 품격은 물들여짐에 따른다'는 「소염所染」을 주장하는 것으로 보아, 묵자의 인간본성론은 성무선무악설에 가까운 것으로 보인다. 또한 간접적으로 이를 확인할 수 있는 내용이 전혀 없는 것이 아니다. 「사과辭過」편을 보자.

【辭過 3-1】 古之民未知為飲食時，素食而分處，故聖人作誨，男耕稼樹藝，以為民食。其為食也，足以增氣充虛，彊體適腹而已矣。故其用財節，其自養儉，民富國治。今則不然，厚作斂於百姓，以為美食， 芻豢蒸炙魚鼈，大國累百器，小國累十器，前列方丈，目不能遍視，手不能遍操，口不能遍味，冬則凍冰，夏則飾饐，人君為飲食如此，故左右象之，是以富貴者奢侈，孤寡者凍餒，雖欲無亂，不可得也。君實欲天下治而惡其亂，當為食飲不可不節。

옛날의 백성들은 아직 음식을 만들 줄 모르는 때였다. 날 음식을 먹고 흩어져 거쳐했다. 그러므로 성인이 깨우쳐서 남자들이 밭 갈고 씨 뿌리고 경작토록 하여 백성의 음식을 만들었다. 그들이 먹음에는 족히 기운을 돋우고 허기를 채워 몸을 튼튼히 하고 배가 부르게 할 뿐이었다. 그러므로 재물을 사용함에 절약하고 스스로를 부양함에 검소하여 백성들은 부유하고 나라는 다스려졌다. 오늘날은 그렇지 아니하다. 백성들에게 후하게 세금을 걷어 맛있는 음식을 만든다. 꼴을 먹여 가축을 기르고 물고기와 고사리를 굽고 찐다. 대국은 백 개의 그릇에 담고, 소국은 열 개의 그릇에 담아 사방 열 자의 상에 가득 벌여 놓는다. 눈은 두루 쳐다볼 수가 없고, 손은 두루 집을 수가 없고, 입은 두루 맛볼 수가 없다. 겨울이면 얼어버리고 여름이면 쉬어버렸다. 백성들의 임금이 음식을 이처럼 하면, 좌우의 신하들이 그것을 본받는다. 이로써 부귀한 자는 사치하고 고아와 과부들은 얼어 죽고 굶어죽는다. 비록 어지럽지 않기를 바라지만 불가능하다. 임금이 실로 천하가 다스려지기 바라고 어지러워지기를 싫어한다면 마땅히 음식을 절약하지 않으면 안 된다.

*芻豢(추환): 꼴을 주어 가축을 기름. *蒸炙魚鼈(증자어별): 물고기와 고사리를 굽고 찌다. *饐(의): 음식이 쉬다. *方丈(방장): 사방 일장의 상을 말함(*기세춘).

【辭過 5-1】 凡回於天地之間，包於四海之內，天壤之情，陰陽之和，莫不有也，雖至聖不能更也。何以知其然，聖人有傳。天地也，則曰上下。四時也，則曰陰陽。人情也，則曰男女。禽獸也，則曰牡牝雄雌也。真天壤之情，雖有先王不能更也。雖上世至聖，必蓄私不以傷行，故民無怨，宮無拘女，故天下無寡夫。內無拘女，外無寡夫，故天下之民衆。當今之君，其私蓄也，大國拘女累千，小國累百，是以天下之男多寡無妻，女多拘無夫，男女失時，故民少。君實欲民之衆而惡其寡，當蓄私不可不節。

무릇 하늘과 땅 사이를 운회하고 사해의 안을 포괄함에 하늘과 땅의 본성은 음과 양의 조화가 있지 않은 데가 없다. 비록 지극한 성인이라도 바꿀 수가 없다. 어찌하여 그러함을 하는가? 성인이 전해주었기 때문이다. 하늘과 땅이란 위와 아래라 일컫고, 사시란 음양이라 일컫고, 사람의 본성이란 남과 여를 일컫고, 금수란 암수자웅이라 말한다. 진실로 하늘과 땅의 본성은 비록 선왕이라도 바꿀 수가 없다. 비록 먼 옛날의 지극한 성왕이라도 반드시 사사로움을 축적하더라도 행동함에 어그러짐이 없었기 때문에 백성들이 원망하지 않았다. 궁에 구속된 궁녀를 두지 않았으므로 천하에 과부(홀아비)가 없었다. 안으로는 구속된 궁녀가 없고 밖으로 과부(홀아비)가 없었기에 천하의 백성들이 많았다. 오늘날의 임금은 사사로움을 축적함에 대국은 구속된 궁녀가 수천이고, 소국에는 수백이다. 이로써 천하의 남자들이 과부(홀아비)가 많고 처가 없으며, 여자들은 구속됨이 많아 지아비가 없다. 남녀가 때를 잃은 까닭으로 백성들이 적어진다. 임금이 실로 백성들이 많아

지고 적어지기를 싫어한다면 마땅히 사사로운 축적을 절약하지 않으면 안 된다.

앞에서 나는 만물과 인간의 차이를 '완성된 존재' 대 '존재의 결여'로 대비시킨 바 있다. 여기서 '완성된 존재'라는 것은 '존재의 완성'과는 다른 뜻이다. 오히려 그것은 선천적으로 닫쳐진 존재라는 뜻이고, 그래서 존재의 사슬에서 벗어난 삶을 살 수 없다는 뜻이다. 모든 자연생명들은 자기생명의 보존에 충실하다. 그들에게는 '본능적 삶'이 곧 '본성적 삶'이다. 그렇다면 생명을 최적의 상태로 보존하고 유지하는 방법이 무엇인가? 몸의 필요(necessity)와 요구(demand)에 충실하는 삶이다.[4)]

몸은 대사(metabolism)작용과 감각(sensation)작용을 한다. 대사의 과정에서 생체활동에 필요한 물질이 평형상태를 벗어나게 되면, 몸은 본래의 상태로 돌아가기 위한 '필요'를 발생시킨다. 이를테면, 소화가 다 되면 몸은 포도당의 필요를 발생시킨다. 그리고 감각의 과정에서 자극에 의해 안정 상태를 벗어나 흥분하게 되면 몸은 본래의 상태로 돌아가기 위한 '요구'를 발생시킨다. 이를테면, 몸이 아프면 건강한 상태로 돌아가려는 요구가 발생한다. 이 필요와 요구가 마음으로 드러나는 것이 바로 무위적 마음이다. 포도당이 필요하면 마음은 배고프다고 느끼고 밥을 먹고 싶어 한다. 건강의 요구에 따라 마음은 병원을 찾고 싶은 마음이 발생한다. 그리고 배고프면 불쾌하고 배

---

4) 필요와 요구에 관한 논의는 강봉수, "노자 인성론의 수양론적 재해석: 지성과 본능의 소유론적 욕망 내려놓기", 『도덕윤리과교육』 제39호(한국도덕윤리과교육학회, 2013. 7), 105~106쪽; 강봉수, 『주제별 키워드로 읽는 논어와 세상보기의 도』, 앞의 책, 146~147쪽.

부르면 포만감에 쾌감을 느낄 수 있다. 몸이 아프면 불쾌하고 아픔에서 벗어나면 쾌감을 느낀다. 이것이 몸의 자연성에 따라 마음에 드러난 느낌(feeling)이고 기분(mood)이고 정서(emotion)이다. 느낌이나 기분이 좋으면 즐겁고 생기가 돋고, 느낌이나 기분이 좋지 않으면 슬프고 화가 난다.

필요와 요구가 발생하면 그것을 충족하고 싶은 마음이 생기고 충족되면 쾌감을 느끼고 생기가 돋는다. 여기까지가 생명을 보존하는 유지선이다. 그 이상도 이하도 생명보전에 도움 되지 않는다. 모자라도 생명에 위협이 되고, 넘쳐도 생명에 보탬이 안 된다. 아무리 맛있는 햄버거도 배고파서 먹으면 생명을 살리지만, 배가 부른데도 먹는다면 비만을 부르고 생명에 위협을 줄 뿐이다. 이것이 몸의 자연성이다. 필요와 요구가 발생하면 때로는 생명보전을 위해 타자의 생명까지도 공격해야 한다. 나 또한 타자에게 잡아먹힐 수 있다. 자연생명 세계는 이처럼 필요와 요구에 따라 잡아먹고 잡아먹히는 먹이사슬의 체계로 이루어져 있다. 자리(自利)가 곧 이타(利他)이다. 그러니까 자연생명 세계는 존재법칙에 따르는 삶이 곧 당위법칙을 실현하는 삶이다.

이렇게 필요와 요구에 따라 먹는 것은 현재의 생명을 보존하는 최적의 길이다. 생명들은 또 한편으로 자기의 생명을 미래까지 연장하고 싶어 한다. 그래서 서로 짝을 찾아 사랑을 나누고 새 생명을 얻고자 한다. 이것 역시 필요와 요구를 넘어서지 않아야 할 것이다. 생명보존을 위해 먹고 짝짓기 하고자 하는 본능(본성)을 '식색지성'(食色之性)이라 부른다.[5] 그것은 인

5) '식색지성'의 용어는 원래 맹자(孟子)의 것이다. 맹자는 인성을 '식생지성'의 본능과 '도의지성'(道義之性)의 본성으로 형성되었다고 보았다. '식생

간학적(도덕적)으로 선(善)도 악(惡)도 아니다. 묵자도 "부득이 추구하는 욕구는 욕심이 아니다."[6]라고 말하고 있다. 몸의 자연성은 생명(生)의 보존이고, 몸의 자연성에 따르는 마음을 무위적 마음이라 부를 수 있다면 그것의 본성은 '생명사랑'이다. 무위적 마음은 곧 생명사랑의 본성이다.

몸의 자연성은 모든 생명체들이 공유하는 것이고, 무위적 마음은 모든 인간과 일부 고등동물이 공유하는 것이라 볼 수 있다. 동물들에게는 본능적 삶이 곧 본성적 삶이다. 인간들도 아직 본능과 본성이 분리되지 않았을 때에는 본능과 구분되지 않는 본성적 삶을 살았던 것으로 볼 수 있다. 위의 인용이 그것을 증명한다. 처음에 인간들은 "먹음에는 족히 기운을 돋우고 허기를 채워 몸을 튼튼히 하고 배가 부르게 할 뿐이었고", "궁에 구속된 궁녀를 두지 않았으므로 천하에 과부(홀아비)가 없었다."고 하였다. 그리고 이러한 '식색지성'은 성왕도 바꿀 수 없는 본성이라고 하였다. 그런데 본능과 본성이 분리되기 시작하면서 인간들은 이익의 노예로 전락하기 시작하였다. 그것은 먹고 짝짓는 것에만 국한된 것이 아니었다. 인간 삶의 모든 영역에서 그렇게 되었다. 「사과辭過」편을 마저 보자.

【辭過 1-1】 子墨子曰：古之民，未知為宮室時，就陵阜而居，穴而處，下潤濕傷民，故聖王作為宮室。為宮室之法，曰：室高足以辟潤濕，邊足以圉風寒，上足以待雪霜雨露，宮牆之高，足以別男女之禮，謹此則止，凡費財勞力，不加利者，不為

지성'의 본능은 모든 생명체가 공유하는 것이고, '도의지성'은 인간만이 선천적으로 타고나는 본성으로 보았다. 이러한 관점에서 그는 성선설을 주장한 것이다.

6) 『墨子』「大取」: 不得已而欲之, 非欲之也.

也。役脩其城郭，則民勞而不傷，以其常正，收其租稅，則民費而不病。民所苦者非此也，苦於厚作斂於百姓。是故聖王作為宮室，便於生，不以為觀樂也，作為衣服帶履，便於身，不以為辟怪也，故節於身，誨於民，是以天下之民可得而治，財用可得而足。

묵자가 말했다: 옛날의 백성들은 궁과 집을 지을 줄 몰랐던 시절이다. 언덕에 능을 취하여 기거하고 굴을 파서 거처하였다. 바닥에 물기와 습기로 백성들이 상했다. 그래서 성왕이 궁과 집을 짓도록 하였다. 궁과 집을 짓는 방법을 말한다. 집의 바닥 높이는 족히 물기와 습기를 막을 수 있고, 주변의 벽은 족히 바람과 추위를 막을 수 있고, 지붕은 족히 눈과 서리와 비와 이슬에 대비할 수 있었고, 궁담의 높이는 족히 남녀의 예절을 분별할 수 있었다. 이 정도로 삼가 그쳤다. 무릇 재물을 소비하고 노력을 사용해도 이익이 보태지지 않는 것은 하지 않았다. 부역으로 성곽을 수리하여도 백성들의 노고가 상하지 않도록 하였다. 항상된 정도에 따라서 세금을 거두었기에 백성들이 비용을 대어도 고통스럽지 않았다. 백성들이 고통스러워 하는 것은 이것이 아니다. 백성들을 너무 후하게 부리고 세금을 거두는 것에서 고통 받는다. 그러므로 성왕이 궁과 집을 지은 것은 삶에 편리를 위한 것이지 환락을 즐기기 위한 것이 아니었다. 의복과 허리띠와 신발을 만든 것은 몸에 편리를 위한 것이지 괴이하게 사치하기 위한 것이 아니었다. 따라서 몸소 절약하고 백성을 깨우쳤다. 그러므로 천하의 백성들을 얻어서 다스릴 수 있었고, 재물의 사용이 풍족할 수 있었다.

【辭過 1-2】 當今之主，其為宮室，則與此異矣，必厚作斂於百姓，暴奪民衣食之財，以為宮室臺榭曲直之望，青黃刻鏤之飾。為宮室若此，故左右皆法象之。是以其財不足以待凶饑，振孤寡，故國貧而民難治也。君實欲天下之治，而惡其亂也，當為宮室不可不節。

오늘날의 군주들은 궁과 집을 지음에 이와 다르다. 반드시 백성들을 후하게 부리고 세금을 걷는다. 백성들의 옷과 식량의 재물을 포악하게 빼앗아서 궁실과 누각과 정자를 보기 좋고 웅장하게 짓고 온갖 색깔과 조각으로 장식한다. 궁과 집을 지음이 이와 같기에 좌우의 신하들이 모두 본받으려 한다. 이로써 재물은 족히 흉년과 굶주림에 대비할 수 없고, 고아와 과부를 진휼하고자 하나 나라가 가난하고 백성은 다스려지기 어렵다. 임금이 실로 천하의 다스려짐을 하고자 하고, 혼란스러움을 싫어한다면 마땅히 궁과 집을 짓는 데에 절약하지 않으면 안 된다.

*臺榭(대사): 누각과 정자. *曲直之望(곡직지망): 보기 좋게 꾸미는 것. *刻鏤(각루): 조작하여 새김.

【辭過 2-1】 古之民，未知為衣服時，衣皮帶茭，冬則不輕而溫，夏則不輕而凊，聖王以為不中人之情，故作誨婦人，治絲麻，梱布絹，以為民衣。為衣服之法，冬則練帛之中，足以為輕且煖，夏則絺綌之中，足以為輕且凊，謹此則止。故聖人之為衣服，適身體，和肌膚而足矣，非榮耳目而觀愚民也。

옛날 백성들이 의복을 만들 줄 몰랐던 시절에는 가죽옷을 입고 마른 풀로 띠를 둘렀다. 겨울이면 가볍지 않으면서 따뜻하지 않았고, 여름이면 가볍지 않으면서 시원하지 않았다. 성왕은 사람들의 실정에 맞지 않다고 생각하여, 부인들을 깨우쳐 누에실과 삼마실을 뽑아서 비단과 베를 짜서 백성들의 옷을 만들도록 하였다. 의복을 만드는 법을 제정했다. 겨울이면 명주비단을 사용하여 족히 가벼우면서도 따뜻하게 하였고, 여름이면 가는 칡베를 사용하여 족히 가벼우면서도 시원하게 하였다. 삼가 이것으로 그치게 하였다. 그러므로 성인이 의복을 제작하는 것은 신체에 적합하고 살과 피부를 따뜻하게 하면 족한 것이었지, 이목이 영화롭고 백성들에게 보이기 위한 것이 아니었다.

*茭(교): 꼴풀. *梱(곤): 문지방, 치다, 두드리다. *絹(견): 명주. *絺綌(치격): 칡.

*"練帛之中(련백지중)", "絺綌之中(치격지중)"의 "中字(중자)"는 "用(용)"자의 착오임(*기세춘).

*肌膚(기부): 살과 피부.

【辭過 2-2】 當是之時，堅車良馬不知貴也，刻鏤文采不知喜也。何則其所道之然。故民衣食之財，家足以待旱水凶饑者，何也？得其所以自養之情，而不感於外也。是以其民儉而易治，其君用財節而易贍也。府庫實滿，足以待不然，兵革不頓，士民不勞，足以征不服，故霸王之業，可行於天下矣。

당시에는 견고한 수레와 훌륭한 말을 귀한 것으로 알지 못하였다. 조각하여 새기며 문채를 내는 것을 기쁨으로 알지 못하였다. 왜냐하면 법도가 그러했기 때문이다. 그래서 백성들의 의복과 식량의 재물은 가족이 족히 가뭄과 홍수와 흉년의 굶주림을 대비할 수 있었다. 왜냐하면 재물이란 스스로를 부양하는 사정이지 외적인 다른 것으로 느끼지 않았기 때문이다. 이처럼 백성들은 검소했고 다스리기 쉬웠다. 임금도 재물을 절약하여 사용했고 넉넉하였다. 창고는 실로 가득 찼고 족히 예기치 않은 일에 대비할 수 있었다. 병장기는 깨지지 않았고, 선비와 백성들은 수고롭지 않았고, 족히 정벌로 복종시키지 않았다. 그러므로 패왕의 위업이 가히 천하에 행해질 수 있었다.

*刻鏤(각루): 조작하여 새김. *贍(섬): 넉넉하다. 구휼하다. *頓(돈): 깨지다, 무너지다.

【辭過 2-3】 當今之主，其為衣服則與此異矣，冬則輕煥，夏則輕凊，皆已具矣，必厚作斂於百姓，暴奪民衣食之財，以為錦繡文采靡曼之衣，鑄金以為鉤，珠玉以為珮，女工作文采，男工作刻鏤，以為身服。此非云益煖之情也，單財勞力，畢歸之於無用也。以此觀之，其為衣服非為身體，皆為觀好。是以其民淫僻而難治，其君奢侈而難諫也。夫以奢侈之君，御好淫僻之民，欲國無亂，不可得也。君實欲天下之治而惡其亂，當為衣服不可不節。

오늘날의 군주는 의복을 만드는데 이와 다르다. 겨울이면 가볍고 따뜻하고, 여름이면 가볍고 시원하게 모두 이미 갖추었다. 그러나 반드시 백성들에게 후하게 세금을 거두고, 백성들의 의복과 식량의 재물을 포악하게 수탈하여 비단에 수를 놓고 문채를 화려하게 꾸민 옷을 만들었다. 금을 주조하여 고리를 만들고 주옥으로 패물을 삼았다. 여자들은 문채를 꾸미고 남자들은 조작을 새기게 하여 몸을 치장하는 옷을 만들었다. 이것은 단지 더 따듯하게 하려는 사정이 아니다. 재물을 없애고 인력을 수고롭게 하여 필경 실용이 없는 데에 돌아가게 한다. 이로 보건데, 의복을 만드는 것은 신체를 위한 것이 아니라 모두 호화롭게 보이기 위한 것이다. 이로써 백성들은 방탕하고 괴벽스러워 다스리기 어렵고, 임금은 사치에 빠져 간언하기 어렵게 된다. 무릇 사치하는 임금이 음탕하고 괴벽한 백성들을 제어해야 한다. 나라가 어지럽지 않기를 바라지만 불가하다. 임금은 실로 천하가 다스려지기 바라고 어지러움을 싫어한다면 마땅히 의복을 절약하지 않으면 안 된다.

*繡(수): 수놓다. *靡曼(미만): 너무 화려한 것. *單(단): 殫(탄)의 뜻, 허비하다, 소비해버리다.

【辭過 4-1】 古之民未知為舟車時，重任不移，遠道不至，故聖王作為舟車，以便民之事。其為舟車也，全固輕利，可以任重致遠，其為用財少，而為利多，是以民樂而利之。法令不急而行，民不勞而止足用，故民歸之。當今之主，其為舟車與此異矣，全固輕利皆已具，必厚作斂於百姓，以飾舟車，飾車以文采，飾舟以刻鏤。女子廢其紡織而脩文采，故民寒，男子離其耕稼而脩刻鏤，故民饑。人君為舟車若此，故左右象之，是以其民饑寒並至，故為姦邪。姦邪多則刑罰深，刑罰深則國亂。君實欲天下治而惡其亂，當為舟車不可不節。

> 옛날의 백성들은 배와 수레를 만들 줄 몰랐던 때였다. 무거운 짐을 옮길 수 없었고 먼 길을 갈 수가 없었다. 그러므로 성왕이 배와 수레를 만들어 백성들의 일을 편리하게 하였다. 배와 수레를 제작함에는 완전하게 견고하고 가볍고 편리하여 무거운 짐을 멀리 나를 수 있었다. 재물을 사용함에는 적게 하고 이익은 많게 하였다. 이로써 백성들은 즐겁고 이롭게 하였다. 법령으로 강요하지 않아도 행해졌다. 백성들은 수고롭지 않았고 만족한 사용에 그쳤다. 그러므로 백성들이 돌아왔다. 오늘날의 군주는 배와 수레를 만드는 것이 이와 다르다. 완전하게 견고하고 가볍고 편리함은 모두 이미 갖추어졌다. 그러나 반드시 백성에게 후하게 세금을 걷고 배와 수레를 장식한다. 문채로 수레를 장식하고 조각으로 배를 장식한다. 여자들은 방직을 폐기하고 문채를 수식한다. 그러므로 백성들은 춥다. 남자들은 밭 갈고 씨뿌리기를 떠나서 조각을 장식한다. 그러므로 백성들이 굶주린다. 백성들의 임금이 배와 수레를 만듦이 이와 같으면 좌우의 신하들이 그것을 본받는다. 이로써 백성들은 굶주림과 추위가 겹쳐 이른다. 그러므로 간사하게 된다. 간사함이 많아지면 형벌이 심해지고, 형벌이 심해지면 나라가 어지럽다. 임금은 실로 천하가 다스려지기 바라고 어지러워지기를 싫어한다면 마땅히 배와 수레를 제작함에 절약하지 않으면 안 된다.

이상의 인용들을 모두 표로 정리하여 보자. 본능과 본성이 분리되기 이전의 옛날과 그것들이 서로 분리된 오늘날의 삶의 욕구변화를 대비시켜 정리하여 보면 아래의 〈표 6〉과 같다.

〈표 6〉 옛날과 오늘날의 인간 삶의 욕구변화

	옛날	오늘날
음식	먹음에는 족히 기운을 돋우고 허기를 채워 몸을 튼튼히 하고 배가 부르게 할 뿐이었다. 그러므로 재물을 사용함에 절약하고 스스로를 부양함에 검소하여 백성들은 부유하고 나라는 다스려졌다.	백성들에게 후하게 세금을 걷어 맛있는 음식을 만든다. 꼴을 먹여 가축을 기르고 물고기와 고사리를 굽고 찐다. 대국은 백 개의 그릇에 담고, 소국은 열 개의 그릇에 담아 사방 열 자의 상에 가득 벌여 놓는다. 눈은 두루 쳐다볼 수가 없고, 손은 두루 집을 수가 없고, 입은 두루 맛볼 수가 없다. 겨울이면 얼어버리고 여름이면 쉬어버렸다. 백성들의 임금이 음식을 이처럼 하면, 좌우의 신하들이 그것을 본받는다. 이로써 부귀한 자는 사치하고 고아와 과부들은 얼어 죽고 굶어죽는다.
주택	집의 바닥 높이는 족히 물기와 습기를 막을 수 있고, 주변의 벽은 족히 바람과 추위를 막을 수 있고, 지붕은 족히 눈과 서리와 비와 이슬에 대비할 수 있었고, 궁담의 높이는 족히 남녀의 예절을 분별할 수 있었다. 이 정도로 삼가 그쳤다. 무릇 재물을 소비하고 노력을 사용해도 이익이 보태지지 않는 것은 하지 않았다. 부역으로 성곽을 수리하여도 백성들의 노고가 상하지 않도록 하였다. 항상 정도에 따라서 세금을 거두었기에 백성들이 비용을 대어도 고통스럽지 않았다.	오늘날의 군주들은 궁과 집을 지음에 이와 다르다. 반드시 백성들을 후하게 부리고 세금을 걷는다. 백성들의 옷과 식량의 재물을 포악하게 빼앗아서 궁실과 누각과 정자를 보기 좋고 웅장하게 짓고 온갖 색깔과 조각으로 장식한다. 궁과 집을 지음이 이와 같기에 좌우의 신하들이 모두 본받으려 한다. 이로써 재물은 족히 흉년과 굶주림에 대비할 수 없고, 고아와 과부를 진휼하고자 하나 나라가 가난하고 백성은 다스려지기 어렵다.

의복	겨울이면 명주비단을 사용하여 족히 가벼우면서도 따뜻하게 하였고, 여름이면 가는 칡베를 사용하여 족히 가벼우면서도 시원하게 하였다. 삼가 이것으로 그치게 하였다. 그러므로 성인이 의복을 제작하는 것은 신체에 적합하고 살과 피부를 따뜻하게 하면 족한 것이었지, 이목이 영화롭고 백성들에게 보이기 위한 것이 아니었다.	오늘날의 군주는 의복을 만드는데 이와 다르다. 겨울이면 가볍고 따뜻하고, 여름이면 가볍고 시원하게 모두 이미 갖추었다. 그러나 반드시 백성들에게 후하게 세금을 거두고, 백성들의 의복과 식량의 재물을 포악하게 수탈하여 비단에 수를 놓고 문채를 화려하게 꾸민 옷을 만들었다. 금을 주조하여 고리를 만들고 주옥으로 패물을 삼았다. 여자들은 문채를 꾸미고 남자들은 조작을 새기게 하여 몸을 치장하는 옷을 만들었다. 이것은 단지 더 따듯하게 하려는 사정이 아니다. 재물을 없애고 인력을 수고롭게 하여 필경 실용이 없는 데에 돌아가게 한다. 이로 보건데, 의복을 만드는 것은 신체를 위한 것이 아니라 모두 호화롭게 보이기 위한 것이다.

위 표에서 보듯, 본능과 본성이 분리되지 않았던 시절에는 필요와 요구에 따르는 삶을 살았다. 옛날에 음식을 먹음에는 족히 기운을 돋우고 허기를 채워 몸을 튼튼히 하고 배가 부르게 할 뿐이었다. 집의 바닥 높이는 족히 물기와 습기를 막을 수 있고, 주변의 벽은 족히 바람과 추위를 막을 수 있고, 지붕은 족히 눈과 서리와 비와 이슬에 대비할 수 있으면 그만이었다. 옷도 겨울이면 명주비단을 사용하여 족히 가벼우면서도 따뜻하게 하였고, 여름이면 가는 칡베를 사용하여 족히 가벼우면서도 시원하게 하였다. 삼가 이것으로 그치게 하였다. 의복을 제작하는 것은 신체에 적합하고 살과 피부를 따뜻하게 하면

족한 것이었지, 이목이 영화롭고 백성들에게 보이기 위한 것이 아니었다. 이처럼 옛날에는 의식주 등 모든 물품이 필요와 요구만 채워지면 만족하였다. 그러나 오늘날은 그렇지 않다. 서로 필요이상의 이익과 욕망을 추구하고 사치와 낭비를 일삼고 있다는 게 묵자의 진단이다. 그러니까 인간은 본능과 본성이 분리되기 시작하면서 이익의 노예로 전락하기 시작한 것이다.[7]

왜 인간들은 오늘날처럼 본능과 본성이 서로 분리된 삶으로 변화되지 않을 수 없는 것일까? 그것은 바로 인간의 존재론적 특성인 '존재의 결여'로 태어났기 때문이 아닐까 한다. 그래서 인간은 사회(정치공동체)를 구성하여 살아가게 되었다. 사회적 존재로서 인간은 지성을 계발하고 문화와 문명을 발명하였다. 그래서 인간은 생명의 유지와 무관하게, 즉 필요와 요구라는 몸의 자연성을 넘어서서 욕구(need)하고 욕망(desire)하는 유일한 존재가 되었다.[8] 욕구나 욕망은 몸의 자연성이나 동물성과는 다른 마음의 영역이 만들어낸 것들이다. 그렇다고 욕구와 욕망의 마음이 몸과 무관한 것은 아니다. 다만 몸과 무관하게 독립적으로 관념을 만들어낼 수 있다는 뜻이다.

현대 심리학적인 뜻에서, 욕구는 인간들만의 삶의 과정에서 발생하는 필요와 요구에 대한 자각에 의해서 생겨난 심리상태이다. 다양한 생리적 욕구와 사회적 욕구 등이 그것이다. 필요

---

7) 인간들의 본능과 본성이 분리되지 않았던 때가 '원시공동체' 사회라고 한다면, 그것들이 서로 분리되기 시작한 때는 본격적으로 '정치공동체'를 구성하면서부터가 아닐까 가정해 볼 수 있다. 전자가 堯舜之治의 대동사회라면, 후자는 禹湯文武周公의 소강사회로 대비시켜 볼 수도 있을 것이다.

8) 이하의 욕구와 욕망에 대한 논의는 졸고, "노자 인성론의 수양론적 재해석: 지성과 본능의 소유론적 욕망 내려놓기", 앞의 논문, 110~111쪽; 졸고, 『주제별 키워드로 읽는 논어와 세상보기의 도』 (서울: 원미사, 2012), 150~151쪽.

와 요구에 바탕을 둔다는 점에서 몸의 자연성으로부터 출발하지만, 인간들만의 삶의 과정에 토대한다는 점에서 욕구는 인간적이고 사회적인 심리이다. 매슬로우(Abrham H. Maslow)는 인간이 가지는 욕구 5 단계설을 주장한다. ① 생리적 욕구 → ② 안전에 대한 욕구 → ③ 소속과 애정에 대한 욕구 → ④ 자기존중의 욕구 → ⑤ 자아실현의 욕구가 그것이다. 생리적인 욕구는 배고픔, 갈증, 수면 등 몸의 필요에 부응하는 욕구이다. 생리적 욕구가 마음을 통하여 밖으로 드러난 필요를 충동(衝動, impulse, drive-urge)이라 부른다. 인간은 음식욕, 성욕, 수면욕 등과 같은 충동을 가지고 있는데, 충동은 생명을 유지시키는 원초적 힘이라 할 수 있다. 안전에 대한 욕구는 생명의 위협이나 불안을 피하고, 늘 안심하고 평화롭게 살 수 있기를 바라는 욕구이다. 소속과 애정의 욕구는 가족이나 친구들에게 받아들여지길 바라는, 사랑받길 원하는 인간관계에 관한 욕구이다. 자기존중의 욕구는 자기신뢰의 욕구 즉 자신감을 갖고 싶다는 것과, 타인으로부터 존중받고 싶다는 욕구를 포함한다. 자아실현의 욕구는 자신이 가지고 있는 모든 가능성이나 능력을 모두 펼쳐, 인간으로서 성장하고 싶어 하는 욕구이다.

모든 인간이 이러한 욕구의 단계를 충족시키고 있는지는 의문이지만, 이들 욕구들은 인간세계에서 가질만한 자연스러운 욕구들인 것 같다. 그러나 인간들은 이러한 자연스러운 욕구충족의 단계만을 밟지 않는다. 가난할 때는 빵 한 조각만으로도 만족해 하지만, 가난을 벗어나면 더 맛있는 빵을 찾는다. 남과 비교하고 계산한다. 이것이 지능의 분별심이다. 선악을 가르고, 귀천과 빈부를 가르고, 미추를 가른다. 남과 비교하고 계산하는 지능의 분별심이 싹트는 순간부터 인간은 자연스런 욕구충족을 넘어서 욕망(desire)을 추구하는 길로 들어선다. 욕망은 인간들이 서로를 비교하는 관념으로부터 생겨난 것이다. 말하자면, 그것은 인간의 언어적 상징체계, 역사와 문화 등의 관념이 만들어낸 심리이다. 그로부터 소유욕, 출세욕, 명예욕, 권력욕 등이 추구된다. 그래서 묵자도 세상이 그렇게 변했다고 말하고 있다. "임금이 음식을 이처럼(필요이상으로)함으로써 좌우의 신하들도 그것을 본받게 되었고", "임금의 사사로움이 지나쳐 구속된 궁녀가 수천이다 보니 천하의 남자들이 과부(홀아비)가 많고 처가 없으며, 여자들은 구속됨이 많아 지아비가 없게 되었다."는 것이다.

그렇다면 이를 철학적으로 구제하는 길은 무엇인가? 욕망의 근원처가 어디인가? '식생지성'이다. 묵자가 보기에 원래 그것은 선도 악도 아닌 본능이고 본성이었지만, 이제 그것은 악의 근원지일 뿐이다. 본능이면서 본성이었던 '식색지성'에 따른 삶은 원시적 자연생활에서나 가능했다. 인간은 사회적·정치적 존재이다. 정치공동체를 구성하여 살게 되면서 본능과 본성은 분리되기 시작하였고, 이제 인간본성의 향방을 결정짓는 것은 사회와 환경의 몫이 되었다. 불의한 사회 환경에서 '식색지성'의 본능은 인간을 악한 품성의 소유자로 만들며, 정의로운 사회구조에서는 '식색지성'의 본능이 잘 조절됨으로써 선한 품성의 소유자로 되게 한다. 아래 「사과」 편의 결론을 보자. 사람들로 하여금 검소하고 절약하게 만드는 사회구조가 만들어져야 한다.

【辭過 5-2】 凡此五者，聖人之所儉節也，小人之所淫佚也。儉節則昌，淫佚則亡，此五者不可不節。夫婦節而天地和，風雨節而五穀孰，衣服節而肌膚和。

무릇 위 다섯 가지는 성인이 검소하고 절약한 바이고, 소인들은 음란하고 방탕한 바이다. 검소하고 절약하면 창성할 것이고, 음란하고 방탕하면 망할 것이다. 이 다섯 가지는 절약하지 않으면 안 된다. 부부가 절약하면 천지가 조화롭고, 비바람이 절약하면 오곡이 익고, 의복을 절약하면 살과 피부가 따뜻하다.

*肌膚(기부): 살과 피부.

2. 인간의 품격은 물들여짐에 따른다 - 소염(所染)

묵자는 '인간의 품격은 물들여짐에 따른다'는 소염론(所染論)을 주장했다. 「소염所染」 편을 읽어보자.

【所染 1-1】 子墨子言見染絲者而嘆曰：「染於蒼則蒼，染於黃則黃。所入者變，其色亦變，五入必而已則為五色矣。故染不可不慎也。」

묵자께서 실을 물들이는 것을 보고 한탄하며 말했다: "파란 색에 물들이면 파래지고, 노란 색에 물들이면 노래진다. 넣은 색이 변화하면 그 색깔 또한 변한다. 다섯 가지를 넣으면 반드시 다섯 가지 색이 된다. 그러므로 물들여짐에 신중하지 않을 수 없다."

【所染 1-2】 非獨染絲然也，國亦有染。舜染於許由伯陽，禹染於皐陶伯益，湯染於伊尹仲虺，武王染於太公周公。此四王者，所染當，故王天下，立為天子，功名蔽天地，舉天下之仁義顯人，必稱此四王者。夏桀染於干辛推哆，殷紂染於崇侯惡來，厲王染於厲公長父榮夷終，幽王染於傅公夷蔡公穀。此四王者，所染不當，故國殘身死，為天下僇，舉天下不義辱人，必稱此四王者。

> 유독 실을 물들이는 것만 그러한 것이 아니다. 나라 또한 물들여진다. 순임금은 허유와 백양에게 물들었고, 우임금은 고요와 백양에게 물들었고, 탕임금은 이윤과 중훼에게 물들었으며, 무왕은 태공과 주공에게 물들었다. 이 네 임금은 물들여짐이 마땅하였기에 천하에 왕노릇을 하여 천자의 나라를 세웠고, 업적과 명성이 천지를 덮었다. 그래서 천하에 인의롭고 현명한 사람을 거명할 때에는 이 네 임금을 지칭하는 것이다. 하나라 걸왕은 간신과 추치에게 물들었고, 은나라 주왕은 숭후와 악래에게 물들었고, 주나라 려왕은 장보와 이공에게 물들었으며, 유왕은 부공이와 채공 곡에게 물들었다. 이 네 임금은 물들여짐이 부당하였기에 나라를 망치고 자신도 죽어 천하의 치욕을 당하였다. 천하에서 의롭지 못하고 욕된 인간을 거명할 때에는 반드시 이 네 임금을 지칭하는 것이다.

*許由(허유): 요임금이 천자의 자리를 선양하고자 했으나 거절함. *伯陽(백양):
*皐陶(고도)(요): 우임금 시대의 명신. *伯益(백익): 우임금 시대의 명신. *伊尹(이윤): 탕임금 시대의 재상. *仲虺(중훼): 탕임금 시대의 좌상. *太公望(태공망): 문왕의 재상. *周公(주공): 무왕의 아우. *干辛(간신): 걸왕 때의 간신. *推哆(추치): 걸왕 때

의 간신. *崇侯(숭후): 승나라 제후로서 주왕의 간신. *惡來(악래): 주왕의 간신. *長父(장부)(보): 주나라 려왕 때의 간신. *夷公(이공): 주나라 려왕 때의 간신. *傅公夷(부공이): 주나라 유왕 때의 간신. *蔡公穀(채공곡): 주라나 유왕 때의 간신. *僇(륙): 욕보이다.

【所染 1-3】 齊桓染於管仲鮑叔，晉文染於舅犯高偃，楚莊染於孫叔沈尹，吳闔閭染於伍員文義，越句踐染於范蠡大夫種。此五君者，所染當，故霸諸侯，功名傳於後世。范吉射染於長柳朔王胜，中行寅染於籍秦高彊，吳夫差染於王孫雒太宰嚭，智伯搖染於智國張武，中山尚染於魏義偃長，宋康染於唐鞅佃不禮。此六君者，所染不當，故國家殘亡，身為刑戮，宗廟破滅，絕無後類，君臣離散，民人流亡，舉天下之貪暴苛擾者，必稱此六君也。

제나라 환공은 관중과 포숙에게 물들었고, 진나라 문공은 구범과 고언에게 물들었고, 초나라 장공은 손숙과 심윤에게 물들었고, 오나라 합려는 오원과 문의에게 물들었으며, 월나라 구천은 범려와 대부종에게 물들었다. 이 다섯 임금은 물들여짐이 합당하였기에 제후들의 패자가 되어 후세에 공적과 명성을 남겼다. 진나라 범길사는 장유삭과 왕성에게 물들었고, 진나라 중항인은 적진과 고강에게 물들었고, 오나라 부차는 왕손락과 태재비에게 물들었고, 진나라 지백요는 지국과 장무에게 물들었고, 위나라 중산상은 위의와 언장에게 물들었으며, 송나라 강왕은 당앙과 전불례에게 물들었다. 이 여섯 임금은 물들여짐이 부당하였기에 나라와 가문이 망하고 몸은 처형당하고 종묘는 파멸되고 후손은 끊어지고 군신은 서로 떠나고 백성

> 들은 유랑하였다. 천하의 탐욕스럽고 포악하고 가혹한 정치로 어지럽게 한 자를 거명할 때에는 반드시 이 여섯 임금을 지칭하였던 것이다.

*管仲: 제나라 환공을 패제후로 만든 재상. *鮑叔: 포숙아라 부르며 관중을 재상으로 추천하였음. *舅犯: 진문공의 장인으로 문공을 패 제후로 만든 공신. *高偃: 진나라 대부. *孫叔: 孫叔敖라 불리며 초나라의 재상. *沈尹: 초나라 장왕 때의 令尹. *伍員: 伍子胥라 불리며 오합려를 패제후로 만든 공신. *文義: 文之義로 기록에 나옴.

*范蠡: 월왕 구천을 도운 병법가. *大夫種: 文種이라 부르고 월왕 구천 때의 대부. *長柳朔: 범길사의 가신. *王胜: 범길사의 가신.

*籍秦: 중행인의 가신. *高彊: 중행인의 가신. *王孫雒: 오나라의 대부. *太宰嚭: 부차의 간신.

색실을 물들이는 것처럼, 인간도 물들여짐에 따라 선한 품성의 소유자가 되고, 악한 품성의 소유자가 될 수 있다. 따라서 나라가 잘 다스려 지려면 위정자들이 정의로운 정치를 펼쳐야 하며, 그렇게 되기 위해서는 위정자들의 행실과 도리와 성품이 마땅하게 물들여져야 하는 것이다. 선비도 가문도 그렇다. 이러한 묵자의 소염론을 교육학적으로 어떻게 읽어야 할까? 인용을 글자 그대로 해석한다면 묵자의 교육철학은 환경결정론자로 오독(誤讀)하기에 충분하다. 이러한 오해를 받을 수 있는 대목은 다른 편에서도 볼 수 있다. 예컨대, "풍년이 든 해에는 백성들이 인자하고 선량하지만, 흉년과 기근이 든 해에는 백성들이 인색하고 흉악해진다."[9]고 하여, 마치 인간 품성의 선악은 외부의 사회조건에 의해서 결정되는 것처럼 주장하고 있다. 이것이 맞다면, 묵자의 교육철학은 문화전통과 역사, 덕과 규범 등을 일방적으로 학생들에게 주입하는 교화 내지 사회화의 관점을 가진 것으로 볼 수 있다. 과연 묵자는 환경결정론자인가?

기존 연구들에서 그렇게 보는 관점이 있었지만[10] 잘못이라고 본다. 묵자의 교육철학을 환경결정론으로 읽으면 일단 그의 인성론과도 모순된다. 물론 그가 인간의 본성을 선한 존재로 여긴 것은 아니다. 사회적 존재로서 인간은 이기적이다. 그렇지만 이러한 관점이 인간본성을 악한 존재로 규정한 것으로 볼 수 없다. 그는 "부득이 추구하는 욕구는 욕심이 아니"라고 말하였기 때문이다. 필요와 요구 수준에서 부득이 추구하는 욕구는 도덕적으로 선도 악도 아니다. 본능과 본성이 분리되기 이전의 인간(嬰兒)은 도덕적으로 백지였다. 그러나 사회적 존재로 진입하는 순간부터 본능과 본성이 분리되고, 인간은 욕망 추구의 이기적 존재로 될 수밖에 없다. 이제부터 문제는 욕망 추구와 이기심 자체가 아니라 그것을 얼마나 합리적으로 추구하고 조절하는가에 달렸다고 할 수 있다. 묵자는 인간을 매우 합리적 이기주의자로 여긴다. 「대취」편의 하나를 보자.

【大取】斷指以存腕, 利之中取大, 害之中取小也, 非取害也, 取利也. 其所取者, 人之所執也.(中略). 而權輕重之謂求, 求爲

---

9) 『墨子』 「七患」 참조.

10) 예컨대, 몽배원과 조현규는 그렇게 읽고 있다. 몽배원(이상선 역), 『중국 심성론』(서울: 법인문화사, 1996), 146쪽; 조현규, "묵자적 겸애의 교육사상", 『동양교육사상』(서울: 학지사, 2009), 117쪽.

之, 非也, 害之中取小, 求爲義, 非爲利也.

> 손가락을 잘라서 팔뚝을 보존할 수 있었다면 이로움 중에서 큰 것을 취했고 해로움 중에서 작은 것을 취한 것이다. 해로움 중에서 작은 것을 취한 것은 해로움을 취한 것이 아니라 이로움을 취한 것이다. 그것을 취하는 것은 사람마다 결정할 일이다. (중략) 이로움과 해로움의 경중을 헤아리는 것은 인간의 욕구라지만 욕구대로 하는 것이 옳은 것은 아니다. 해로움 중에서 작은 것을 취하는 것은 의로움을 위한 것이지 이로움을 위한 것이 아니다.

인간은 이로움과 해로움의 경중을 헤아릴 수 있는 인지이성(認知理性)을 가졌고[11] 합리적으로 이익을 추구하고 조절할 줄 아는 존재이다. 그러나 비합리적 욕망추구의 나락으로 빠질 수도 있는 자유의지의 존재이기도 하다. 특히, 사람들끼리 자기이익이 서로 대립하고 갈등할 때는 비합리적 욕망추구의 이전투구로 나아갈 가능성이 크다. 그래서 묵자는 '두루 사랑하고 서로 이익을 나누라'는 겸애교리를 주장하고 그러한 공동체

11) 묵자는 "생명은 육체와 지각이 거처하는 곳이다." "지각은 재능(인식의 본능)이다."고 말하였다. 그리고 "인식능력은 이러한 지각을 가지고 사물을 논하고 물리를 밝히는 것"이라 하였다. 『墨子』 「經 및 經說上」: 生, 刑與知處也; 知, 材也. 智, 明也; 智, 知也者, 以其知論物, 而其知之也著, 若明. 그리고 묵자가 주장하는 이러한 인식능력은 도덕적 실천이성이 아니라 객관사물을 인식하는 인지이성(認知理性)이라 할 수 있다. 그것은 대상에 대한 선악(善惡), 호오(好惡), 미추(美醜) 등의 정감체험을 바탕으로 하는 가치판단능력이 아니라, 대상의 유무(有無)와 사실의 진위(眞僞)를 판단하는 사실판단능력인 것이다. 몽배원(이상선 역), 앞의 책, 147~148쪽. 한편, 인간은 "자기 힘에 의지하지 않으면 살수가 없다."고 한 점도 인식능력에 대한 긍정을 의미한다고 볼 수 있다. 왜냐하면 '힘'이란 객관세계를 개조하는 실천 활동이고, 이러한 활동은 반드시 인식을 전제로 삼아야 하기 때문이다.

의 실현을 위해 동분서주했던 것이다. 사정이 이렇다면 소염론의 교육철학은 일방적인 환경결정론으로 보기 어렵다. 환경과 개인의 상호작용론으로 읽어야 할 것이다. 인용을 보자.

【所染 2-1】 凡君之所以安者何也, 以其行理也, 行理性於染當。故善為君者, 勞於論人, 而佚於治官, 不能為君者, 傷形費神, 愁心勞意, 然國逾危, 身逾辱。此六君者, 非不重其國, 愛其身也, 以不知要故也。不知要者, 所染不當也。

> 무릇 임금이 나라를 편안하게 하는 방법은 무엇인가? 도리를 행하는 것이다. 행실과 도리와 성품은 마땅하게 물들여져야 한다. 그러므로 훌륭한 임금이 되려는 자는 인물을 논하는데 수고스러워야 하고 관리를 다스리는 데 편안해야 한다. 그러나 임금노릇을 잘못하는 자는 몸이 상하고 정신이 피곤하며 근심하는 마음과 수고로운 뜻을 펴지만 나라는 더욱 위태롭게 되고 몸은 더욱 욕되게 된다. 앞의 여섯 임금들은 나라를 중히 여기고 자신을 사랑하지 않은 것이 아니다. 나라를 다스리는 요점을 모른 까닭일 뿐이다. 요점을 알지 못하면 물들여짐이 부당한 것이다.

*佚(일): 편안하다. *愁(수): 시름겹다.

【所染 2-2】 非獨國有染也, 士亦有染。其友皆好仁義, 淳謹畏令, 則家日益, 身日安, 名日榮, 處官得其理矣, 則段干木禽子傳說之徒是也。其友皆好矜奮, 創作比周, 則家日損, 身日危, 名日辱, 處官失其理矣, 則子西易牙豎刁之徒是也。詩曰:

「必擇所堪，必謹所堪」者，此之謂也。

유독 나라만 물들여지는 것이 아니고 선비 또한 물들여진다. 그의 벗들이 모두 인의를 좋아하고, 순박하고 근엄하여 법령을 공경한다면 가문이 날로 번창하고, 몸이 날로 편안하고, 명성이 날로 영화롭고, 관리가 되어도 도리를 터득하게 될 것인바, 즉 단간목과 금자와 부설 같은 무리가 그들이다. 그러나 그의 벗들이 모두 자랑하고 뽐내기를 좋아하고, 작당하고 파당을 만들어 따르면 가문은 날로 쇠해지고 몸은 날로 위태롭고 명성은 날로 욕되게 되며, 관리가 되어 도리를 잃게 되는 바, 즉 자서와 역아와 수조의 무리가 그들이다. 시에 이르기를 "반드시 감당할 바를 가리고, 감당할 바를 삼가라"고 한 것은 이를 일러 말하는 것이다.

*段干木(단간목): 공자의 제자이고 子夏(자하)에게 배움. *禽子(금자): 禽滑(금골)희라고 부르고 묵자의 제자임. *傅說(부열): 은나라 어진 신하. *子西(자서):초나라의 재상 출신의 역신. *易牙(역아): 제나라 환공 때의 역신. *豎刁(수조): 제나라 환공 때의 환관. *堪(감): 湛(담)으로 읽어 물들이다, 적시다로 해석하기도 함(※기세춘).

훌륭한 임금이 되고 선한 선비가 되는 데는 그가 어떤 임금과 선비들에게 물들여질 것인가 하는 환경이 중요하다. 그러나 물들여지기 전에 그가 어떤 임금이나 선비들과 가까이할 것인가는 처음부터 개인의 선택이다. 그래서 묵자도 훌륭한 임금이 되려는 자는 (가까이할 수 있는) 인물을 논하는데 수고로워야 한다고 말하고 있다. 그러나 묵자의 소염론은 개인의 자유의지를 말하지만 교육에서 개인보다 환경의 영향을 더 중시여기는 관점인 것 같다. 현명한 사람이었다면 처음부터 훌륭하고 인의로운 사람들과 벗했을 것이다. 또한 현명한 사람이라면 설사 포악한 무리들과 벗했더라도 그들에게 물들지 말았어야 마땅할 것인바, 이에 대한 적극적 언급은 없는 듯하기 때문이다. 이러한 묵자의 관점은 마치 현대 교육심리이론인 사회학습이론(Social Learning Theory) 혹은 사회인지이론(Social Cognitive Theory)을 떠올리게 한다. 반듀라 등이 주장한 이 이론은 개인과 환경의 상호결정론을 주장하면서도 환경의 영향을 중시여기고 있기 때문이다.[12] 그러나 묵자나 반듀라 등은 환경 못지않게 개인의 능동적인 인지능력을 강조하고 있음에 주목할 필요가 있다. 그래서 결국 자기수양과 공부가 무엇보다 중요하다. 사회와 환경이 아무리 개인에게 영향을 준다고 하더라도 결국 품성의 형성은 자기수양에 달린 것이기 때문이다.

3. 그래서 자기수양이 필요하다 - 수신(修身)

『묵자』「수신修身」편을 읽어보자. 묵자가 얼마나 자신의 수양과 공부를 강조했는지를 엿볼 수 있을 것이다. 해설이 필요 없다. 그냥 같이 읽어보자.

【修身 1-1】 君子戰雖有陳，而勇為本焉，喪雖有禮，而哀為本焉，士雖有學，而行為本焉。是故置本不安，無務豐末，近者不親，無務來遠，親戚不附，無務外交，事無終始，無務多業，舉物而闇，無務博聞。

12) 김택훈, 『도덕성 발달이론과 교육』(서울: 인간사랑, 2008), 261~301쪽.

> 군자가 전쟁을 함에 비록 진법이 필요하지만 용기가 근본이다. 상례를 치름에 비록 예가 필요하지만 슬픔이 근본이다. 선비가 비록 배움이 있다하더라도 행동이 근본이다. 그러므로 근본을 세움이 안정되지 못하면 지엽말단을 풍부히 하는데 힘쓸 필요가 없다. 가까이 있는 자들이 친하지 않는데 멀리 있는 자들이 오도록 힘쓸 필요가 없다. 친척들이 서로 의지하지 않는데 밖의 사람들을 사귀려고 힘쓸 필요가 없다. 한 가지 일에도 시작함을 다 끝맺지 못했는데 많은 업적을 이루려 힘쓸 필요가 없다. 주변사물을 헤아리는 데에도 어두운데 널리 듣는 것에 힘쓸 필요가 없다.

자기수양의 핵심은 먼저 근본을 바로 세우는 것이다. 본말(本末; 근본과 말지)이 뒤바뀌어 전도되면 안 된다. 전쟁에서 진법보다 마음의 용기가, 상례에서 형식적 예제보다 마음의 슬픔이 근본이다. 멀리 있는 사람보다 지금 옆에 있는 사람이, 이웃과 사회보다 가족과 친척이 더 근본이다. 많은 업적을 남기는 것보다 한 가지 일이라도 충실히 하여 끝까지 마치는 것이 더 중요하고, 폭넓게 배우는 것보다 주변사물부터 잘 관찰하는 것이 근본이다. 천하를 다스리는 절차도 마찬가지이다. 그러나 이러한 묵자의 본말론(本末論)이 유가적인 친친(親親)이나 차별적 사랑이 아님에 유의해야 할 것이다. 이 때문에 「수신」 편은 묵자의 글이 아니라는 의심도 사고 있지만, 나는 그렇지 않다고 본다. 묵자는 분명 차별적 혹은 차서적 사랑이 아니라 두루 평등한 사랑을 주장한다. 여기서 묵자의 본말론은 어디까지나 수양의 방법과 절차상의 문제라고 보아야 한다.

【修身 1-2】 是故先王之治天下也 , 必察邇來遠 , 君子察邇而邇脩者也。見不脩行見毀 , 而反之身者也 , 此以怨省而行脩矣。譖慝之言 , 無入之耳 , 批扞之聲 , 無出之口 , 殺傷人之孩 , 無存之心 , 雖有詆訐之民 , 無所依矣。

> 그러므로 선왕이 천하를 다스림에는 반드시 가까운 이웃을 살핌으로써 멀리 있는 자들이 오게 하였다. 군자란 가까이 있는 것을 잘 살피고 닦은 자이며, 실천하지 않거나 비방을 당하면 돌이켜 자신을 반성하는 자이다. 이로써 원망을 살피고 행동을 수정하였다. 참소하고 사특한 말을 귀로 들어가게 하지 않았고, 비난하고 공격하는 소리를 입에서 나오지 않게 하였다. 사람을 죽이고 상처 내는 저의를 마음에 두지 않았으므로, 비록 들춰내 꾸짖고 비난하는 백성이 있어도 의지할 곳이 없었다.

*批扞(비한): 비난하고 공격하는 것. *孩(해): 荄(해)와 같은 底意(저의)의 뜻(※기세춘). *詆訐(저알): 꾸짖고 비난함.

수양하는 군자는 근본에 힘쓰는 자이다. 말보다 행동을 더 중시하고, 남에게 상처를 주지 않으며, 남에게 상처를 주거나 일이 잘못되거나 말을 실천하지 못하면 자기를 반성해야 한다. 사적인 욕망을 내려놓고 의로움을 드러낼 수 있어야 하고, 삶을 사랑하고 죽음을 애도할 수 있어야 하며, 옳고 그름을 분별할 수 있는 지혜로움을 갖추어야 한다. 「수신」 편을 마저 읽어보자.

【修身 1-3】 是故君子力事日彊 , 願欲日逾 , 設壯日盛 , 君子

之道也 , 貧則見廉 , 富則見義 , 生則見愛 , 死則見哀 , 四行者不可虛假 , 反之身者也。藏於心者 , 無以竭愛 , 動於身者 , 無以竭恭 , 出於口者 , 無以竭馴。暢之四支 , 接之肌膚 , 華髮隳顚 , 而猶弗舍者 , 其唯聖人乎!

> 그러므로 군자는 힘써 일하여 날로 굳세 지고, 갖고 싶은 욕망이 날로 줄어들고, 기상을 세움이 날로 성대해진다. 군자의 도는 가난하면 청렴을 드러내고, 부유하면 의로움을 드러낸다. 삶에서 사랑을 드러내고, 죽음에는 슬픔을 드러낸다. 이 네 가지를 행함에는 헛된 거짓으로 불가하며 돌이켜 자신을 반성해야 한다. 마음에 두는 것으로는 사랑을 다할 수 없고, 몸을 움직이는 것으로는 공경을 다할 수 없으며, 입으로 말하는 것으로는 가르침을 다할 수 없다. 팔다리에 사무치고 살갗에 스며들며, 머리에 꽃이 피고 이마가 터질 때까지라도 오히려 내려놓지 않아야, 오직 성인이라 할 것인저!

*肌膚(기부): 살(근육)과 피부. *華髮隳顚(화발휴전): 머리털에 꽃이 피고 이마가 깨짐, 즉 흰머리가 나고 그 마저도 빠져 이마가 드러남을 뜻함.

【修身 1-3】 志不彊者智不達 , 言不信者行不果。據財不能以分人者 , 不足與友。守道不篤 , 偏物不博 , 辯是非不察者 , 不足與游。本不固者末必幾 , 雄而不脩者 , 其後必惰 , 源濁者流不清 , 行不信者名必耗。名不徒生 , 而譽不自長 , 功成名遂 , 名譽不可虛假 , 反之身者也。務言而緩行 , 雖辯必不聽 , 多力而伐功 , 雖勞必不圖。

> 뜻이 굳세지 않으면 지혜를 통달할 수 없고, 말이 신뢰가 없으면 행동이 과감할 수 없다. 재물을 가지고 남과 나눠가질 수 없는 자는 더불어 벗하기에 부족하다. 도를 지키는데 돈독하지 아니하고, 사물에 치우쳐 널리 베풀지 못하고, 옳고 그름을 분별함에 밝지 못한 자와는 더불어 놀만하지 못하다. 근본이 확고하지 아니한 자는 지엽말단도 반드시 위태롭고, 뛰어나 우수하지만 수양하지 아니한 자는 나중에 게을러진다. 근원이 탁하면 흐름도 맑지 못하고, 행동에 신뢰가 없으면 명성도 반드시 사라진다. 명성은 무리지어 생겨나지 않고, 영예는 저절로 자라지 않는다. 공을 이루어야 명성이 이루어진다. 명예는 헛된 거짓으로 불가하고 돌이켜 자신을 반성해야 한다. 말에 힘쓰면서 행동을 느슨하게 하면, 비록 말을 잘 하더라도 반드시 들어주지 않는다. 노력을 다하면서 공을 자랑하면, 비록 노고가 많더라도 반드시 도모하려 하지 않는다.

*耗(모): 줄다, 사라지다.

【修身 1-4】 慧者心辯而不繁說，多力而不伐功，此以名譽揚天下。言無務多而務為智，無務為文而務為察。故彼智無察，在身而情，反其路者也。善無主於心者不留，行莫辯於身者不立。名不可簡而成也，譽不可巧而立也，君子以身戴行者也。思利尋焉，忘名忽焉，可以為士於天下者，未嘗有也。

> 지혜로운 자는 분별심을 가지므로 말을 번잡하게 아니하고, 노력을 다하여도 공을 자랑하지 않는다. 이로써 명예가 천하에 휘날리게 된다. 말을 많이 하는데 힘쓰지 않

고 지혜를 발휘하는데 힘쓴다. 겉모습을 꾸미는데 힘쓰지 않고 안을 살피는데 힘쓴다. 그러므로 지혜롭지 못하여 안을 살피지 아니하면 몸에 사사로운 감정이 있어 정도에 반하게 된다. 착함도 마음에서 주인되지 못하면 오래 머물지 못하고, 행동도 몸에서 분별이 없으면 굳건히 설 수가 없다. 명성은 단순하게 이루어지는 것이 아니고, 영예는 기교로 세울 수가 없는 것이다. 군자는 몸으로 행동을 실천하는 자이다. 이익을 생각하여 찾고, 명성을 잊는데 소홀히 하면서 천하에 선비된 자는 일찍이 있지 않았다.

4. 맺음말

묵자는 인간의 본성이 원래 선하지도 악하지도 않은 것이라 보았다. '식색지성'은 처음부터 그런 것이었다. 그러나 본능이면서 본성이었던 '식색지성'에 따른 삶은 원시적 자연생활에서나 가능했다. 인간은 사회적 존재이다. 사회를 구성하여 살게 되면서 본능과 본성은 분리되기 시작하였고, 이제 인간본성의 향방을 결정짓는 것은 사회와 환경의 몫이 되었다. 불의한 사회 환경에서 '식색지성'의 본능은 인간을 악한 품성의 소유자로 만들며, 정의로운 사회 환경에서는 '식색지성'의 본능이 잘 조절됨으로써 선한 품성의 소유자로 되게 한다. 그래서 묵자는 '인간의 품격은 물들여짐에 따른다'는 소염론(所染論)의 인간학과 교육학을 주장했다.

색실을 물들이는 것처럼, 인간도 물들여짐에 따라 선한 품성의 소유자가 되고 악한 품성의 소유자가 될 수 있다. 따라서 나라가 잘 다스려 지려면 위정자들이 정의로운 정치를 펼쳐야 하며, 그렇게 되기 위해서는 위정자들의 행실과 도리와 성품이 마땅하게 물들여져야 한다. 선비도 가문도 모두가 그렇다. 이러한 소염론의 교육학은 오늘날 비교육적 사회 환경과 경쟁중심의 교육만이 판치는 우리사회에 교육이 나아갈 길을 적시해 주시고 있다. 그러나 소염론의 교육학은 일방적인 환경결정론이 아님에 유의해야 한다. 인간은 운명을 거부할 수 있고, 자유의지에 따라 환경을 선택할 수 있는 이성적 존재이다. 사람의 인성은 환경과 개인 간의 상호 영향을 주고받는 가운데에서 이루어진다. 공부나 수양의 주체는 교사가 아니라 결국 학생 자신이다. 그래서 자기수양이 중요하다.

앞의 3장의 맺음말에서 필연과 자유의 관계를 논하면서 인생을 연극에 비유한 바 있다. 연극의 대본과 플롯은 주어져 있지만, 주어진 역할에 따른 배우들의 연기는 각자의 연기능력에 달렸다고 하였다. 이 때 각자의 능력이란 타고난 재능도 있겠지만 대체로 수행과 노력의 결과로 보아야 한다. 그것이 바로 수양이고 공부이다. 열심히 공부하고 자기수양을 거친 배우일수록 필연적인 대본과 플롯이 주어져 있더라도 마치 자기 자신이 스스로 연극을 창조해 내는 자유인의 영혼과 느낌을 갖게 될 것이다. 그러니까 공부하고 자기수양을 하는 만큼 세계라는 대본의 꼭두각시가 아니라 자유인이 되는 것이다.

제5장

윤리의 규준 : 어떻게 사랑할 것인가?

1. 차별적 사랑이 아니라 두루 평등한 사랑
2. 당위적 의리가 아니라 이익을 나누는 사랑
3. 그러나 물신의 노예가 되면 안 된다

제5장 윤리의 규준 : 어떻게 사랑할 것인가?

묵자는 '인간의 품격은 물들여짐에 따른다'는 소염론(所染論)의 인간학과 교육학을 주장하였다. 그렇다면 그가 사람됨의 품격으로 물들여지기를 바랐던 도덕적 덕성은 무엇인가? 이미 누누이 시사되었지만 그것은 '사랑'이다. 그에게 '사랑'은 도덕의 궁극적 원리이다. 묵자가 보는 '사랑'의 본질을 보기 전에 잠시 도덕 혹은 윤리의 개념을 돌아볼 필요가 있다. 도덕 혹은 윤리란 인격의 선악 혹은 행위의 옳고 그름의 기준에 관한 것이다. 그리고 이러한 도덕적·윤리적 기준이 무엇이어야 하느냐를 사유할 때, 그것을 윤리이론 혹은 도덕철학이라 부를 수 있다. 그동안 도덕 혹은 윤리 개념을 이해하는 방식은 크게 네 가지로 구분하여 접근할 수 있다.[1)]

첫째, 특정질서 혹은 제도로서의 도덕이다. 이 도덕은 일정한 시대와 장소에서 구체적 질서나 규범으로 표출되는 특정사회 도덕(group moral)을 의미하는데, 예컨대 프랑케나(William K. Frankena)의 '사회적 기획으로서의 도덕'이라는 정의가 그것이다. 그에 의하면, 도덕은 사회적 기획이다. 도덕은 한 개인이 그 자신을 위한 어떤 행동 지침을 만들거나 발견하는 것이 아니다. 한 사람에게 있어서 그 자신의 언어, 국가, 혹은 교회가 그런 것처럼, 도덕은 그 개인이 태어나기 이전부터 있는 것이다. 개인은 태어나서 도덕 속에 들어가서, 도덕에 참여하면서

1) 아래의 도덕 개념을 이해하는 방식에 대한 설명은 강봉수, 『주제별 키워드로 읽는 논어와 세상보기의 도』(서울: 원미사, 2012), 177~179쪽에서 가져왔다.

살다가 죽는다. 그런 개인이 죽고 나서도 도덕은 계속 존재한다.[2] 여기에는 다시 두 가지의 도덕 개념을 생각할 수 있다. 관습적 규범으로서의 도덕과 법규범으로 대표되는 사회윤리가 그것이다. 관습적 규범으로서의 도덕 개념에는 가치규범, 예절, 기타 사회규범과 관례화된 제도 등이 포함된다. 그리고 사회윤리에는 이데올로기, 사회구조와 제도, 정책, 법 등이 포함된다. 사회윤리에 대해서는 다음 장(제6장)에서 따로 다룬다.

둘째, 덕목 혹은 가치(virtue)로서의 도덕이다. 덕목(가치)이란 "정직", "성실", "용기", "사랑" 등과 같은 덕의 목록들이다. 특정사회에는 명시적 · 묵시적으로 합의하는 덕의 목록들이 있을 수 있다. 앞의 규범이 행위를 규정하는 규칙의 전형이라면, 덕이란 아리스토텔레스에 의할 때 "도덕 생활과 관련한 탁월한 성품" 혹은 "도덕적 성품"을 뜻하는 바, 그것은 덕목들을 내면화하여 실천하는 능력 혹은 상태를 말한다. 하나의 덕목(가치)은 "근본정신+행위규범"으로 구성된다. 예컨대, 효(孝)는 효심(孝心)+효행(孝行)으로 구성되는 데, 효심은 효의 근본정신 혹은 원리로서 '부모를 존경하는 것'이고 효행은 구체적인 행위규범으로서 효를 실천하는 행위의 규칙들이다. 여기서 효심의 근본정신과 원리는 시공을 떠나 보편성을 갖지만, 효행의 규범은 시공에 따라 달라질 수 있는 제도로서의 도덕이다. 특정사회의 덕목들은 시공간의 변화에 따라 쇠퇴할 수도 있지만, 어떤 것들은 쉽게 사라지지 않는 도덕적 '문화문법'(cultural grammar)을 구성하기도 한다.[3]

---

2) William K. Frankena, *Ethics*(second edition) (Englewood Cliffs, N. J.: Prentice Hall, 1973), p. 6.

3) 문화문법(cultural grammar)이란 시공을 넘어 유행해온 주류문화들을 구조화시키는 계열체(계열체적 집합, paradigmatic set)로서의 문화

셋째, 기본정신 혹은 원리로서의 도덕이다. 이 도덕은 다양한 특정사회 도덕들의 밑바탕에 놓여 있는 어떤 공통된 정신, 즉 도덕의 기본 원리를 의미한다.[4] 특정질서 혹은 제도로서의 도덕도 도덕적 판단과 행위의 근거이고 원리이지만, 그것들은 하위의 원리들이다. 기본정신 혹은 원리로서의 도덕은 도덕 판단과 행위의 상위의 원리, 궁극적 원리, 도덕규준(moral standard)을 말한다. 그래서 원리로서의 도덕은 공정성과 보편성을 지향하고, 다른 여타의 규범보다 우선되는 중요성을 가지며, 임의적 권위로부터 독립되어 있다고 말할 수 있다.

넷째, 개인들이 가지고 있는 가치관 혹은 도덕관으로서의 윤리가 있다. 개인들이 가지고 있는 도덕은 공동체의 윤리와 공유하는 측면이 있지만, 개인마다 다르게 생각하는 가치관도 있는 것이다.

이상의 도덕 개념을 구조화하여 나타내면 아래의 〈그림 1〉과 같다.[5]

를 말한다. 이와 상반되는 개념이 신태그마(결합체적 사슬, syntagmatic chain)인데, 그것은 특정시대에 유행한 사상, 이념과 체제, 규범과 제도 등의 주류문화를 말한다. 고대한국인은 기축문화를 가지고 있었고 그것이 한국인의 원형적 문화문법을 형성하였다. 이후 고려시대인은 불교와 신태그마를 형성했고, 조선시대인은 유교(주자학)와 신태그마를 형성했고, 현대 한국인은 서양근대사상과 신태그마를 형성하고 있다. 이 점에서 고려시대인, 조선시대인, 현대 한국인은 각기 다른 결합체적 사슬에 따라 서로 다른 문화를 소유한 개별의 한국인들이다. 그러나 시대마다 다른 개별의 한국인들을 시공을 넘어 하나로 묶어주는 계열체적 집합이 존재할 수 있다. 시간적으로 21세기를 살아가는 현재의 한국인은 조선인, 고려인, 고대 한국인과도 공유할 수 있는 문화문법이 있고, 공간적으로 기독교인도 불교인도 유교인도 모두 같은 한국인이게 하는 문화문법이 있을 수 있다. 이에 대한 자세한 설명은 강봉수, 『제주의 윤리문화와 도덕교육』(제주: 누리, 2009), 47~54쪽 참조.

4) A. Pieper(진교훈·유지한 역), 『현대윤리학 입문』(서울: 철학과 현실사, 1999), 30~34쪽 참조.

5) 필자와 비슷하게 도덕의 개념을 유형화하는 예로는 튜리엘(Elliot Turiel)

개인들의 가치관으로서의 도덕 개념을 제외하면, 결국 도덕 개념은 '특정질서 혹은 제도로서의 도덕'과 '기본정신 혹은 원리로서의 도덕'개념으로 요약할 수 있다. 일반적으로 사회과학이 주로 전자의 입장에서, 즉 개개인의 이익, 행복, 사회공동체의 질서 유지와 발전을 위한 필요라는 차원에서 도덕을 다룬다면, 윤리학은 전자(특수성)를 늘 후자(보편성)에 비추어 보아 반성적 통찰을 함으로써 전자가 나아가야 할 방향을 제시한다는 차원에서 도덕을 다룬다고 말할 수 있다.[6)]

을 들 수 있다. 그는 사회적 지식의 영역을 사회인습적 영역, 개인적 영역, 도덕적 영역으로 구분한다. 개인적 영역은 필자의 개인의 윤리(가치관)에 해당하고, 사회인습적 영역은 제도로서의 도덕 개념에 해당하고, 도덕적 영역은 기본정신 혹은 원리로서의 도덕 개념에 해당하는 것으로 볼 수 있다. 그러나 튜리엘과 필자의 다른 관점은 그가 세 영역의 발달경로를 서로 다른 영역이고 구분되는 개념으로 보았다면, 필자는 그림에서 보듯이 세 영역을 서로 겹치는 개념으로 여긴다는 것이다. 사실 필자는 튜리엘의 관점을 접하기 전에 도덕 개념의 구조도를 작성했다. 튜리엘의 관점을 보려면, Elliot Turiel & Marta Laupa , "사회영역이론", William M. Kurtiness& Jacob L. Gewwirtz 편저, 문용린 역, 『도덕성의 발달과 심리』(서울: 학지사, 2004), 563~584쪽; Daniel K. Lapsley 저, 문용린 역, 『도덕심리학』(서울: 중앙적성출판사, 2000), 181~216쪽 참조.

6) 박찬구, 『우리들의 윤리학』(서울: 서광사, 2006), 26쪽.

〈그림 1〉 도덕개념의 구조도

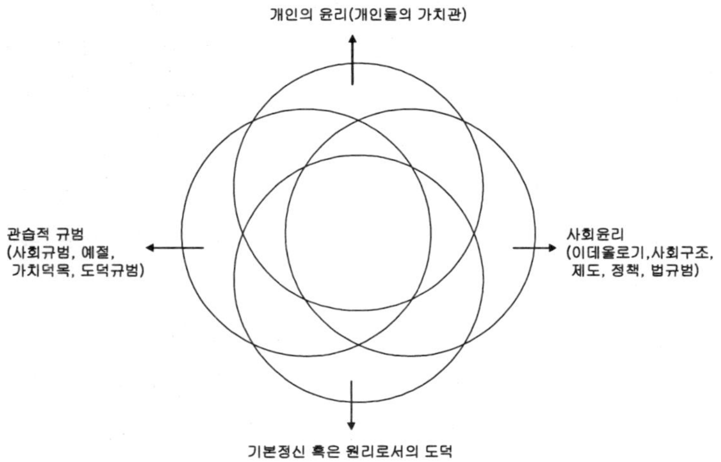

이상에서 제시한 도덕 개념의 이해방식에 따라 『묵자』를 읽을 수 있을까? 만약그것이 가능하다면, 묵자도 하나의 윤리 이론 혹은 도덕철학의 체계를 정초했던 사상가로 볼 수 있다. 그는 기본정신 혹은 원리로서의 도덕, 즉 궁극적 원리로서의 도덕규준을 '사랑'으로 규정하고 있다. 그 '사랑'의 본질을 곧 보겠지만, 묵자가 특정질서 혹은 제도로서의 도덕에 대해서는 어떻게 이해했는가? 춘추전국시대는 주나라의 예악제도가 혼란스러워진 악의 시대였지만, 여전히 그것은 통용되는 도덕률이었다. 종법(宗法)이데올로기에 바탕을 두고, 주공(周公)에 의해 정립된 주례(周禮)가 그것이다. 주례는 계급과 계층간, 귀천과 상하간의 차등화된 신분적 의례와 제도를 의미하는 것이었다.[7]

7) "禮, 國之幹也." "禮, 王之大經也.", "禮, 政之輿也."(『좌전』). 주례는 오례(五禮: 길례吉禮, 가례嘉禮, 빈례賓禮, 군례軍禮, 흉례凶禮)로 정리되듯이, 규범이고 제도의 뜻이 담겨있다.

천자와 제후에 걸맞는 예가 있고, 경대부에 걸맞는 예가 있으며, 사(士)와 서인(庶人)에게 걸맞는 예가 있었다. 이것이 당시에 특정질서로서의 도덕이었다. 묵자는 이러한 주나라의 예악제도를 모두 부정하지는 않았지만, 불만이 많았던 것 같다. 특히, 당시 공자와 유가들은 무너져가는 주나라의 예악제도를 회복하기 위하여 고군분투했는데, 묵자는 이들의 태도가 못마땅했다. 그러한 점을 우리는 제1장에서「비유非儒」편을 통하여 열람한 바 있다.

물론 공자도 주나라의 예악제도를 묵수적(墨守的)으로 회복하고자 했던 것은 아니었다. 모든 덕들의 덕인 전덕(全德)이면서 도덕의 궁극적 원리인 인(仁)에 입각하여 주나라의 예악을 반성적으로 돌아보고자 하였다. 그러나 묵자는 그가 제시한 도덕규준인 인(仁)의 원리까지도 못마땅하였다. 주나라의 예악이나 공자의 인(仁)은 근본적으로 친친(親親)의 원리에 입각한 '차별적 사랑'을 정당화하는 규범이고 원리라고 보았기 때문이다. 그래서 묵자는 '사랑'의 개념을 재규정하고, 그것에 바탕을 두고 현실의 도덕규범을 다시 입법할 것을 주장하였다. 이제 그의 윤리학을 우선「겸애兼愛」편을 통하여 보기로 하자.

1. 차별적 사랑이 아니라 두루 평등한 사랑 - 겸애(兼愛)

우리는 앞의 제2장에서「칠환七患」편을 읽을 때, 묵자가 환난을 가져오는 소종래(所從來)를 7가지로 진단하였음을 보았다. 대체로 그것은 임금을 비롯한 위정자들이 사치와 낭비에 일삼고 백성들을 위한 정치를 하지 않는 데에 원인이 있었다.

그러나 이러한 칠환(七患)의 원인은 현상적인 것이다. 왜 위정자들이 환난을 가져오는 정책을 일삼는가? 근본적인 원인이 따로 있다. 그것을 알아야 한다. 의사가 환자의 병을 고치기 위해서는 현상적으로 드러난 증상만을 보고 판단해서는 안 된다. 근본적인 병의 원인을 알아내야 한다. 천하를 다스리는 것도 마찬가지이다. 현상적 환난만을 보고 대중요법으로 그것을 치유하려고 해서는 안 된다. 근본적인 환난의 원인을 알아야 한다.[8] 그것이 무엇인가? 사랑이 없기 때문이다.

【兼愛上 2-1】 聖人以治天下為事者也，不可不察亂之所自起，當察亂何自起？起不相愛。臣子之不孝君父，所謂亂也。子自愛不愛父，故虧父而自利，弟自愛不愛兄，故虧兄而自利，臣自愛不愛君，故虧君而自利，此所謂亂也。雖父之不慈子，兄之不慈弟，君之不慈臣，此亦天下之所謂亂也。父自愛也不愛子，故虧子而自利，兄自愛也不愛弟，故虧弟而自利，君自愛也不愛臣，故虧臣而自利，是何也？皆起不相愛。

성인은 천하를 다스리는 것을 일로 삼는 자이다. 혼란이 일어나는 원인을 살피지 않으면 안 된다. 혼란의 원인을 살펴보면 그것은 무엇인가? 이유는 서로 사랑하지 않는 것이다. 신하와 자식이 임금과 아버지에게 효도하지

8) "성인은 천하를 다스리는 것을 일로 삼는 자이다. 반드시 혼란이 일어나는 원인을 알아야만 능히 그것을 다스릴 수 있다. 혼란이 일어나는 원인을 알지 못하면 다스릴 수가 없다. 비유컨대, 의사가 사람의 질병을 고칠 때에 그러한 것과 같다. 반드시 병의 원인을 알아야 능히 그것을 고칠 수 있다. 병의 원인을 모르면 고칠 수가 없다. 혼란을 다스리는 것도 어찌 그렇지 않겠는가? 반드시 혼란의 원인을 알아야 능히 그것을 다스릴 수 있다. 혼란의 원인을 모르면 다스릴 수가 없다." 『墨子』「兼愛上 1-1」.

않기 때문에 혼란이 온다. 자식이 자신만을 사랑하고 아버지를 사랑하지 않는다. 그러므로 아버지를 줄이고 자신이 이익을 얻는다. 동생이 자신만을 사랑하고 형을 사랑하지 않는다. 그러므로 형을 줄이고 자신이 이익을 얻는다. 신하가 자신만을 사랑하고 임금을 사랑하지 않는다. 그러므로 임금을 줄이고 자신이 이익을 얻는다. 이것들이 혼란의 원인이다. 비록 아버지가 자식을 사랑하지 않고, 형이 동생을 사랑하지 않고, 임금이 신하를 사랑하지 않으면, 이 또한 천하가 혼란스러워지는 원인이다. 아버지가 자신만을 사랑하여 자식을 사랑하지 않는다. 그러므로 자식을 줄이고 자신이 이익을 얻는다. 형이 자신만을 사랑하고 동생을 사랑하지 않는다. 그러므로 동생을 줄이고 자신이 이익을 얻는다. 임금이 자신만을 사랑하고 신하를 사랑하지 않는다. 그러므로 신하를 줄이고 자신이 이익을 얻는다. 이것이 무엇인가? 모든 원인이 서로 사랑하지 않는 것이다.

*虧(휴): 이지러지다. 줄다.

【兼愛上 2-2】 雖至天下之為盜賊者亦然，盜愛其室不愛其異室，故竊異室以利其室，賊愛其身不愛人，故賊人以利其身，此何也？皆起不相愛。雖至大夫之相亂家，諸侯之相攻國者亦然。大夫各愛其家，不愛異家，故亂異家以利其家，諸侯各愛其國，不愛異國，故攻異國以利其國，天下之亂物，具此而已矣。察此何自起？皆起不相愛。

비록 천하에 도적질하고 해치는 자들도 그렇다. 도적은 자기 집을 사랑하고 남의 집을 사랑하지 않는다. 그러므

로 남의 집을 훔쳐서 자기 집을 이롭게 한다. 남을 해치는 자는 자기 몸을 사랑하고 남의 몸을 사랑하지 않는다. 그러므로 남을 해쳐서 자기 몸을 이롭게 한다. 이것이 무엇인가? 모든 원인은 서로 사랑하는 않는 것이다. 비록 대부들이 서로 가문을 혼란스럽게 하고, 제후가 서로 나라를 공격하는 것도 마찬가지이다. 대부들이 각기 자기 가문을 사랑하고 남의 가문을 사랑하지 않는다. 그러므로 남의 가문을 혼란스럽게 하여 자기 가문을 이롭게 한다. 제후들이 각기 자기 나라를 사랑하고 남의 나라를 사랑하지 않는다. 그러므로 다른 나라를 공격하여 자기 나라를 이롭게 한다. 천하를 혼란시키는 물건은 모두 여기에서 비롯될 뿐이다. 이를 살피면 무엇인 원인인가? 모든 원인은 서로 사랑하지 않는 것이다.

모든 환란의 근본원인은 부자간, 형제간, 군신간이 서로 사랑하지 않고 자기 자신만을 사랑하고 이익을 고집하기 때문이다. 도적질을 하는 것도 자기 가문만을 사랑하고 이익을 고집하기 때문이고, 이웃나라를 공격하는 것도 자기 나라만을 사랑하고 이익을 고집하기 때문이다. 환난의 모든 원인은 서로 사랑하지 않기 때문이다. 그러면 어떻게 사랑해야 하는가?

【兼愛上 3-1】 若使天下兼相愛，愛人若愛其身，猶有不孝者乎？視父兄與君若其身，惡施不孝？猶有不慈者乎？視弟子與臣若其身，惡施不慈？故不孝不慈亡有，猶有盜賊乎？故視人之室若其室，誰竊？視人身若其身，誰賊？故盜賊亡有。猶有大夫之相亂家、諸侯之相攻國者乎？視人家若其家，誰亂？視人國若其國，誰攻？故大夫之相亂家、諸侯之相攻國者亡有。若使天下兼相愛，國與國不相攻，家與家不相亂，盜賊無有，君臣父子皆能孝慈，若此則天下治。故聖人以治天下為事者，惡得不禁惡而勸愛？故天下兼相愛則治，交相惡則亂，故子墨子曰：「不可以不勸愛人」者，此也。

천하가 두루 서로 사랑하여 남을 사랑하기를 자기 몸 사랑하듯이 하면 불효자가 있겠는가? 부모, 형, 임금 보기를 자기 몸처럼 하면 어찌 불효하고 자애롭지 않는 자가 있겠는가? 동생, 자식, 신하 보기를 자기 몸처럼 하면 어찌 자애롭지 않겠는가? 그러면 불효하고 자애롭지 않는 자가 있을 수 없다. 도적과 해치는 자는 어떤가? 남의 집 보기를 자기 집처럼 하면 누가 훔치겠는가? 남의 몸 보기를 자기 몸처럼 하면 누가 해치겠는가? 그러면 도적과 해치는 자가 있을 수 없다. 대부가 서로 가문을 혼란스럽게 하고, 제후들이 서로 나라를 공격하는 것은 어떤가? 남의 가문 보기를 자기 가문처럼 하면 누가 혼란스럽게 하겠는가? 남의 나라 보기를 자기 나라처럼 하면 누가 공격하겠는가? 그러면 대부가 서로 가문을 혼란스럽게 하고, 제후가 서로 나라를 공격하는 자는 있을 수가 없다. 만약 천하가 두루 서로 사랑하면 나라와 나라가 서로 공격하지 않고, 가문과 가문이 서로 혼란스럽게 하지 않고, 도적과 해치는 자가 있을 수 없고, 임금과 신하, 아버지와 자식이 모두 효도하고 자애로울 것이다. 이와 같으면 천하는 다스려진다. 그러므로 성인은 천하 다스리는 것을 일로 삼는 자이기에, 어찌 악을 금지하고 사랑을 권면하지 않겠는가? 그래서 천하가 두루 서로 사랑하면 다스려지고, 서로 악을 다투면 혼란해진다. 그러므로 묵자가 "사람을 사랑하는 것을 권면하지 않으면 안 된다."고 한 것은 이를 두고 한 말이다.

'두루 사랑'(兼愛)해야 한다. 그것은 남을 사랑하기를 자기 몸 사랑하듯이 사랑하는 것이다. 부모간, 형제간, 군신간이 서로 사랑하기를 자기 몸 사랑하듯이 사랑해야 한다. 남의 가문과 남의 나라 사랑하기를 자기 가문과 자기 나라 사랑하듯이 사랑해야 한다. 두루 사랑의 '겸애'는 차별적 사랑인 '별애'(別愛)와 전혀 다르다. '겸애'는 세상의 환란을 없애고 치평(治平)을 가져오는 길이지만, '별애'는 오히려 세상에 환란을 가져오는 사랑법이기 때문이다.

【兼愛下 1-2】 姑嘗本原若衆害之所自生，此胡自生？此自愛人利人生與？即必曰非然也，必曰從惡人賊人生。分名乎天下惡人而賊人者，兼與？別與？即必曰別也。然即之交別者，果生天下之大害者與？是故別非也。」子墨子曰：「非人者必有以易之，若非人而無以易之，譬之猶以水救水也，其說將必無可焉。」是故子墨子曰：「兼以易別。」

돌아보건대, 이처럼 많은 폐해가 생겨나는 근본 원인은 어디로부터 생겨나는가? 이것은 사람을 사랑하고 사람을 이롭게 한 것으로 생겨나는가? 반드시 그렇지 않다고 말할 수 있다. 반드시 사람을 미워하고 천대하는 것에서 생겨났다고 말할 수 있다. 천하에 사람을 미워하고 천대하는 것은 '겸애'라 명칭할 수 있는가, '별애'라 명칭할 수 있는가? 반드시 별애라 말할 수 있다. 그런즉 서로 별애하면 결국 천하에 큰 해로움이 생기는 것이다. 그러므로 별애는 그른 것이다. 묵자가 말했다: 사람을 그르다고 하는 자는 반드시 바뀌어야 한다. 만약 사람을 그르다고 하면서 바꿀 수 없다면, 비유컨대 물로써 물을 구하려는 것과 같으니, 그것은 옳은 말일 수가 없다. 그러므로 묵자가 말했다: 겸애로 별애를 바꾸라.

*姑嘗(고상): 잠시, 시험삼아(*기세춘). *分名(분명): 분별하여 명칭을 붙이다.

인용에서 보듯, 묵자는 '별애'(別愛)를 '겸애'(兼愛)로 바꾸라고 한다. 그 까닭이 무엇인가? 만약 남의 나라를 자기 나라처럼 대한다면 누가 자기 나라를 일으켜 남의 나라를 공격하겠는가? 남의 나라를 자기 나라처럼 위하기 때문이다. 나의 도읍을 자기 도읍처럼 위한다면 누가 자기 도읍을 일으켜 남의 도읍을 벌하겠는가? 남의 도읍을 자기 도읍처럼 위하기 때문이다. 남의 가문을 자기 가문처럼 위한다면 누가 자기 가문을 일으켜 남의 가문을 어지럽히겠는가? 남의 가문을 자기 가문처럼 위하기 때문이다. 이처럼 나라, 도읍, 가문이 서로 대하기를 자기 나라, 도읍, 가문을 대하듯이 하면, 나라와 도읍이 서로 공벌하지 않고, 가문들이 서로 해치지 않는다. 이것을 두고 천하의 해로움이라 하겠는가? 반드시 천하의 이로움이라 말할 수 있다.[9)]

두루 사랑의 '겸애'는 사람을 사랑하고 사람을 이롭게 하는 것인 반면, 차별적 '별애'는 사람을 미워하고 천대하는 것이다. 전자의 '겸애'는 남을 사랑하기를 자기 몸을 사랑하듯이 사랑하는 것인 반면, 후자의 '별애'는 자기만을 사랑하고 자기에게 가깝고 자기를 친애하는 사람만을 사랑하는 것이다. 자기를 친애하지 않는 사람을 미워하고 천대한다. 저 유가들의 사랑법이 그것이다. 세상의 혼란은 이러한 차별적 사랑으로부터 비롯되

9) 『墨子』「兼愛下 2-1」.

었다. 차별 없는 두루 사랑만이 세상에 이로움을 가져오고 치평(治平)의 길로 인도한다. 그러니까 '겸애'가 옳다.[10] 그럼에도 불구하고 두루 사랑의 '겸애'를 의심하고 실현 가능성을 비난하는 자들이 있다. 예를 들어 보자.

【兼愛下 4-1】然而天下之士，非兼者之言，猶未止也。曰：「即善矣!雖然，豈可用哉？」子墨子曰:「用而不可，雖我亦將非之，且焉有善而不可用者？姑嘗兩而進之。設以為二士，使其一士者執別，使其一士者執兼。是故別士之言曰:「吾豈能為吾友之身，若為吾身，為吾友之親，若為吾親。」是故退睹其友，飢即不食，寒即不衣，疾病不侍養，死喪不葬埋。別士之言若此，行若此。兼士之言不然，行亦不然。曰:「吾聞為高士於天下者，必為其友之身，若為其身，為其友之親，若為其親，然後可以為高士於天下。」是故退睹其友，飢則食之，寒則衣之，疾病侍養之，死喪葬埋之，兼士之言若此，行若此。

> 그러나 천하의 선비들이 겸애를 비난하는 말은 아직 그치지 않는다. 말하길 "좋다! 비록 그러나 어떻게 사용할 것인가?"라 한다. 묵자가 말했다: 사용할 수 없다면 나 또한 비난할 것이다. 또한 어찌 좋다면 사용이 불가하겠는가? 예컨대, 두 사람이 벼슬에 나아갔는데, 베풂에 두 선비 중에 한 선비는 별애를, 한 선비는 겸애를 사용하였다고 치자. 그러면 별애의 선비는 말할 것이다. 내가 어찌 나의 벗의 몸을 나의 몸처럼 할 수 있는가? 나의 벗의 친척을 나의 친척처럼 할 수 있는가? 그러므로 물러나 그 벗을 보면 굶주려도 먹이지 않고, 추워도 입히지 않고, 병

10) 『墨子』「兼愛下 2-2」.

들어도 돌보지 않으며 죽어 상을 당해도 묻어 장사지내지 않을 것이다. 별애를 사용하는 선비의 말은 이와 같고, 이처럼 행동할 것이다. 겸애를 사용하는 선비는 그렇지 않고 행동 또한 그렇지 아니하다. 말하기를, 내가 들음에 천하에 훌륭한 선비는 반드시 자기 벗의 몸을 위하기를 나의 몸처럼 위하고, 자기 벗의 친척을 위하길 자기 친척처럼 위한다. 그래야 천하에 훌륭한 선비가 될 수 있다. 그러므로 물러나 벗을 보면 굶주리면 먹여주고, 추우면 입혀주고, 병들면 돌봐주고, 죽어 상을 당하면 묻어 장사지내준다. 겸애를 사용한 선비의 말을 이와 같고, 이처럼 행동한다.

*睹(도): 보다.

【兼愛下 4-2】 若之二士者，言相非而行相反與, 當使若二士者，言必信，行必果，使言行之合猶合符節也，無言而不行也。然即敢問，今有平原廣野於此，被甲嬰冑將往戰，死生之權未可識也，又有君大夫之遠使於巴越齊荊，往來及否未可識也。然即敢問，不識將惡也，家室，奉承親戚，提挈妻子，而寄託之, 不識於兼之有是乎？於別之有是乎？我以為當其於此也，天下無愚夫愚婦，雖非兼之人，必寄託之於兼之有是也。此言而非兼，擇即取兼，即此言行費也。不識天下之士，所以皆聞兼而非之者，其故何也？

이처럼 두 선비는 말이 서로 다르고 행동도 서로 상반된다. 가령 두 선비가, 말은 신뢰가 있고 행동은 과단성이 있어, 말과 행동의 합치됨이 부절처럼 합치되어 말이 실천되지 않은 것이 없다고 하자. 그런즉 감히 묻는다. 지금 평원과 광야가 있어 여기에서 갑옷을 입고 투구를 쓰고 전장에 나아가 생사의 저울을 알 수가 없다. 또 임금과 대부가 되어 멀리 파월과 제나라 혹은 형나라에 사신으로 가서 돌아올 수 있을지 못 올지 알 수가 없다. 그런즉 감히 묻는다. 알 수 없는 것이 밉지만, 가문과 집의 부모와 친척을 모시고, 처와 자식을 데리고 의탁해야 한다면 알 수 없지만 겸애의 선비에게 의탁하는 것이 옳을까, 별애의 선비에게 의탁하는 것이 옳을까? 나는 마땅히 겸애의 선비에게 의탁해야 한다고 생각한다. 천하의 어리석은 필부라도 비록 겸애의 사람을 비난했더라도 반드시 겸애의 선비에게 의탁할 것이다. 이것은 말로는 겸애를 비난하면서도 택할 때는 겸애를 선택하는 것이다. 즉 이것은 말과 행동이 서로 어긋난 것이다. 알 수 없지만 천하의 선비들이 모두 겸애를 듣고도 그것을 비난하는 것은 무슨 까닭인가?

*嬰(영): 갓난아기, 둘러쓰다, 목에 걸다. *冑(주): 투구. *挈(설): 손에 들다. 휴대하다.

【兼愛下　5-1】　然而天下之士，非兼者之言猶未止也。曰:「意可以擇士，而不可以擇君乎？」姑嘗兩而進之，設以為二君，使其一君者執兼，使其一君者執別。是故別君之言曰：「吾惡能為吾萬民之身，若為吾身！此泰非天下之情也。人之生乎地上之無幾何也。譬之猶馳駟而過隙也。」是故退睹其萬民，飢即不食，寒即不衣，疲病不侍養，死喪不葬埋。別君之言若此，行若此。兼君之言不然，行亦不然，曰：「吾聞為明君於天下者，必先萬民之身，後為其身，然後可以為明君於天下。」是故退睹其萬民，飢即食之，寒即衣之，疾病侍養之，死喪葬埋之。兼君之言若此，行若此。

그러나 천하의 선비들이 겸애를 비난하는 말이 아직도 그치질 않는다. 말하길 "뜻이 선비를 선택하는 것은 가능하지만 임금도 선택할 수 있겠는가?" 한다. 예컨대, 두 선비가 벼슬에 나아가 두 임금의 경우를 만났다고 하자. 가령 한 임금은 겸애를 가졌고, 다른 임금은 별애를 가졌다고 하자. 그러면 별애의 임금은 말할 것이다: "내가 어찌 나의 백성의 몸을 나의 몸처럼 할 수 있는가? 이것은 전혀 천하의 실정이 아니다. 사람이 땅위에서 살아가는 세월이 얼마나 되겠는가? 비유하면 달리는 수레가 틈새를 지나가는 것과 같다." 그러므로 물러나 백성을 보면 굶주려도 먹이지 않고, 추워도 입히지 않고, 병들어도 돌보지 않고, 죽어 상을 당하여도 장사지내 묻어주지 않는다. 별애의 임금의 말은 이와 같고, 행동 또한 이와 같다. 겸애의 임금의 말은 그렇지 않고 행동 또한 그렇지 아니하다. 말하길, "나는 천하에 명군은 필시 백성의 몸을 먼저 한 후에 자기 몸을 위한다고 들었다. 그런 연후에야 가히 천하 명군이라 할 수 있다." 그러므로 물러나 백성을 보면 굶주리면 먹여주고, 추우면 입혀주고, 병들면 돌봐주고, 죽어 상을 당하면 장사지내 묻어준다. 겸애를 사용하는 임금의 말은 이와 같고 행동 또한 이와 같다.

【兼愛下 5-2】 然即交若之二君者，言相非而行相反與？常使若二君者，言必信，行必果，使言行之合猶合符節也，無言而不行也。然即敢問，今歲有癘疫，萬民多有勤苦凍餒，轉死溝壑中者，既已眾矣。不識將擇之二君者，將何從也？我以為當其於此也，天下無愚夫愚婦，雖非兼者，必從兼君是也。言而非兼，擇即取兼，此言行拂也。不識天下所以皆聞兼而非之者，其故何也？

> 그런즉 이처럼 두 임금을 비교해 보면 말이 서로 다르고 행동도 상반된다. 가령 이처럼 두 임금이 말은 반드시 신뢰가 있고 행동을 과단성이 있어, 말과 행동의 합치됨이 마치 부절처럼 합치되어 말이 실천되지 않는 경우가 없다고 치자. 그런즉 감히 묻는다. 지금 창질의 전염병이 돌고 백성들은 노역과 고통에 시달리고 얼어 죽고 굶주려서 도랑 속에 빠져 죽는 자가 이미 많다고 치자. 알 수 없지만 두 임금 중에서 선택해야 한다면 누구를 좇겠는가? 나는 마땅히 겸애의 임금을 따를 것이다. 천하의 어리석은 필부라도 비록 겸애를 비난했더라도 반드시 겸애의 임금을 따르는 것이 옳다. 말로는 겸애를 비난하지만 선택해야 할 상황에서는 겸애를 선택한다. 이것은 말과 행동이 어긋날 것이다. 알 수 없지만 천하에 모두 겸애를 듣고도 그것을 비난하는 이유는 무슨 까닭인가?

*癘(여): 창질, 염병. *疫(역): 전염병. *溝(구): 도랑, 하수도. *壑(학): 골짜기, 도랑.

두 사례에서 보았듯이, '겸애'를 의심하고 비난하던 자들도 위기에 닥치면 자기 가족을 '별애'가 아니라 '겸애'의 선비에게 의탁하며, 나라의 재난 상황에서 백성들은 필부라도 마땅히 '겸애'의 임금에게 돌아갈 것이다. '겸애'의 두루 사랑이야말로 성왕의 도리요, 만백성의 이로움이기 때문이다.

【兼愛下 9-1】 故兼者聖王之道，王公大人之所以安也，萬民衣食之所以足也。故君子莫若審兼而務行之。為人君必惠，為人臣必忠，為人父必慈，為人子必孝，為人兄必友，為人弟必悌。故君子莫若欲為惠君、忠臣、慈父、孝子、友兄、悌弟，當若兼之，不可不行也，此聖王之道，而萬民之大利也。」

그러므로 겸애는 성왕의 도요, 왕공대인들이 편안할 수 있는 수단이고, 만백성들이 입고 먹는 것을 풍족하게 하는 수단이다. 그러므로 군자가 그윽이 겸애를 살피고 그것을 힘써 실천한다면, 임금은 반드시 은혜롭고 신하는 충성하며 아버지는 자애롭고 자식은 효도하며, 형은 우애하고 동생은 공경할 것이다. 그러므로 군자가 은혜로운 임금, 충성스런 신하, 자애로운 아버지, 효성을 다하는 자식, 우애로운 형, 공경하는 동생이 되고자 한다면 겸애를 실천하지 않으면 안 될 것이다. 이것은 성왕의 도리요, 만백성의 큰 이익이다.

*莫(막): 고요하다, 저물다, 그윽하다, 없다.

2. 당위적 의리가 아니라 이익을 나누는 사랑 - 귀의(貴義)

'겸애'는 나라와 백성에게 이로움을 가져오고, '별애'는 나라와 백성에게 해로움을 가져온다. 두루 평등한 사랑이 결과적으로 여러모로 이익을 가져온다는 것이다. 그러나 묵자의 사랑은 여기에 그치지 않는다. 처음부터 사랑이란 서로 이익을 나누는 것이라고 여기기 때문이다. 겸애의 궁극적 실현은 서로 이익을 나누는 것이다.

【兼愛中　2-1】　子墨子言曰：「以兼相愛、交相利之法易之。」然則兼相愛、交相利之法，將奈何哉？子墨子言：「視人之國，若視其國，視人之家，若視其家，視人之身，若視其身。是故諸侯相愛則不野戰，家主相愛則不相簒，人與人相愛則不相賊，君臣相愛則惠忠，父子相愛則慈孝，兄弟相愛，則和調，天下之人皆相愛，強不執弱，衆不劫寡，富不侮貧，貴不敖賤，詐不欺愚。凡天下禍簒怨恨，可使毋起者，以相愛生也，是以仁者譽之。」

묵자가 말했다: 두루 서로 사랑하고 서로 이익을 나누는 법으로 그것을 바꾸라. 그러면 두루 서로 사랑하고 이익을 나누는 방법은 무엇인가? 묵자가 말했다: 남의 나라 보기를 자기 나라보는 것처럼 하고, 남의 가문 보기를 자기 가문 보는 것처럼 하고, 남의 몸 보기를 자기 몸 보듯이 하라. 그러면 제후들이 서로 사랑한 즉 들에서 전쟁하지 않고, 가문의 주인들이 서로 사랑한 즉 서로 찬탈하지 않고, 사람들이 서로 사랑한 즉 서로 해치지 않고, 임금과 신하가 서로 사랑한 즉 은혜롭고 충성하고, 아버지와 자식이 서로 사랑한 즉 자애롭고 효도하며, 형과 아우가 서로 사랑한 즉 화합하고 조화롭다. 천하 사람들이 모두 서로 사랑하면 강자가 약자를 짓누르지 않고, 다수가 소수를 겁탈하지 않고, 부자가 빈자를 업신여기지 않고, 고귀한 자가 천한 자를 모멸하지 않고, 교활한 자가 어리석은 자를 속이지 않는다. 무릇 천하의 재앙과 찬탈과 원한이 일어나지 않는 것은 서로 사랑하는 데서 생겨난다. 이로써 어진 자가 그것을 기리는 것이다.

앞의 제2장에서 진리의 준거인 삼표론(三表論)을 다룰 때

보았듯이, 진리의 가장 중요한 준거는 실용성이었다. 한마디로 묵자에게 철학적 진리란 백성들의 삶과 사회를 개선시키는 실용적인 목적에 기여하는 것이었다. 개인적 • 사회적으로 부닥친 악의 본질을 명료히 하고, 제안된 해결책이 유용성(공리성과 실용성)을 평가하며, 미래의 개선과 발전을 위한 적절한 방향과 방법을 제시해 줄 수 있을 때만이 철학이고 진리라고 할 수 있다. 그러나 묵자가 이렇게 공리성과 실용성의 '이익'(利)을 말한다고 하여 '의로움'(義)을 가볍게 여긴 것은 아니었다. 누구보다 그도 "의로움이 목숨보다 귀중하다."(貴義於其身也)[11]할 만큼 의로움을 중시 여겼고 실천하고자 하였다. 「귀의貴義」편을 보자.

【貴義 2】 子墨子自魯即齊，過故人，謂子墨子曰：「今天下莫為義，子獨自苦而為義，子不若已。」子墨子曰：「今有人於此，有子十人，一人耕而九人處，則耕者不可以不益急矣。何故？則食者眾而耕者寡也。今天下莫為義，則子如勸我者也，何故止我？」

묵자가 노나라로부터 제나라에 들러 친구 집을 지날 때 그가 묵자에게 말했다: "지금 천하에 의로움을 행하는 자가 없거늘, 유독 자네 홀로 괴로움을 무릅쓰고 의로움을 행하는 구려. 자네도 그만둬야지 않겠는가?" 묵자가 대답했다: "지금 여기에 한 사람이 있는데 열 명의 자식을 두었다고 해보세. 한 사람이 경작하여 아홉 사람을 먹여 살려야 할 처지라면, 경작하기를 더욱 힘쓰지 않으면 안 될 것이 아니겠는가? 왜냐? 먹을 자는 많고 경작하는 자는

11) 『墨子』「貴義: 1」.

적기 때문이지. 지금 천하에 의로움을 행하는 자가 없다고 한다면, 자네는 나에게 그것을 하도록 권면할 일이지, 어찌 그만두라 하는가?"

천하에 의로움을 행하는 자가 별로 없다면, 몇 안 되는 그들이라도 나서서 그것을 하도록 적극 권면할 일이지 그만두라 하는 것은 잘못된 충고이다. 이렇게 의로움을 몸소 실천하고자 했었기에 묵자 집의 굴뚝은 그을릴 틈이 없었다고 하는 것이다. 문제는 묵자가 생각하는 '의로움'이 무엇이냐는 것이겠다. 그에게 '의로움'(義)은 '이로움'(利)과 다르지 않았다. 이로움을 낳는 일이 곧 의로운 일이다.

【經・經說上 8】義, 利也, 義, 志以天下爲芬, 而能能利之, 不必用。

의로움이란 이로움이다. 의로움은 뜻으로 천하를 아름답게 하고, 능력껏 이롭게 하는 것이다. 반드시 재화일 필요는 없다.

【貴義 4】子墨子曰：「凡言凡動，利於天鬼百姓者為之。凡言凡動，害於天鬼百姓者舍之。凡言凡動，合於三代聖王堯舜禹湯文武者為之，凡言凡動，合於三代暴王桀紂幽厲者舍之。」

묵자가 말했다: "무릇 말과 행동은 하늘과 귀신과 백성에게 이로우면 행하고, 무릇 말과 행동이 하늘과 귀신과 백성에게 해로우면 버린다. 무릇 말과 행동은 삼대의 성왕인 요・순・우・탕・문・무에 합치되면 행하고, 무릇

말과 행동이 삼대의 폭군인 걸·주·유·려에 합치되면 버린다.

묵자는 효(孝)도 부모를 이롭게 하는 것이고, 충(忠)도 이롭게 하고자 간언하는 것이라 하였다.[12] 이처럼 '의로움'이 곧 '이로움'이라는 묵자의 관점은 유가에 배치된다. 공자와 유가들의 '의로움'은 당위윤리적 관점이다. 당위윤리란 행위의 결과(공리성과 실용성)와 상관없이 도덕법칙이 옳다는 이유 때문에 지켜지기를 바라는 윤리이다. 따라서 이로움을 낳기 때문에 의로운 것이라는 관점을 그들은 수용할 수가 없다. 오히려 의로움과 이로움이 갈등할 때는 의로움을 선택해야 한다는 것이 당위윤리와 유가들의 관점이다. 공자도 그렇게 말하고 있다.

○ 子曰:"君子喩於**義**, 小人喩於利。"(『論語』「里仁: 16」)

공자가 말했다: "군자는 의로움에 밝고, 소인은 이익에 밝다."

○ 子曰:"飯疏食飮水, 曲肱而枕之, 樂亦在其中矣。不**義**而富且貴, 於我如浮雲。"(『論語』「述而: 15」)

공자가 말했다: "거친 밥을 먹고 물을 마시며 팔을 굽혀 베고 자더라고 즐거움이 또한 그 가운데에 있다. 의롭지 않은 부귀는 나에게 뜬 구름만 같다."

*疏食(소식): 소박한 식사, 거친 밥. *肱(굉): 팔뚝. *枕(침): 베다. 베개.

---

12) "孝, 利親也." "忠, 以爲利而强諫也." 『經·經說上 12 및 13』.

공자와 유가의 관점에서 '이로움'을 추구하는 것은 소인배들의 짓이다. 군자는 안빈낙도(安貧樂道)할 수 있어야 하고, '이로움'을 추구하더라도 그것의 '의로움'을 따진 다음에 취해야 한다(見得思義, 見利思義).[13] 그런데 유가들이 생각하는 당위 윤리적 규범으로써 '의로움'이란 무엇인가? 그것의 원래 뜻은 '옳음'[誼] 혹은 '마땅함'[宜]이다. 문제는 '의로움', '옳음', '마땅함'의 기준이 무엇인가 하는 점이다. 김낙진에 의하면,[14] '의로움'의 기준에 대한 동양사상적 이해는 세 가지로 대별할 수 있는데, 첫째가 개인들 간의 사사로운 은혜에 바탕을 둔 자객과 호걸의 의리이고, 둘째는 사회적 지위에 따라 부여되는 의리로써 유교의 분의(分義)이며, 셋째는 차등 없는 헌신으로서의 의리를 대변하는 묵자와 한비자(韓非子)의 의리가 그것이다. 이 중 유가의 의리란 한마디로 "명분론에 따라 자기에게 부여한 직분을 다함"이다.[15]

『논어』에서 "임금은 임금다워야 하고 신하는 신하다워야 하며 아버지는 아버지다워야 하고 자식은 자식다워야 한다.(君君臣臣父父子子)"는 언표는 그 전형적인 예이다. 여기서 "~다움" 혹은 "~답게 행동함"은 보다 실천적인 직분으로 구체화될 필요가 있는 데 그것은 바로 덕목과 규범으로 제시되는 것이다. 예컨대, 『예기(禮記)』에서는 "~다움"을 덕목으로 풀어 해석하고 있다.[16] 그리고 의리를 구체적인 실천규범의 차원으로 제시된 것이 예의(禮儀)이다. 유교에서 말하는 "예의삼백(禮儀

13) 『論語』「憲問: 13」「子張: 1」「季氏: 10」참조.
14) 김낙진, 『의리의 윤리와 한국의 유교문화』(서울: 집문당, 2004), 39~71쪽 참조.
15) 위 책, 55쪽.
16) 『禮記』, 「樂記」. "何謂人義? 父慈, 子孝, 兄良, 弟弟, 父義, 婦聽, 長惠, 幼順, 君仁, 臣忠, 十者謂之人義."

三百), 위의삼천(威儀三千)"이라는 모든 행위의 도덕규범은 의리의 구체화된 표현에 다름 아니다. 말하자면, 분의(分義)에 입각하여 직분에 따른 덕목과 예의가 제정되고, 이제 그러한 덕목을 실현하고 규범으로서의 예를 준수함이 곧 의리를 지키는 것이 된다. 이처럼 의리란 합리적으로 지위와 역할을 나누고(分) 그에 따른 덕목과 규범을 준수함을 책임으로 부과하는 도덕적 명령(義)이다.[17] 그리고 이러한 도덕적 명령을 따르는 것은 신의 명령이거나 행위의 결과가 이익(유용성)을 가져오기 때문이 아니라 인간으로서 마땅히 따라야 할 당위이다.

그러나 묵자의 의리는 차등 없는 헌신인 두루 사랑이며, 행위의 결과가 이로움을 낳아야 의로움이라는 유위윤리이고 실용윤리다.[18] 이러한 관점에서 묵자는 유가적이고 세속적인 군자들을 비난한다. 「귀의」 편을 다시 보자.

【貴義 16】子墨子曰：「世俗之君子，視義士不若負粟者。今有人於此，負粟息於路側，欲起而不能，君子見之，無長少貴賤，必起之。何故也？曰：義也。今為義之君子，奉承先王之道以語之，縱不說而行，又從而非毀之。則是世俗之君子之視義士也，不若視負粟者也。」

묵자가 말했다: "세속의 군자들은 의로운 선비보기를 마

17) 김낙진, 앞의 책, 57쪽.

18) 이러한 점에서 그동안 많은 묵자 연구가들은 묵자의 규범윤리를 공리주의 윤리학으로 규정해왔다. 김기현은 묵자의 윤리학을 공리주의로 규정한 기존 연구들이 묵가 공리주의의 본래적 가치가 무엇인지를 거론하지 않았고, 그렇다고 묵자의 공리주의를 서양의 공리주의와는 무관한 중국 윤리학 전통에서의 공리주의임을 명확히 언급하지도 않은 문제점들이 있다고 평가한다. 김기현, "묵가 윤리학에 대한 연구의 한계와 과제", 『윤리교육연구』 제12집 (한국윤리교육학회, 2007. 4), 25쪽.

치 곡식을 짊어진 짐꾼만큼도 대접하지 않는다. 지금 여기에 한 사람이 있는데, 곡식을 지고 가다 길옆에서 쉬고 다시 일어나려 하여도 무거워서 일어날 수가 없다고 치자. 군자가 그것을 보았다면 어른과 아이, 귀천에 상관없이 반드시 그를 일으켜줄 것이다. 무슨 까닭인가? 의로움 때문이다. 그런데 오늘날 의로움을 행하는 군자들은 선왕의 도를 받들어 의로움을 말하지만, 그것을 기뻐하지도 행하지도 않을뿐더러 도리어 쫓아가 비난하고 헐뜯는다. 그런즉 세속의 군자들이 의로운 사람보기를 곡식을 짊어진 짐꾼만큼도 대접하지 않고 있는 것이다."

【貴義 17】 子墨子曰：「商人之四方，市賈倍徙，雖有關梁之難，盜賊之危，必為之。今士坐而言義，無關梁之難，盜賊之危，此為倍徙，不可勝計，然而不為。則士之計利，不若商人之察也。」

묵자가 말했다: "상인들은 사방으로 다니면서 장사를 하여 이익을 몇 배로 남긴다. 비록 관문과 다리를 지나는 어려움과 도적의 위험이 있더라도 반드시 그것을 한다. 오늘날 선비들은 앉아서 의로움을 말하는 것만으로도, 관문이나 다리를 건너는 어려움이 없고 도적을 만날 위험이 없어도, 이익을 몇 배나 남기는지 헤아릴 수가 없을 것이다. 그런데도 의로움을 행하지 않는 것은 선비들이 이익을 계산하는 것이 상인들의 지혜만도 못하기 때문이다.

*徙(사): 한도를 넘어서다.

묵자가 보기에 유가적 군자들은 세속의 군자들이고 그들은 곡식을 짊어진 짐꾼만도 못하고 장사치만도 이익을 계산할 줄 모르는 사람들이다. 짐이 무거워 일어나기 어려워하는 사람을 만나면 누구라도 도와주려 하는 것이 인지상정이다. 그런데 세속의 군자들은 그런 사람을 만나도 군자가 할 일이 아니라 여겨 하지 않을 뿐만 아니라 참된 군자가 그것을 돕는 것까지 비웃고 헐뜯는다. 그저 말로만 선왕의 도를 외칠 뿐인데, 사실 그것조차도 제대로 하지 않는다. 그것을 하면 장사치가 관문과 다리를 건너는 어려움과 도적을 만나는 위험을 무릅쓰면서 이익을 도출하는 것보다 몇 배 많은 유용성을 낳을 수 있는데도 하지 않는다. 그래서 유가의 군자들은 장사치만큼도 이익을 계산할 줄 모르는 족속들이라는 것이다. 유가들은 이러한 묵자의 무리가 이익만을 추구하는 물신의 노예처럼 보일지 모르지만, 그렇지 않음은 분명한 사실이다. 그들이 추구하는 이익은 사적인 이익추구가 아니라 공리적 실용성이고 이익을 서로 나누는 사랑이기 때문이다. 그것이 성왕의 법이고 천하를 다스리는 도리이다.

【兼愛中 4-5】 是故子墨子言曰：「今天下之士君子，忠實欲天下之富，而惡其貧，欲天下之治，而惡其亂，當兼相愛、交相利，此聖王之法，天下之治道也，不可不務為也。」

그러므로 묵자가 말했다: 지금 천하의 사군자들이 충실로 천하를 부유하게 하고 가난을 미워하고자 한다면, 천하를 다스리고 혼란을 싫어한다면, 마땅히 두루 서로 사랑하고 서로 이익을 나누라. 이것은 성왕의 법이고 천하가 다스려지는 도리인바, 힘써 실천하지 않으면 안 될 것이다.

3. 그러나 물신의 노예가 되면 안 된다
- 절용(節用), 절장(節葬), 비악(非樂)

묵자가 주장하는 '의로움'이 '이로움'을 추구하는 것이고, 그 '이로움'은 사적인 이익의 추구이거나 물신의 노예가 되기를 조장하는 것이 아니라는 증거가 있다. 그가 절용(節用)과 절장(節葬)을 주장하고, 사치와 음란을 일삼은 음악을 배척하고 있기 때문이다. 오히려 묵자는 물신의 노예가 되는 것을 막고자 한다. 먼저,「절용節用」편을 보자.

【節用中 1-1】 子墨子言曰：「古者明王聖人，所以王天下正諸侯者，彼其愛民謹忠，利民謹厚，忠信相運，又示之以利，是以終身不饜，歿世而不卷。古者明王聖人，其所以王天下正諸侯者，此也。」是故古者聖王，制為節用之法曰：「凡天下群百工，輪車、鞼[革+貴]匏、陶冶、梓匠，使各從事其所能。」曰：「凡足以奉給民用，則止。諸加費不加于民利者，聖王弗為。」

> 묵자가 말했다: "옛날 밝은 왕인 성인들이 천하에서 왕노릇하고 제후들을 바르게 하는 방법은 그들이 백성을 사랑함에 삼가 충직하였고, 백성을 이롭게 함에 삼가 돈후하였다. 충성과 믿음이 서로 이어졌고 또한 이익으로써 그들에게 보여주었다. 이로써 종신토록 물리지 않았고 죽어서도 잊혀 지지 않았다. 옛날 밝은 왕인 성인들은 천하에서 왕노릇하고 제후들을 바르게 하는 것이 이와 같았다." 그러므로 옛날 성왕은 절용의 법을 만들어 이르길 "무릇 천하의 공인들은 수레공, 가죽옷재단사, 도공, 목재

장인 등 각기 능한 바에 종사하라."하였다. 또 말하길 "무릇 백성들의 재용을 공급하는데 풍족하면 그치라."했다. 여러 낭비를 하여 백성의 이익에 보탬이 되지 않은 것을 성왕은 하지 않았다.

*饜(염): 물리다. 염증을 느끼다. *輪車(윤거): 수레공. *궤[革+貴]匏(포): 궤鞄(포)(가죽가공꾼). *陶冶(도야): 그릇공. *梓匠(재장): 목재공.

【節用上 1-1】 聖人為政一國，一國可倍也，大之為政天下，天下可倍也。其倍之，非外取地也，因其國家，去其無用之費，足以倍之。聖王為政，其發令興事，使民用財也，無不加用而為者。是故用財不費，民德不勞，其興利多矣。其為衣裘何？以為冬以圉寒，夏以圉暑。凡為衣裳之道，冬加溫，夏加凊者則止，不加者去之。其為宮室何？以為冬以圉風寒，夏以圉暑雨，有圉盜賊加固者則止，不加者去之。

성인이 한 나라를 다스리면 한 나라의 이익이 배가 된다. 크게는 천하를 다스리면 천하의 이익이 배가 된다. 그것이 배가 되는 것은 밖으로 땅을 빼앗는 것이 아니다. 자기 나라에서 쓸모없는 재용의 낭비를 없애는 것으로 족히 배가 되는 것이다. 성왕이 정치를 하면 정령을 발표하고 사업을 일으켜 백성들이 재물을 사용함에 이용후생에 보탬이 되지 않는 일을 하지 않았다. 그러므로 재물의 사용이 낭비되지 않고, 백성들의 덕이 수고롭지 않고도 이익을 일으키는 것은 큰 것이다. 옷을 만드는 이유가 무엇인가? 겨울에 추위를 막고 여름에 더위를 막기 위함이다. 무릇 옷을 제작하는 도리는 겨울에 따뜻하고, 여름에 시

원하면 그치고 보탬이 되지 않은 것은 제거한다. 궁실을 짓는 것은 무슨 이유인가? 겨울에 바람과 추위를 막고 여름에 더위와 비를 막고, 도적을 막을 수 있도록 견고함을 더하면 그치고 보탬이 되지 않은 것은 제거한다.

*則止: 원문에는 芊저(魚+且)로 되어 있음(*홍이훤, 기세춘).

옛날의 성왕들은 백성들을 두루 사랑하였고 이롭게 하였다. 백성들에게 이용후생을 낳지 않는 일이나 정책을 펴지 않았다. 백성들에게 이익을 가져오는 길은 무엇인가? 그것은 남의 나라 땅을 빼앗거나 재물을 탈취하는 것이 아니다. 자기 나라에서 쓸모없는 재용의 낭비를 없애는 절용의 법을 사용하는 것이다. 백성들의 소질과 능력에 따라 일에 종사하게 할 뿐 사역의 노고를 시키지 않으며, 일에 종사하여도 재용을 공급하는데 풍족하면 그치도록 하였다. 이것만으로도 나라와 백성의 이익이 배가되었다.

옷을 만드는 이유가 무엇인가? 겨울에 추위를 막고 여름에 더위를 막기 위함이다. 그 이상의 치장은 필요가 없다. 궁실과 집을 짓는 이유는 무엇인가? 겨울에 바람과 추위를 막고 여름에 더위와 비를 막고, 외부 도적의 침입을 막기 위함이다. 그 이상의 치장은 필요가 없다. 음식을 먹는 이유가 무엇인가? 허기를 채우고 기운을 북돋우며 팔과 다리를 강하게 하고 귀와 눈이 총명할 수 있으면 그만이다. 그리고 갑옷과 방패 등 병장기를 만드는 이유는 무엇인가? 오랑캐와 도적을 막으려는 것이다. 수레와 배를 만드는 까닭은 무엇인가? 수레로 구릉과 육지를 가고 배로 하천과 계곡을 건너기 위함이다. 이들은 모두 나라와 백성들에게 이용후생을 가져오는 것이기 때문에 그들을 수고롭게 하여도 불평하지 않고, 필요이상의 재용을 낭비하지 않는 한 이익의 배가를 가져올 수가 있다.[19)]

한마디로, 이들은 절용하면 이익을 배가시킬 수 있다. 그런데 배로 늘리기가 어려운 것이 하나 있다. 인구수를 늘리는 것이다. 왜 그런지 보자.

【節用上 2-1】 有去大人之好聚珠玉、鳥獸、犬馬，以益衣裳、宮室、甲盾、五兵、舟車之數，於數倍乎! 若則不難，故孰為難倍？唯人為難倍。然人有可倍也，昔者聖王為法，曰：「丈夫年二十，毋敢不處家，女子年十五，毋敢不事人。」此聖王之法也。聖王既沒，于民次也，其欲蚤處家者，有所二十年處家，其欲晚處家者，有所四十年處家。以其蚤與其晚相踐，後聖王之法十年。若純三年而字，子生可以二三計矣。此不惟使民蚤處家而可以倍與？且不然已。

대인들이 주옥, 조수, 견마를 수집하는 것을 좋아하기를 버리고 옷, 궁실, 갑옷과 방패, 병장기, 배와 수레의 이익을 취하고자 하면 몇 배로 늘어날 것이다. 그렇게 하면 어렵지 않다. 그러면 배로 늘리기가 어려운 것은 무엇인가? 오직 사람을 배로 늘리기가 어렵다. 그러나 사람도 배로 늘릴 수 있다. 옛날 성왕의 법에 이르기를 "장부 나이 이십 세가 되면 감히 장가들지 않음이 없었고, 여자 나이 십오 세가 되면 감히 시집가지 않는 자가 없었다." 고 하였다. 이것이 성왕의 법도이다. 성왕이 이미 죽음에

19) 『묵자』「節用上 1-2」.

백성들이 자의적이 되었다. 일찍 장가가는 자는 이십 세에 갔지만 늦게 장가가는 자는 사십이 되어 장가를 갔다. 조혼과 만혼에 서로 장가감을 가감하면 성왕의 법도에서 십 년이나 뒤늦다. 만약 삼년이면 아이를 기른다고 하면 십 년이면 두세 명을 낳을 수 있다는 계산이 나온다. 이처럼 백성들이 일찍 장가가지 않으면 인구를 배로 늘릴 수 있겠는가? 그럴 수가 없다.

*次也(차야): 恣也(자야)의 착오(*기세춘). *蚤(조): 일찍. *字(자): 아이를 기르다.

의식주와 함께 남녀 간의 사랑은 중요한 식색(食色)의 본성이다. 그것은 모든 생명들이 자신의 생명을 미래까지 연장하고자 하는 본능이자 본성이었다. 그러나 사회적 존재로서 인간들은 지능의 분별심이 생기면서부터 본능과 본성이 분리되었고, 문화와 문명을 개발하게 되었다. 그래서 인간에게는 짝짓기 철이 없어졌고 새 생명을 낳기 위한 것과 상관없이 성 관계 그 자체를 즐기게 되었다. 결혼도 제때에 안 한다. 새 생명이 이어지지 않으면 국가생명까지 위협받는다. 성 관계 그 자체를 즐기는 이로움을 없애지는 못할지라도, 새 생명을 낳지 않아 개인 생명의 연장을 포기하는 것은 남녀 둘만의 선택일 수도 있지만 국가생명까지 위협받는 것은 예나 지금이나 문제이다. 그리고 생명이 늘어나지 않은 이유가 남녀 둘만의 자유의지에 따른 선택이 아니라는 데에 더 큰 문제가 있다. 예나 지금이나 그 이유는 국가의 인구정책과 관련 제도에 있다. 결혼하고 싶어도 제 때에 결혼할 수 없는 사회 환경, 새 생명을 낳고 싶어도 낳을 수 없는 사회 환경이 인구수를 줄게 만든다. 묵자의 진단을 보자.

【節用上　2-2】　今天下為政者，其所以寡人之道多。其使民勞，其籍斂厚，民財不足，凍餓死者不可勝數也。且大人惟毋興師以攻伐鄰國，久者終年，速者數月，男女久不相見，此所以寡人之道也。與居處不安，飲食不時，作疾病死者，有與侵就援橐，攻城野戰死者，不可勝數。此不令為政者，所以寡人之道數術而起與？聖人為政，特無此，不聖人為政，其所以眾人之道亦數術而起與？故子墨子曰:「去無用之費，聖王之道，天下之大利也。」

지금 천하에서 정치하는 자들은 백성이 적어지는 정책을 하는 것이 많다. 사역으로 백성들이 수고롭고, 거두는 세금을 무겁게 하니, 백성들의 재물이 부족하여 얼어 죽고 굶주려 죽는 이가 수를 헤아릴 수가 없다. 또한 대인들은 오직 군사를 일으켜 이웃나라를 공격정벌하기에 여념이 없다. 오래면 일 년이고 빠르면 수개월이니, 남녀가 오래도록 만나지 못한다. 이것이 백성이 적어지는 정책인 셈이다. 또한 거처가 불안하고 먹는 것이 때를 잃고 질병에 걸려 죽는 자, 더불어 불타는 전대를 들고 성을 공격하고 들에서 전쟁을 벌이다 죽는 자가 수를 헤아릴 수 없다. 이것은 정령에 따르지 않고 정치를 하는 자들이 백성을 줄어들게 만드는 여러 정책을 폈기 때문이다. 성인이 정치를 함에 결코 이처럼 하지 않는다. 성인이 아닌 자가 정치를 하면 백성들이 많아지는 그런 정책들을 펴겠는가? 그러므로 묵자는 말했다: "쓸모없는 재용의 낭비를 없애라. 성왕의 도라야 천하에 큰 이익을 가져온다."

*橐(탁): 전대, 풀무.

성왕의 법은 남자 20세, 여자 15세가 되면 결혼할 수 있는 것이 제도였다. 그런데 그러한 제도가 무너져서 인구수가 줄어들고 있다고 묵자는 말했다. 왜 그렇게 되었는가? 결혼하고 싶어도 할 수 없는 사회 환경 때문이다. 나라가 쓸데없는 노역을 동원하고 세금을 무겁게 매기니 백성들이 먹을 것이 부족하여 얼어 죽고 굶주려죽는다. 이러한 현실인데 결혼을 생각할 수 있겠는가. 또한 나라들은 공격정벌을 일으킨다. 군사에 동원되니 남녀가 만날 수가 없다. 결혼하더라도 아이를 낳을 수 없는 현실이다. 오늘날의 한국사회 현실과 비교해보자. 청년들이 일거리와 일자리가 없다. 결혼은커녕 연애도 못하는 현실이다. 결혼해도 아이를 낳을 것인지 망설여진다. 아이의 양육을 맡길 곳이 없다. 아이를 낳아도 걱정이 끊이질 않는다. 양육비와 교육비를 감당할 재간이 없다. 그래서 묵자는 말한다. "쓸모없는 재용의 낭비를 없애라. 성왕의 도라야 천하에 큰 이익을 가져온다."

당시대에 쓸모없는 재용 낭비를 일삼게 하는 관습적 규범 중의 하나가 '후한 장례'(厚葬)와 '오랜 상례'(久喪)였던 것 같다. 처음부터 '후장구상'이 규범은 아니었다.

【節葬下 1-3】 今逮至昔者三代聖王既沒，天下失義，後世之君子，或以厚葬久喪以為仁也，義也，孝子之事也，或以厚葬久喪，以為非仁義，非孝子之事也。曰二子者，言則相非，行即相反，皆曰：「吾上祖述堯舜禹湯文武之道者也。」而言即相非，行即相反，於此乎後之君子，皆疑惑乎二子者言也。

오늘날 옛날 삼대 성왕이 이미 돌아감에 미쳐서는 천하

> 는 의로움을 잃었다. 후대 군자들은 혹 후한 장례와 오랜 상례가 어짊이요 의로움이며, 효자의 일이라 한다. 혹자는 후한 장례와 오래 상례가 어짊도 의로움도 아니고 효자의 일도 아니라고 한다. 말하자면 두 사람은 말로 서로 비난하고 행동 또한 상반된다. 모두 말하길 "나는 요•순•우•탕•문•무의 도리를 조술했다."고 한다. 말인즉 서로 비난하고 행동인즉 상반된다. 이에 후세 군자들은 모두 두 사람의 견해에 대해 의혹을 품는다.

'후장구상'(厚葬久喪)과 '박장단상'(薄葬短裳) 중에 어느 것이 옳은 규범인가? 서로 성왕에 의탁하여 갑론을박한다. 아마 전자가 옳다는 자들은 유가들일 것이다. 공자가 삼년상(三年喪)의 당위성을 주장했었기 때문이다. 공자는 사실 후한 장례에 대해서는 찬성한 적이 없다.[20] 그러나 부모의 죽음에 대한 오랜 상례(3년상)는 고집했다. 이 때문에 제자와 논쟁도 벌였다. 직접 그것을 보자.

○ 宰我問,"三年之喪,期已久矣。君子三年不爲禮,禮必壞, 三年不爲樂,樂必崩。舊穀既沒,新穀既升,鑽燧改火,期 可已矣。" 子曰: "食夫稻,衣夫錦,於女安乎?" 曰: "安。" "女安則爲之! 夫君子之居喪,食旨不甘,聞樂不樂,居處不安,故不爲也。今女安則爲之!" 宰我出。子曰: "予之不仁也! 子生三年,然後免於父母之懷。夫三年之喪,天下之通喪也,予也有

---

20) 顔淵死,顔路請子之車以爲之椁。子曰: "才不才,亦各言其子也。鯉也死,有棺而無椁。吾不徒行以爲之椁。以吾從大夫之後,不可徒行也。" (先進: 7); 顔淵死,門人欲厚葬之。子曰: "不可。" 門人厚葬之。子曰: "回也視予猶父也,予不得視猶子也。非我也,夫二三子也。" (先進: 10). 이상 모두 『論語』.

三年之愛於其父母乎!” (『論語』「陽貨: 21」)

재아가 물었다: “삼년상은 기간이 너무 깁니다. 군자가 삼년동안 예를 행하지 않으면 예가 반드시 무너질 것이고, 삼년동안 음악을 연주하지 않으면 음악이 붕괴될 것입니다. 옛 곡식이 다하고 새 곡식이 자라나며, 불을 내는 나무도 불을 바꿉니다. 이와 같이 상례도 1년이면 좋습니다.” 공자가 말했다: “쌀밥을 먹고 비단옷을 입으면 너는 안락하냐?” 대답했다: “안락합니다.” “네가 안락하면 그렇게 하라? 군자는 상을 당함에 맛있는 것을 먹어도 달지 아니하고, 음악을 들어도 즐겁지 아니하며, 좋은 곳에 거처해도 안락하지 않기 때문에 하지 않는 것이다. 지금 네가 안락하다면 그렇게 하라!” 재아가 나가자 공자가 말했다: “재여는 인하지 않구나!, 자식은 삼년동안 길러진 연후에야 부모의 품에서 벗어날 수 있고, 삼년상은 천하에 통용되는 상례이거늘, 재여는 삼년동안 자기 부모에게 사랑받지 않았단 말인가?”

*宰我(재아): 성명은 宰予(재여), 자는 子我(자아), 노나라 출신의 공자제자.

*穀(곡): 곡식. *鑽燧(찬수): 鑽(찬)은 뚫다, 燧(수)는 불씨를 취하는 나무(봄: 느릅나무, 버드나무, 여름: 대추나무, 살구나무, 늦여름: 뽕나무, 산뽕나무, 가을: 갈참나무, 섭나무, 겨울: 느티나무, 박달나무). *稻(도): 벼. *錦(금): 비단. *旨(지): 맛있다, 달다. *懷(회): 품안.

부모가 자식을 낳아 삼년동안 품에서 키워내듯 자식이 돌아가신 부모를 위해 삼년상을 치르는 것은 천하에 통용되는 보편적 규범이다. 그것이 효(孝)이고, 인(仁)을 실현하는 근본으로 보는 것이 공자의 당위윤리적 관점이다. 그러나 재아의 관점은 다르다. 오히려 그는 묵자적 관점의 선구인 것 같다. 상장례는 효규범의 연장이다. 효가 무엇인가? 그것에 근거하여 상장례의 규범을 평가해야 한다. 『묵자』를 보자.

【節葬下 1-1】 子墨子言曰：仁者之為天下度也，辟之無以異乎孝子之為親度也。今孝子之為親度也，將奈何哉？曰：親貧則從事乎富之，人民寡則從事乎衆之，衆亂則從事乎治之。當其於此也，亦有力不足，財不贍，智不智，然後已矣。無敢舍餘力，隱謀遺利，而不為親為之者矣。若三務者，孝子之為親度也，既若此矣。

> 묵자가 말했다: 어진 자가 천하를 위해 하는 법도는 이를테면 효자가 부모를 위한 도리와 다른 것이 아니다. 지금 효자가 부모를 위하는 도리는 무엇인가? 말하길 "부모가 가난하면 부유해지는 데에 종사하고, 식구가 적어지면 많아지도록 하는 일에 종사하며, 집안이 어지러우면 다스려지도록 하는 일에 종사한다. 이 일에 종사함에 있어 또한 힘이 부족할 정도로 하고, 재물이 남아돌지 않을 정도로 하고, 지혜가 모자랄 정도로 한 연후에 그쳐야 한다. 감히 여력을 남겨두거나 계책을 숨겨 이익을 빼돌린다면 부모를 위하는 것이 아니다. 이 세 가지에 힘쓴다면 효자가 부모를 위하는 도리를 다한 것과 같다.

*辟(벽): 譬(비)(비유하다). *贍(섬): 넉넉하다.

묵자가 보기에 효란 부모가 가난하면 부유하게 하고, 새 생명을 낳아 집안식구를 늘게 하는 것이고, 혼란스런 가문을 다스려지게 하는 것이다.[21] 그런데 과연 '후장구상'이 그러한 효를 실현하는가? 그렇지 못하다. '후장구상'의 현실을 보자.

【節葬下 2-1】 且故興天下之利，除天下之害，令國家百姓之不治也，自古及今，未嘗之有也。何以知其然也？今天下之士君子，將猶多皆疑惑厚葬久喪之為中是非利害也。故子墨子言曰：「然則姑嘗稽之，今雖毋法執厚葬久喪者言，以為事乎國家。」此存乎王公大人有喪者，曰棺槨必重，葬埋必厚，衣衾必多，文繡必繁，丘隴必巨。然後金玉珠璣比乎身, 綸組節約, 車馬藏乎壙, 又必多爲屋幕鼎鼓, 几梴壺濫, 戈劍羽旄齒革, 寢而埋之滿意, 若送從, 曰天子諸侯殺殉, 眾者數百，寡者數十。將軍大夫殺殉，眾者數十，寡者數人。

그러므로 천하의 이로움을 일으키고 천하의 해로움을 제거하면 국가와 백성이 다스려지지 아니함은 자고이래 있어본 적이 없다. 어떻게 그러함을 알 수 있는가? 지금 천하의 사군자들은 후한 장례와 오랜 상례가 이로움을 가져오는지 해로움을 가져오는 지의 시비를 가리는 데에 의혹을 가지고 있다. 그러므로 묵자가 말했다: 그러면 지금 후한 장례와 오랜 상례를 주장하는 자들의 말을 본받아서 국가를 섬기는 것에 대하여 검토해보기로 하자. 지금 왕공대인에게 상을 당한 자가 있으면 관과 곽은 반드시 여러 겹으로 하고, 매장은 반드시 깊게 하고, 수의와 이불은 반드시 많이 하고, 무늬와 수를 번다하게 치장하고, 봉분은 반드시 크게 할 것이다. 그런 후에 금과 옥과 구슬로 시체를 덮을 것이고, 비단실로 시체를 싸고 묶을 것이고, 거마를 무덤에 묻고, 또한 반드시 장막과 천막, 솥과 그

21) 대효(大孝)인 나라에 대한 충성의 길도 소효(小孝)와 같다. 즉 "천하가 가난하면 부유해지도록 일에 종사하고, 인구수가 적어지면 많아지도록 일에 종사하고, 나라가 어지러워지면 다스려지도록 하는 일에 종사하는 것이다." 『묵자』「節葬下 1-2」.

> 릇, 탁자와 의자, 항아리와 접시, 창과 검, 깃발과 깃대, 상아와 가죽투구 등 많은 물품을 무덤 안에 놓고 묻어야 만족할 것이다. 죽은 자를 보내기를 따라가도록 하여, 천자와 제후가 죽으면 순장하는 이가 많으면 수백 명이고 적으면 수십 명이라 한다. 장군과 대부가 죽으면 순장하는 이가 많으면 수십 명이고 적으면 몇 명이라 한다.

*衾: 이불. *繡: 수놓다. *隴: 고개, 구릉. *璣: 구슬. *綸: 낚시줄. *鼓: 敦(고대의 식기)의 착오(*기세춘). *几: 탁자.
*挺: 筳(꾸리대, 자리)의 착오(*기세춘).

【節葬下 2-2】 存乎匹夫賤人死者，殆竭家室。存乎諸侯死者，虛車府，處喪之法，將奈何哉？曰：哭泣不秩聲翁，縗絰垂涕，處倚廬，寢苫枕塊，又相率強不食而為飢，薄衣而為寒，使面目陷陬，顏色黧黑，耳目不聰明，手足不勁強，不可用也。又曰上士之操喪也，必扶而能起，杖而能行，以此共三年。

> 필부 천인에게 죽은 자가 있으면 가산이 위태하게 고갈될 것이다. 제후에게 죽은 자가 있으면 창고가 비게 될 것이다. 상례를 치르는 법은 어떠한가? 말한다: 곡하여 울기를 시도 때도 없이 울어대고, 거친 삼베옷과 삼베 띠를 머리와 허리에 두르고 눈물을 흘리며, 무덤 옆 오두막에 거처하며, 거적을 덮고 흙덩이를 베고, 또한 억지로 먹지 않아 굶주리며, 얇은 옷을 입어 추위에 떨고, 얼굴이 앙상하게 야위고, 안색은 흙색으로 변하고, 귀와 눈은 어두워지고, 손과 발은 힘이 없어 사용하지 못한다. 또 말하면, 훌륭한 선비가 상을 치르면 반드시 부축해야 일어날 수 있고, 지팡이를 짚어야 걸을 수 있다. 이렇게 하기를

> 삼 년이나 한다.

*縗(최): 상복. *絰(질): 상복을 입을 때 머리와 허리에 두르는 띠. *涕(체): 눈물 흘리다. *廬(려): 오두막. *苫(점): 이엉, 거적. *塊(괴): 흙덩이. *陬(추): 모퉁이. *黧(려): 검다. *勁(경): 굳세다.

'후장구상'의 현실이 저러한 데 과연 묵자적 효가 실현될 수 있겠는가? 가문과 나라가 부유해질 수 없고, 식구와 인구수가 많아질 수도 없고, 가문과 나라가 다스려질 수도 없고, 대국이 소국을 공격하는 것을 금지시킬 수도 없으며, 상제와 귀신에게 복을 구하는 바람도 구할 수가 없다는 것이 묵자의 진단이다.[22] 그러면 어떡해야 하는가? 성왕이 제정한 장례와 상례를 따라야 한다. 묵자는 말한다. "관은 세 치로 하여 족히 뼈가 썩게 하고, 수의는 세 벌로 하여 족히 육신이 썩게 하고, 무덤의 깊이는 아래로 물에 적는 것을 막고, 위로 썩는 냄새로 새어 나오지 않도록 하고, 봉분은 족히 그 장소를 기약할 수 있으면 그치라. 곡하면서 가고 곡하면서 돌아오지만, 돌아와서는 입고 먹는 재물의 생산에 종사하도록 하고, 제사는 생산 활동에 저촉되지 않은 내에서 하라." 이 정도면 부모에게 효를 다하는 것이다.[23]

한편, '후장구상'의 문제와 함께 묵자가 주목하는 또 하나의 낭비사례가 음란을 조장하는 음악이다. 사실 음란을 조장하는 음악에 대해서는 공자도 반대했다.

---

22) 『墨子』 「節葬下 2-3」~「節葬下 6-1」 참조.
23) 『墨子』 「節葬下 9-1」.

○ 顔淵問爲邦。子曰: "行夏之時, 乘殷之輅, 服周之冕, 樂則韶舞。放鄭聲, 遠佞人。鄭聲淫, 佞人殆。" (『論語』「衛靈公: 10」)

> 안연이 나라를 다스리는 것에 대해 물었다. 공자가 대답했다: "하나라의 책력을 쓰고, 은나라의 수레를 타고, 주나라의 면류관을 쓰고, 음악은 소무(韶舞)를 사용하라. 정나라 음악을 방출하고, 아첨하는 사람을 멀리하라. 정나라 음악은 음란하고 아첨꾼은 위태롭다."

*顔淵(안연): 성명은 顔回(안회), 자는 子淵(자연), 노나라 출신의 제자. *時(시): 책력.

*輅(로): 임금이 타는 수레. *冕(면): 면류관.

그러나 공자는 말년에 각 제후국의 음악을 모아 정리했을 정도로 음악을 중요하게 여겼다. 그리고 모든 상장례를 포함한 모든 의례적 절차에서는 반드시 음악을 연주하도록 하는 것이 관례였다. 옛 성왕들도 직접 음악을 제정하고 악관을 두었다. 그랬기에 묵자의 제자들도 선생이 음악에 반대하는 것에 대해 의아해 하였다.[24] 성왕들이 음악을 즐겨했다는 점에 대해 묵자도 부인하지 않는다.

---

24) "정번이 묵자에게 물었다. 선생께서 말하시길, '성왕은 음악을 즐기지 않았다.'고 했다. 그러나 옛날의 제후들은 정치를 들음에 권태로우면 종과 북의 음악으로 휴식을 하였고, 사대부들은 정치를 들음에 권태로우면 생황과 거문고의 음악으로 휴식하였고, 농부들은 봄에 밭갈고 여름에 김매고 가을에 거두고 겨울 저장하면서 병과 장구의 음악으로 휴식하였다. 지금 선생께서 '성왕은 음악을 즐기지 않았다.'고 한 것은 비유한다면 말에 수레를 매워놓고 거두어주지 않는 것이요, 활을 당기고는 놓지 않는 것이다. 어찌 혈기 있는 자가 아니라도 이를 수 없는 것이 아니겠습니까?" 『墨子』「三辯 1-1」.

【三辯 1-2】 子墨子曰：「昔者堯舜有茅茨者，且以為禮，且以為樂，湯放桀於大水，環天下自立以為王，事成功立，無大後患，因先王之樂，又自作樂，命曰「護」，又脩「九招」，武王勝殷殺紂，環天下自立以為王，事成功立，無大後患，因先王之樂，又自作樂，命曰「象」，周成王因先王之樂，又自作樂，命曰「騶虞」。周成王之治天下也，不若武王，武王之治天下也，不若成湯，成湯之治天下也，不若堯舜。故其樂逾繁者，其治逾寡。自此觀之，樂非所以治天下也。」

묵자가 말했다. 옛날 요순임금은 띠로 엮은 집에 살면서도 예를 지키고 음악을 즐겼다. 탕임금은 큰 물가로 걸왕을 쫓아내고 천하를 묶어 스스로 보위에 올라 왕이 되었다. 일을 이루고 공을 세운 다음 큰 후환이 없자 선왕의 음악을 토대하여 스스로 음악을 지어 "호"라 불렀다. 또한 순왕의 음악인 "구소"를 정비했다. 무왕은 은나라에 승리하고 폭군 주를 죽인다음 천하를 묶어 스스로 보위에 올라 왕이 되었다. 일을 이루고 공을 세운 다음 큰 후환이 없자 선왕의 음악에 토대하여 또한 스스로 음악을 만들어 "상"이라 불렀다. 주나라 성왕은 선왕의 음악에 토대하여 또한 스스로 음악을 만들어 "추우"라 불렀다. 주나라 성왕이 천하를 다스림에는 무왕과 같지 못하고, 무왕이 천하를 다스림은 성탕과 같지 못하며, 성탕이 천하를 다스림은 요순과 같지 못하였다. 그러므로 그 음악은 더욱 번잡해졌지만 그 치적은 더욱 적어졌다. 이로부터 보건대, 음악은 천하를 다스리는 수단이 아니다.

*茅茨(모자): 띠로 지붕을 엮다.

문제는 어떤 음악이고, 그것이 이로움과 유용성을 낳는 것이냐가 관건이다. 시대가 흐를수록 음악은 점점 번잡해졌고, 그럴수록 음악은 나라와 백성들을 사치와 음란으로 이끈다는 것이 문제이다. 큰 종과 우렁찬 북, 가야금과 비파, 피리와 생황의 소리들이 즐겁지 않아서 음악을 반대하는 것이 아니다. 위로 상고해 보아도 성왕의 일에 적중하지 않고, 아래로 헤아려 보아도 백성들의 이로움에 적중하지 않기 때문이다. 음악만 그러한 게 아니다. 조각한 장식과 문양들의 색이 아름답지 않아서 그런 장식과 문양을 반대하는 것이 아니며, 굽고 찐 고기의 맛이 달지 않아서 진수성찬을 반대하는 것이 아니며, 높고 큰 누대와 정자를 갖춘 아늑한 집의 안식처가 안락하지 않아서 대궐 같은 집을 반대하는 것이 아니다. 번잡한 음악이 그런 것처럼, 모두가 사치와 낭비를 가져올 뿐 백성들에게 이로움이 없기 때문이다.[25] 지금 위정자들이 음악을 즐기기 위해 어떤 일을 벌이는 지 보자.

【非樂上 2-1】 今王公大人，雖毋造為樂器，以為事乎國家，非直掊潦水拆壞坦而為之也，將必厚措斂乎萬民，以為大鍾鳴鼓琴瑟竽笙之聲。古者聖王亦嘗厚措斂乎萬民，以為舟車，既以成矣，曰：「吾將惡許用之？」曰：「舟用之水，車用之陸，君子息其足焉，小人休其肩背焉。」故萬民出財，齎而予之，不敢以為慼恨者，何也？以其反中民之利也。然則樂器反中民之利亦若此，即我弗敢非也。然則當用樂器，譬之若聖王之為舟車也，即我弗敢非也。

---

25) 『墨子』「非樂 1-2」.

지금 왕공대인들은 비록 악기를 제작하는 것을 국가를 위한 일이라고 생각하지만, 물을 모으고, 흙을 갈아 평탄하게 하여 그것을 만드는 것이 아니다. 반드시 백성들에게 많은 세금을 거두고서 큰 종과 우렁찬 북, 가야금과 비파, 피리와 생황의 악기들을 만드는 것이다. 옛날 성왕들 역시 백성들에게 많은 세금을 거두고서 배와 수레를 만들었다. 다 제작되자 이르길 "내가 왜 그것들을 만들도록 했겠는가?" 이르길 "배는 물에서 사용하고, 수레는 육지에서 사용한다. 그러면 군자들이 발을 쉴 수 있고, 소인들은 어깨와 등을 쉴 수가 있는 것이다."하였다. 그러므로 백성들이 재물을 내놓아 가져다가 바치면서도 감히 원망하는 마음이 없었다. 왜일까? 도리어 그것이 백성들의 이로움에 적중했기 때문이다. 그런즉 악기도 도리어 백성들의 이로움에 적중하는 것이 이와 같다면 나는 감히 비난하지 않을 것이다. 그런즉 마땅히 악기를 사용함이 성왕이 배와 수레를 제작했던 것에 비유할 수 있다면 나는 감히 비난하지 않았을 것이다.

*毋(무): 뜻없는 어기사. *掊(부): 그러모으다, 헤치다. *潦(료): 큰 비,장마.
*拆(탁): 터지다, 갈라지다. *坦(탄): 평탄하다. *肩(견): 어깨. *齎(재): 가져오다.

위정자들은 백성들의 세금을 수탈하여 악기를 제작한다. 그것은 수레와 배를 만들기 위해 세금을 걷는 것과는 다른 차원이다. 음악을 위한 악기제작은 백성들의 입고 먹을 재물을 얻지 못하게 할 뿐만 아니라 대국이 소국을 공격정벌하고 강자가 약자를 수탈하는 도구가 되고 있다는 것이 묵자의 진단이다.

【非樂上 3-1】 民有三患，饑者不得食，寒者不得衣，勞者不得息，三者民之巨患也。然即當為之撞巨鐘，擊鳴鼓，彈琴瑟，吹竽笙，而揚干戚，民衣食之財將安可得乎？即我以為未必然也。意舍此。今有大國即攻小國，有大家即伐小家，強劫弱，眾暴寡，詐欺愚，貴傲賤，寇亂盜賊並興，不可禁止也。然即當為之撞巨鍾，擊鳴鼓，彈琴瑟，吹竽笙，而揚干戚，天下之亂也，將安可得而治與？即我未必然也。是故子墨子曰：「姑嘗厚措斂乎萬民，以為大鍾鳴鼓琴瑟竽笙之聲，以求興天下之利，除天下之害而無補也。」是故子墨子曰：「為樂非也。」

백성들에게는 세 가지 환난이 있다. 굶주림에 먹을 수 없고, 추위에 입을 수 없고, 수고로움에 쉴 수 없는 것이다. 세 가지가 백성들의 큰 환난이다. 그런즉 큰 종을 치고, 우렁찬 북을 치고, 가야금과 비파를 타며, 피리와 생황을 불면서, 방패와 도끼를 흔들어 대는 것이나 한다면 백성들의 입고 먹을 재물을 어떻게 얻을 수 있겠는가? 나는 반드시 그렇게 해서는 안 된다고 생각한다. 이것을 내려놓는다 하더라도, 지금 대국인즉 소국을 공격하고, 큰 가문인즉 작은 가문을 벌하고, 강자가 약자를 겁탈하고, 무리가 소수를 폭압하고, 교활한 자가 어리석은 이를 속이고, 귀한 자가 비천한 자를 업신여기면 원망하고 난을 일으키고 도적질 하는 것이 동시적으로 일어나는 것을 금지시킬 수가 없을 것이다. 그런즉 큰 종을 치고, 우렁찬 북을 치고, 가야금과 비파를 타며, 피리와 생황을 불면서, 방패와 도끼를 흔들어 대면 천하가 혼란해질 것이니, 어떻게 다스릴 수 있겠는가? 나는 반드시 그렇게 해서는 안 된다고 여긴다. 그러므로 묵자는 말했다: "돌아보건대, 백성들에게 많은 세금을 걷어서 큰 종과 우렁찬 북, 가야금과 비파, 피리와 생황의 악기들을 만드는 것은 천하의 이로움을 구하여 일으키고 천하의 해로움을 제거하는 데에 보탬이 되지 않는다." 그래서 묵자는 "음악을 하는 것은 그르다."고 말한 것이다.

*撞(당): 치다. *揚(양): 오르다. *戚(척): 겨레, 도끼.

음악을 반대하는 이유는 그것이 즐겁지 않아서가 아니다. 성왕의 사적에 적중하지 않고 백성들의 이로움에도 적중하지 않기 때문이다. 음악 자체를 반대하는 것이 아니라 바로 백성들을 수탈하는 도구가 되는 음악에 반대하는 것이다. 번다하지 않고, 음란과 사치를 가져오지 않으면서 나라와 백성에게 이로움을 가져오는 음악을 해야 한다. 그런 음악은 마치 '음악없음'과 비슷하다.

【三辯 2-1】 程繁曰：「子曰：「聖王無樂。」此亦樂已，若之何其謂聖王無樂也？」子墨子曰：「聖王之命也，多寡之。食之利也，以知饑而食之者智也，因為無智矣。今聖有樂而少，此亦無也。」

정번이 물었다. 선생께서 말하길 "성왕은 음악이 없었다."고 했지만, 그 역시 음악을 하였다. 성왕은 음악이 없었다는 것이 무슨 뜻입니까? 묵자가 대답했다. 성왕의 명(음악을 짓고 붙인 이름)은 번다한 것을 적게 하는 것이다. 먹는 것의 이로움은 굶주림을 안 다음에 먹여주는 것이 지혜롭다. 이처럼 "없음"을 위하는 것이 지혜롭다. 지금 성왕은 음악이 있으나 간소했으니, 이는 또한 없는 것과 같다.

4. 맺음말

도덕 혹은 윤리는 인격의 선악 혹은 행위의 옳고 그름에 관한 기준에 대한 철학적 탐구이다. 도덕의 개념에는 크게 '특정 질서로서의 도덕'과 '원리로서의 도덕'이 있다. 전자는 특정 시공간을 공유하는 구성원들이 명시적•묵시적으로 합의하는 덕과 규범을 의미하고, 후자는 시공간을 넘어 보편성과 공정성을 가지는 도덕의 궁극적 원리(도덕규준)를 의미한다. 전자가 관습적 도덕이라면 후자는 반성적 도덕이다. 도덕철학자들은 늘 후자의 관점에서 전자의 도덕을 반성적으로 검토하고 나아가야 할 인간된 삶의 이상과 정의로운 사회의 방향을 제안하고자 한다.

묵자가 관습적 도덕에 대해 매우 비판적이었다는 사례가 있다.

【節葬下 8-1】 今執厚葬久喪者言曰：「厚葬久喪果非聖王之道，夫胡說中國之君子，為而不已，操而不擇哉？」子墨子曰：「此所謂便其習而義其俗者也。昔者越之東有輆沐之國者，其長子生，則解而食之，謂之宜弟，其大父死，負其大母而棄之，曰鬼妻不可與處。此上以為政，下以為俗，為而不已，操而不擇，則此豈實仁義之道哉？此所謂便其習而義其俗者也。

지금 후한 장례와 오랜 상례를 고집하는 자는 말한다: "후한 장례와 오랜 상례가 성왕의 도가 아니라면, 어찌 중국의 군자들이 하기를 그치지 않고 붙잡고 선택을 포기하지 않은 지를 설명할 수 있는가?" 묵자가 말했다: "이것은 사람들이 그들의 습관을 편리하게 여기고 자기들의 습속을 옳은 것이라 여기기 때문이다. 옛날 월나라의 동쪽에 진목이라는 나라가 있었는데, 장자가 태어나면 해부하여 먹으면서 마땅히 아우를 위한 것이라 말했다. 할아버지가 죽으면 할머니를 업어다가 버리면서 귀신의 처와 더불어 살 수 없다고 말하였다. 이것은 위로는 정치가 되고 아래로는 습속이 되어 하기를 그치질 않고 붙잡고 선택을 포기하지 않는다. 그런즉 이것이 어찌 어짊과 의로움의 도리라 할 수 있겠는가? 이것을 이른바 습관을 편리하게 여기며 습속을 옳다고 여기는 것이다.

【節葬下 8-2】 楚之南有炎人國者，其親戚死，杇其肉而棄之，然後埋其骨，乃成為孝子。秦之西有儀渠之國者，其親戚死，聚柴薪而焚之，燻上謂之登遐，然後成為孝子。此上以為政，下以為俗，為而不已，操而不擇，則此豈實仁義之道哉？此所謂便其習而義其俗者也。若以此若三國者觀之，則亦猶薄矣。若中國之君子觀之，則亦猶厚矣。如彼則大厚，如此則大薄，然則葬埋之有節矣。

초나라의 남쪽에 담인국이 있었는데, 그 부모와 친척이 죽으면 시신의 살은 썩게 하여 버리고 뼈만 매장하였고 그것을 효자로 여겼다. 진나라의 서쪽에 의거라는 나라가 있었는데, 부모와 친척이 죽으면 섭나무를 모아다가 시신

> 을 태워서 연기가 오르는 것을 멀리 올려 하늘로 보낸다고 하였고 그것을 효자로 여겼다. 이것을 위로 정치라 여겼고 아래로 습속이라 여겨 하기를 그만두지 않고 붙잡아 선택을 포기하지 않았다. 이것을 어찌 실로 인의의 도라 하겠는가? 이것은 이른바 습관을 편리하게 여기고 습속을 옳다고 여기는 것이라 하겠다. 이처럼 세 나라의 사례를 보건대, 그것은 오히려 각박하다. 마치 중국의 군자들이 그것을 보고 오히려 후한 것이라 여긴 것이다. 저처럼 크게 후한 것이 이처럼 크게 각박한 것인즉 그러함을 잘 살피면 장례에 절도가 있을 것이다.

*朽(후): 썩다, 부패하다. *柴薪(시신): 섭나무. *燻(훈): 연기. *遐(하): 멀다.

관습적 도덕은 습관이고 습속이다. 반성적으로 검토되지 않는 이러한 도덕을 무조건 옳다고 주장하면 안 된다. 그러한 관점에서 묵자는 당시대의 관습적 도덕인 주나라의 예악(禮樂)에 대해서도 비판적이었다. '후장구상'의 규범은 대표적인 비판 대상이었다. 위의 인용에서 보듯, 이전의 상장례가 너무 각박했다면, 오늘날의 상장례는 너무 후하고 긴 것이 문제라는 것이다. 이처럼 관습적 도덕은 늘 반성적 검토를 거쳐야 한다. 묵자가 보기에 반성적 검토의 기준인 공자의 인(仁)도 문제였다. 그는 주나라의 예악규범이나 인(仁)의 전덕(全德)은 모두 친친(親親)의 원리에 토대한 차별적 사랑을 실현하는 규범이고 원리라고 생각했다. 묵자는 유가적 도덕원리(仁)를 '별애'(別愛)라고 규정한다. 대신 그는 사람을 두루 사랑하는 '겸애'(兼愛)를 도덕규준으로 제안한다. 나아가 '겸애'의 사랑은 사람들을 이롭게 하는 것이어야 한다고 생각했다. 유가적 윤리는 인(仁)

의 사랑을 직분에 걸맞게 실현하는 의리를 소중히 여기는 당위윤리이다. 그러나 묵자는 '의로움'도 '이로움'이어야 한다는 유위윤리 혹은 실용윤리를 제안한다. '이로움'은 사적인 이익이 아니라 공리적인 것으로 구성원들이 서로 이익을 나누는 것이었다. 그래서 나는 묵자의 철학을 한마디로 '밥을 나눈 사랑'이라 했던 것이다.

그러나 묵자의 실용윤리가 결코 사람들을 물신의 노예가 되도록 조장하는 것이 아니다. 그가 말하는 '이로움'은 남의 땅을 빼앗고 재물을 수탈하는 맹목적인 이익추구가 아니다. 오히려 쓸모없는 나라의 재용을 절약함으로써 얻을 수 있는 이익이다. 이러한 맥락에서 그는 물자의 절용(節用)을 부단히 강조하였다. 또한 당시에 가장 사치와 낭비를 일삼는 '후장구상'의 관례를 비판하여 절장(節葬)을 주장하고, 번잡한 음악(音樂)에도 반대하였다.

제6장

치평(治平)의 길 : 오직 백성만을 위하라

1. 민의를 모아서 하나가 되라
2. 전쟁을 거부하고 평화를 추구하라
3. 그래서 사람을 부림이 중요하다

제6장 치평(治平)의 길 : 오직 백성만을 위하라

한 사회가 정의로운 공동체가 되는 요건은 무엇일까?[1] 이에 대한 전통적 관점은 개인들이 도덕적 자질이나 성품을 두루 갖춘다면, 그런 개인들로 구성된 사회는 자연스럽게 정의로운 공동체가 될 것이라고 여겨왔다. 그러나 이러한 믿음은 깨어진 지 오래다. 개개인의 자질이 다양해서 모든 개인을 높은 수준의 도덕성에까지 도달시키기 어려운 데다가, 어느 정도 수준으로 형성된 개인의 도덕적 자질조차도 자신의 이해관계의 범위를 넘어서 서로 잘 모르는 사회 일반에까지 확대시키기는 한계가 있음이 드러나게 되었다. 이와 아울러, 인간에 의해 형성된 사회는 그것이 잘되었든 잘못되었든 간에 사회 그 자체가 개개인의 도덕성과 도덕적 삶에 심대한 영향을 미치고 있음을 인식하게 되었다. 개인의 도덕성이 모여서 사회를 도덕적으로 만들기보다는, 역으로 사회 제도나 구조에 의해 개인의 도덕적 판단이나 행동이 좌우되는 경우가 많다는 사실이다. 이러한 관점에서 보는 사회란 사회를 구성하는 개개인의 단순한 합이라기보다는 그 이상의 독자성을 갖는 도덕행위의 주체이다.

사회는 개인들의 단순한 집합체 이상의 것이며 그 자체의

---

1) 이하의 개인윤리의 한계와 사회윤리(학)에 대한 논의는 졸고, “공자정치론의 사회윤리적 접근”, 『윤리교육연구』 제27집 (한국윤리교육학회, 2012. 4), 136~138쪽에서 가져와 축약했다. 1960년대 누구보다 일찍 개인윤리와 사회윤리의 구분의 필요성을 제기하며 사회윤리학적 문제의식을 연구한 사상가는 니부어(R. Neibuhr)이다. R. Neibuhr, *Moral Man and Immoral Society* (NewYork: Charles Scribner's Sons, 1932).

독자적인 논리에 따라 움직일 뿐만 아니라, 그러한 사회의 움직임이 개인의 행위와 선택을 좌우할 수도 있다. 이 때 말하는 사회란 구체적으로 사회구조, 법, 제도, 정책 등을 말한다. 이처럼, 사회가 독자적인 도덕행위의 주체가 될 수 있고 사회의 구조나 제도가 개인들에게 미치는 영향이 크다면, 마땅히 사회의 도덕성을 문제 삼아야 한다. 현재의 사회구조나 제도의 문제점은 무엇이고, 문제가 있다면 그 도덕적 책임을 어떻게 물을 것이며, 이를 개선하는 도덕공동체의 이상은 무엇이어야 하는지를 탐구해야 한다. 이러한 사회적 도덕성의 제반 과제를 탐구하는 학문분과를 사회(정치)철학 혹은 윤리학의 관심영역으로는 사회윤리학(Ethics of Society)이라 부른다.[2)]

특정 사회의 구조나 제도는 시대마다 나라마다 다를 수 있다. 그리고 사회구조나 제도는 특정사회가 채택한 사회이념(이데올로기)에 토대한다. 즉, 사회이념을 실현하기 위한 전략과 수단이 바로 구조나 제도, 법과 정책 등인 것이다. 따라서 사회윤리(정치철학)에서는 구조나 제도뿐만 아니라 사회이념의 정당성 문제도 같이 검토되어야 할 과제이다. 사회이념은 구조나 제도보다는 상위의 원리이지만, 사회이념 역시 특정시대에 특정사회가 채택하는 것이기에, 그것이 정의로운 도덕공동체의 방향을 제시해 주는 이념인지를 보다 더 궁극적인 원리로부터 검증되어야 한다. 이러한 점에서 사회윤리는 〈특정질서 혹은 제도로서의 도덕〉 개념에 해당한다. 따라서 사회윤리를 개선하는 방향과 근거 역시, 개인윤리의 경우와 마찬가지로, 〈기본정

---

2) 사회윤리학에 대한 자세한 고찰은 고범서, 『사회윤리학』(서울: 나남, 1993); 박병기 편저, 『포스트모던 시대의 사회윤리학』(서울: 인간사랑, 1993); 도성달·유병렬, 『사회윤리이론과 도덕교육』(성남: 한국정신문화연구원, 1996) 등을 참조.

신 혹은 원리로서의 도덕〉 개념에 바탕을 두어야 하는 것이다(제5장 참조). 이 지점에서 개인윤리와 사회윤리는 서로 만난다고 할 수 있다.

특정사회가 정의로운 공동체가 되려면 사회를 구성하는 개인들이 도덕적 자질과 성품을 갖추어야 하는 동시에 사회구조 자체도 도덕적 정당성을 확보해야 한다. 동서고금을 막론하고 많은 철학자들이 규범윤리학과 동시에 사회철학을 운위한 것은 바로 이 때문이었다. 예컨대, 플라톤은 개인들에게 정의, 지혜, 용기, 절제 등의 덕목을 갖추기를 요구하는 동시에 철학자가 지배하는 이상사회공동체의 건설을 주장했다. 공자 역시 그렇다!! 수기안인(修己安人) 혹은 수기치인(修己治人)을 주장하는 공자나 유학의 관점도 플라톤의 관점에서 멀지 않다. 다만 플라톤과 공자의 시대가 오늘날의 민주사회와 다른 것은 시민들이 직접 나서 사회구조와 제도를 결정하거나 개선의 요구를 할 수 없다는 점이다. 근대이전 시대는 지배계층이 따로 존재하였고, 정의로운 공동체의 실현 여부도 전적으로 그들에게 달려있었다. 그래서 당시에는 지배층(후보)에게 도덕적 품성과 지도자적 자질을 갖추기를 기대하는 수밖에 없었던 것이다.

그렇다면 묵자는 어떠한가? 그는 고대철학자로서 특별한 측면이 있는 것 같다. 시대를 넘어도 한 참을 건너뛰어 고대의 눈으로 근대를 예비했던 사상가로 여겨지기 때문이다. 민주주의는 근대정치의 산물이다. 그것은 링컨(Lincon)의 명연설로 유명하듯이, 인민에 의한(by the people), 인민을 위한(for the people), 인민의(of the People)의 정치로 요약된다. 근대이전의 정치에서도 인민을 위한 민본(民本)의 정치를 주장하는 사상가와 정치가들은 많았다. 이를테면, 동양에서 유가적 왕도정치나

서양 절대왕정시대의 계몽군주의 정치는 대표적인 민본정치의 표본이다. 그러나 위정자 중심의 민본정치는 언제나 민의를 곡해할 가능성을 안고 있다. 그래서 인민에 의한 정치와 인민의 정치가 필요하다. 근대 민주주의가 의미 있는 것은 바로 이러한 요건들을 획득했다는 것이다. 그런데 묵자가 누구보다 일찍 이러한 측면을 주목했던 철학자로 등록시켜야 하지 않을까 한다. 물론 그의 주장은 엄격한 의미에서 근대적 시민들의 자율적 정치의사에 의하여 획득한 민주주의와는 거리가 있다. 그리고 중국고대 봉건계급제 사회에서 그의 주장은 불온할 뿐 전혀 실현 가능성도 없었던 사상일 것이다.

묵자는 윤리의 규준으로 차별 없는 두루 사랑의 '겸애'(兼愛)와 서로 이익을 나누는 '교리'(交利)를 주장했다. 이러한 개인윤리적 규준은 정의로운 공동체를 모색하는 사회윤리의 근본원리로도 작동해야 한다. 서로 이익을 나누면서 차별 없는 두루 사랑의 공동체를 실현하는 것이 묵자의 정치이념이고 이상(理想)이다. 이를 실현하는 방법은 무엇인가?

1. 민의를 모아서 하나가 되라 - 상동(尙同)

두루 사랑의 공동체를 실현하는 방법은 한마디로 "민의를 모아서 하나가 되라"는 상동(尙同)의 정치인 것 같다. 여기에 함의된 뜻은 다양하다. 「상동」편을 보자.

【尙同上 1-1】 子墨子言曰:「古者民始生，未有刑政之時，蓋其語，人異義。是以一人則一義，二人則二義，十人則十義。

其人玆衆，其所謂義者亦玆衆。是以人是其義，以非人之義，故交相非也。是以內者父子兄弟作怨惡，離散不能相和合。天下之百姓，皆以水火毒藥相虧害，至有餘力，不能以相勞，腐朽餘財，不以相分，隱匿良道，不以相教，天下之亂，若禽獸然。」

묵자가 말했다: 옛날에 백성이 처음 태어나 아직 법과 정치가 없는 때에는 대개 말하는 것이 사람마다 의리가 달랐다. 이로써 한 사람이 한 가지 의리가 있고, 두 사람이 두 가지 의리가 있고, 열 사람이 열 가지 의리가 있었다. 사람이 더욱 많아지자 그 의리를 말하는 것이 역시 더욱 많아졌다. 이로써 어떤 사람의 의리가 옳다고 하면서 다른 사람의 의리는 그르다고 비난하여, 서로 상호 비난하였다. 이로써 안으로는 부자형제가 원망하고 미워하였고 떠나서 서로 화합할 수 없었다. 천하의 백성들이 모두 물과 불과 독약으로 서로 해쳤다. 매우 많은 힘이 있어도 서로 조력할 수 없었고, 부패할 정도로 재물이 남아돌아도 서로 나누질 않았다. 선량한 도리를 숨기고 서로 가르치지 않았다. 그래서 천하가 어지러워지기가 마치 금수와 같았다.

*虧(휴): 이지러지다, 줄다. *腐朽(부후): 부패하다, 썩다.

일단 인용에서 의리(義)란 옳고 그름의 시비기준 혹은 정의와 불의의 기준으로 읽어야 한다. 그리고 우리는 묵자의 의리가 이익이었음도 기억해 두자. 법과 정치가 없었던 원시사회에서는 시비기준이 사람마다 달라서 서로 비난하고 금수처럼 다

툴 수밖에 없었다고 진단한다. 그러니까 사람마다 이해(利害)에 대한 시비기준이 달라서 아귀다툼을 벌인다는 것이다. 마치 근대 정치철학자인 홉스(Thomas Hobbes, 1588~1679)가 "자연 상태에서는 만인에 의한 만인의 투쟁 상태였다."는 가정이 떠올려지는 대목이다. 그에 의할 때, 이러한 상태에서 불만을 느낀 인간들은 부득이 하나의 절대적인 통치자를 세워서 무제한의 자유를 그에게 양도하고 복종할 것을 계약하였다.[3] 묵자도 홉스적 관점인가?

【尙同上 1-2】 夫明乎天下之所以亂者，生於無政長。是故選天下之賢可者，立以為天子。天子立，以其力為未足，又選天下之賢可者，置立之以為三公。天子三公既以立，以天下為博大，遠國異土之民，是非利害之辯，不可一二而明知，故畫分萬國，立諸侯國君。諸侯國君既已立，以其力為未足，又選擇其國之賢可者，置立之以為正長。

> 무릇 천하가 어지러워진 까닭을 밝히면 정치의 우두머리 없이 살았기 때문이다. 그러므로 천하의 현명한 이 중에 가능한 자를 뽑아서 그를 세우고 천자로 삼았다. 천자를 세우고도 그 힘이 부족하여 또한 천하의 현명한 이 중에 가능한 자를 뽑아서 작위를 두고 삼공으로 삼았다. 천자와 삼공을 이미 세우고도 천하가 크고 넓어서 먼 이국 땅의 백성들이 시비와 이해에 대한 분별을 하나 둘 모두 밝혀 알 수가 없었다. 그래서 만국으로 기획하여 나누고 제후국의 군주를 세웠다. 제후국의 군주를 이미 세워도

3) Thomas Hobbes, *Leviathan*; 여기서는 로버트 L. 애링턴(김성호 옮김), 『서양윤리학사』(서울: 서광사, 2003), 256~262쪽 참조.

> 그 힘이 부족하여 또한 그 제후국의 현명한 이 중에 가능한 자를 뽑아서 작위를 두고 다스리는 우두머리(대부)로 삼았다.

원시사회의 천하가 어지러워진 까닭은 정치적 우두머리가 없었기 때문이다. 그래서 천하의 현명한 이 중에 가려 뽑아서 천자를 세웠다. 홉스의 주장을 보는 듯하다. 그런데 묵자가 말하는 정치적 우두머리가 홉스의 이른바 리바이던(Leviathan)인지는 두고 볼 일이다. 천자를 세우고도 힘이 부족하여 현명한 이 중에 삼공(三公)도 두었다. 또한 천하가 너무 넓어 땅을 나누고 제후국을 봉하여 군주도 세웠고, 그를 도울 대부도 두었다. 제후국도 넓어 향리에는 향장을 세우고, 마을에는 리장도 두었다. 이처럼 마을에서 천하까지 각각의 크고 작은 공동체마다 정치적 우두머리를 세웠다. 우두머리들로 선택될 수 있는 일차적 덕목은 '현명함'이다. '현명함'을 갖춘 사람이란 풀어 말하면, 어질고 선량하고 성스럽고 지식있고 분별있고 지혜로운 사람이다.[4] 그런데 누가 현명함을 알아보고 누가 그들을 선출하는가?

일단 천자를 제외한 삼공, 제후, 경대부 등은 천자가 뽑았다. 「상동하尙同下」에서 "옛날에 천자가 삼공, 제후, 경대부와 재상, 향장과 가군을 세운 것은 특별히 그들이 부귀해지고 놀고먹도록 하기 위해 선택한 것이 아니라, 천자를 도와서 어지러움을 다스리고 정치가 이루어지도록 하려 함"[5]이었다고 말

4) 賢良聖知辯慧之人. 『墨子』「尙同中 1-2」
5) 是故古者天子之立三公、諸侯、卿之宰，鄉長家君，非特富貴游佚而擇之也，將使助治亂刑政也。故古者建國設都，乃立后王君公，奉以卿士師

하고 있기 때문이다. 그렇다면 최고 우두머리인 천자는 누가 뽑는가? 홉스는 리바이던을 천상의 신(Immortal God) 아래에 있는 지상의 신(Mortal God)이라 하였고, 15~16세기 서양사상가들은 왕권신수설(王權神授說)을 주장하였다. 유가를 포함한 동양철학적 전통에서도 왕권신수설과 비슷한 천명론(天命論)을 주장하였다. 천자는 하늘로부터 사명을 부여받은 자였던 것이다. 묵자도 이 점에서 예외가 아닌 것 같다. 『묵자』에서 이 점에 대해 분명히 밝히고 있지는 않지만, 묵자가 늘 요・순・우・탕・문・무 같은 성왕을 이상적인 정치를 행하였던 본보기로 들고 있는 것을 보면 천자에 뽑히는 여러 가지 경우를 다 인정하고 있었던 듯하다. 천자 자리를 전임자로부터 물려받을 수도 있고, 포악한 천자를 주벌하고 스스로 천자자리에 오를 수도 있고, 자기 아버지 자리를 물려받을 수도 있다고 생각했던 것 같다.[6] 어느 경우이든 이들은 모두 묵자적 언표로 '하늘의 뜻'(天志)을 받은 자들이다. 그런데 '하늘의 뜻'이 무엇인가? '백성들의 뜻'이다.

【尙同下 1-1】 子墨子言曰：知者之事，必計國家百姓所以治者而為之，必計國家百姓之所以亂者而辟之。然計國家百姓之所以治者何也？上之為政，得下之情則治，不得下之情則亂。何以知其然也？上之為政，得下之情，則是明於民之善非也。若苟明於民之善非也，則得善人而賞之，得暴人而罰之也。善人賞而暴人罰，則國必治。上之為政也，不得下之情，則是不明於民之善非也，若苟不明於民之善非，則是不得善人而賞

長，此非欲用說也，唯辯而使助治天明也。『墨子』「尙同下 2-2」

6) 김학주, 『묵자, 그 생애・사상과 묵가』, 앞의 책, 293쪽.

之，不得暴人而罰之，善人不賞而暴人不罰，為政若此，國眾必亂。故賞不得下之情，而不可不察者也。

묵자가 말했다: 지혜로운 자는 일을 함에 있어서 반드시 국가와 백성이 다스려지는 까닭을 헤아려서 그것을 하고, 반드시 국가와 백성이 어지러워지는 까닭을 헤아려서 그것을 막는다. 그렇다면 국가와 백성이 다스려지는 까닭은 무엇인가? **윗사람이 정치를 함에 아랫사람의 마음을 얻으면 다스려지고, 아랫사람의 마음을 얻지 못하면 혼란스러워진다.** 그러함을 어떻게 알 수 있는가? 윗사람이 정치를 함에 아랫사람의 마음을 얻으면 백성들의 착하고 착하지 않은 것을 밝힐 수 있다. 만약 백성들의 착하고 착하지 않은 것을 밝힐 수 있으면 착한 사람에게 상을 내리고, 포악한 사람에게 벌을 줄 수 있다. 착한 사람이 상을 받고 포악한 사람이 벌을 받으면 나라는 반드시 다스려진다. 윗사람이 정치를 함에 아랫사람의 마음을 얻지 못하면 백성들의 착하고 착하지 않은 것을 밝히지 못한다. 만약 백성들의 착하고 착하지 않음을 밝히지 못하면 착한 사람을 찾아 상주지 못하고, 포악한 사람을 찾아 벌주지 못한다. 착한 사람이 상 받지 못하고 포악한 사람이 벌 받지 못하는 그런 정치를 펴면, 나라와 백성이 반드시 혼란해진다. 그러므로 상벌이 아랫사람의 마음을 얻지 못하는 것을 살피지 않으면 안 된다.

【尙同下 2-1】 然計得下之情，將奈何可？故子墨子曰：唯能以尚同一義為政，然後可矣。何以知尚同一義之可而為政於天下也？然胡不審稽古之治為政之說乎？古者天之始生民，未有正長也，百姓為人。若苟百姓為人，是一人一義，十人十義，百人百義，千人千義，逮至人之衆，不可勝計也，則其所謂義者，亦不可勝計。此皆是其義，而非人之義，是以厚者有鬥，而薄者有爭。是故天之欲同一天下之義也，是故選擇賢者，立為天子。

그렇다면 **아랫사람의 마음을 얻으려면 어떻게 해야 가능한가? 묵자가 말했다: 오직 의리를 하나로 모으는 상동의 정치를 한 이후에야 가능하다.** 어떻게 의리를 하나로 모으는 상동으로 천하에 정치를 펼칠 수 있음을 알겠는가? 이를 위해 어찌 옛날의 다스려짐을 살피고 정치의 말을 돌아보지 않겠는가? 옛날 하늘이 처음으로 백성을 낳음에는 우두머리가 없었고 백성들이 각각의 사람들이었다. 만약 백성들이 각각이라면 한 사람이 하나의 의리, 열 사람이 열 가지의 의리, 백 사람이 백 가지의 의리, 천 사람이 천 가지의 의리가 있어, 사람들이 많아짐에 미칠수록 계산할 수가 없었다. 그러면 의리 또한 계산할 수가 없었다. 이러면 모두가 자기 의리가 옳다하고 남의 의리를 그르다고 한다. 이로써 심하게는 전쟁이 일어나고 적게는 분쟁이 일어났다. 그러므로 **하늘이 천하의 의리를 하나로 화동시키고자 하였다.** 이런 까닭으로 현명한 자를 가려 뽑아 천자를 세운 것이다.

*鬥(투): 싸움, 투쟁, 전쟁.

정치가 다스려지려면 백성들의 뜻을 얻어야 한다. 백성들의 뜻은 어떻게 알 수가 있는가? 사람마다 다른 시비기준인 의리를 하나로 모으는 '상동'(尙同)의 정치를 해야 한다. 그런데 우두머리가 없었던 원시사회에서는 의리를 하나로 모을 수가 없었다. 그래서 하늘이 천하의 의리를 하나로 화동(和同)시키기 위하여 천자를 세운 것이다. 이처럼 천자는 하늘이 뽑은 것이고 백성의 뜻에 따른 것이다. 나아가 천자는 백성들의 뜻에 따라 삼경을 두고, 제후를 세우고, 대부를 둔 것이겠다. 이 점에서 묵자의 관점은 자의적으로 신이나 하늘의 뜻을 곡해할 가능성이 있는 왕권신수설이나 천명론과 다른 것이다. 백성의 뜻이 누락된 이것들은 성왕이나 계몽군주가 아닌 한 자신의 권력을 정당화하는 수단일 뿐이기 때문이다.

요・순・우・탕・문・무 같은 성인들은 백성의 뜻에 따라 하늘이 천자로 세운 자들이고, 하늘의 뜻에 따라 정치를 했기 때문에 백성들로부터 '성왕'이라는 칭호를 얻었다.[7] 그러나 걸・주・유・려 같은 폭군들은 처음에 백성의 뜻에 따라 하늘이 천자로 세웠지만, 결국 하늘의 뜻을 어기는 정치를 했기 때문에 백성들로부터 '폭군'이란 칭호를 얻었고, 하늘의 벌을 받아 쫓겨난 것이다.[8] 이러한 점에서 묵자의 천자는 홉스의 리바이던과 다르다. 홉스는 시민들의 뜻에 따라 일단 통치자가 정해지면 결코 그 자리에서 물러나서는 안 되고, 그에게 무조건 복종해야 한다고 하였기 때문이다.[9] 묵자가 맹자처럼 역성혁명(易姓革命)과 로크(John Locke, 1632~1704)처럼 시민의 저항권을 명시적으로 주장하지는 않았지만, 시민과 백성들을 대신하여 하늘이 폭군을 처단할 것이라는 관점을 가졌던 것이다. 그렇다면 백성들의 뜻을 알아내는 '상동'의 정치란 어떤 것인

---

7) 『墨子』「尙賢中 5-3」.
8) 『墨子』「尙賢中 5-4」.
9) 홉스는 시민과 통치자가 계약을 맺어 자유와 권력을 위임했다가 다시 빼앗는 것은 정의롭지 못하고 일종의 모순이라 여겼다. 애링턴, 앞의 책, 277쪽.

가?

한마디로, '상동'(尙同)이란 윗사람(위정자)과 아랫사람(백성)이 서로 의리를 조화시켜 하나가 되는 '화동'(和同)을 의미한다. 그러니까 '상동'의 정치란 위아래 모든 사람들이 조화롭게 합의한 시비기준인 의리에 따라 다스리고 다스림을 받는 정치를 말한다. 그래서 '상동'의 정치가 해야 할 일차적인 과업은 백성들의 다양한 의리를 조사하여 백성들의 뜻을 하나로 모으는 것이다. 그러한 과업을 주도하는 것은 현실적으로 위정자들일 수밖에 없다. 「상동」편을 보자.

【尙同中 1-2】 明乎民之無正長，以一同天下之義，而天下亂也，是故選擇天下賢良聖知辯慧之人，立以為天子，使從事乎一同天下之義。天子既以立矣，以為唯其耳目之請，不能獨一同天下之義，是故選擇天下贊閱賢良聖知辯慧之人，置以為三公，與從事乎一同天下之義。天子三公既已立矣，以為天下博大，山林遠土之民，不可得而一也，是故靡分天下，設以為萬諸侯國君，使從事乎一同其國之義。國君既已立矣，又以為唯其耳目之請，不能一同其國之義，是故擇其國之賢者，置以為左右將軍大夫，以遠至乎鄉里之長，與從事乎一同其國之義。

분명히 백성의 우두머리가 없어 천하의 의리를 하나로 화동할 수 없었기에 천하가 어지러워졌다. 그러므로 천하의 어질고 선량하고 성스럽고 지식 있고 분별 있고 지혜로운 사람을 가려 뽑아 작위를 두고 천자로 삼아서 천하의 의리를 하나로 화동하는 데에 종사하도록 하였다. 천자가 이미 세워져 오직 그의 눈과 귀로 보고 듣는 청문을 하였지만 홀로 천하의 의리를 하나로 모을 수가 없었다.

> 그래서 천하의 어질고 선량하고 성스럽고 지식 있고 분별 있고 지혜로운 사람을 찾아서 가려 뽑아 배치하여 삼공으로 삼아 천하의 의리를 하나로 화동하는 데에 더불어 종사하도록 하였다. 천자와 삼공이 이미 세워졌지만 천하는 넓고 커서 산림 속과 먼 땅의 백성들까지 하나로 모으기에는 불가하다고 여겼다. 그래서 천하를 나누어 많은 제후국을 두고 군주를 세워 각 제후국의 의리를 하나로 화동하는 데에 종사하도록 하였다. 제후국의 군주를 이미 세웠는데도 또한 오직 그의 눈과 귀로 보고 듣는 청문으로 제후국의 의리를 하나로 모을 수 없다고 여겼다. 그래서 나라의 현명한 자를 가려서 배치하여 좌우장군과 대부로 삼아 멀리 고을과 마을의 우두머리가 되도록 하였고, 더불어 나라의 의리를 하나로 화동하는 데에 종사하도록 하였다.

*贊(찬): 돕다, 이끌다. *閱(열): 검열하다, 찾다, 고르다. 靡(미): 쓰러지다.

천하는 넓고 넓어서 천자가 눈으로 보고 귀로 들으며 백성들의 소리를 청문(聽聞)하였지만 천하의 다양한 의리를 다 모을 수 없고 화동시킬 수 없었다. 그래서 삼공을 두고 제후를 세우고 대부, 향장, 리장 등을 두었다. 이처럼 크고 작은 공동체의 우두머리와 신하를 두어서 다양한 목소리를 듣고 의리를 하나로 화동시키는 데에 종사하게 하였다. 의리를 모으는 순서와 방법은 무엇인가?

【尙同上 2-1】 正長既已具，天子發政於天下之百姓，言曰：「聞善而不善，皆以告其上。上之所是，必皆是之，所非，必皆非之。上有過則規諫之，下有善則傍薦之。上同而不下比者，此上之所賞，而下之所譽也。意若聞善而不善，不以告其上，上之所是弗能是，上之所非弗能非，上有過弗規諫，下有善弗傍薦，下比不能上同者，此上之所罰，而百姓所毀也。上以此為賞罰，甚明察以審信。」

정장(우두머리)이 이미 모두 갖추어지자, 천자는 천하의 백성들에게 정령을 발표하여 말하길 "착한 일이나 착하지 못한 일이나 모두 윗사람에게 보고하라."하였다. 윗사람이 옳은 바에 대해서는 반드시 모두 옳다하고, 그른 일에 대해서는 반드시 모두 그르다고 하였다. 윗사람에게 허물이 있으면 엿보아 그것을 간하고, 아랫사람이 착한 일을 하면 그를 널리 알려 천거하였다. 윗사람이 서로 뜻이 같고 아랫사람이 편벽되지 않는다. 이러면 윗사람이 상을 내리면 아랫사람이 기리게 된다. 뜻에 만약 착하고 착하지 못한 것을 듣고도 윗사람에게 보고할 수 없도록 하면, 윗사람의 옳은 것에 대해 옳다고 할 수 없고, 윗사람의 그른 것에 대해서도 그르다고 할 수 없다. 윗사람에게 허물이 있어도 엿보아 간하지 않고, 아랫사람이 착한 데도 널리 알려 천거하지 않는다. 아랫사람이 편벽되고 윗사람이 뜻을 같이할 수 없다. 이러면 윗사람이 벌을 내려도 백성들이 비방한다. 이처럼 윗사람이 상과 벌을 내림에는 명철하게 살펴서 신뢰를 쌓아야 한다.

먼저, 천자가 정령을 발표하여 백성들에게 다양한 목소리를 개진하도록 한다. 여기서 '정령'을 발표한다는 것은 천자 나름의 시비기준이 담긴 국가운영의 원칙과 방안의 개요일 것이다. 이에 대하여 백성들은 옳은 것을 옳다, 그른 것은 그르다는 견해를 펼 뿐만 아니라, 천자가 스스로 발표한 원칙과 방안에 어긋나는 정치를 하면 백성들은 시정을 요구할 수 있으며, 또한 백성들의 개선책이 의리에 맞으면 상을 내리며 널리 알리고, 백성들이 원칙에 어긋나는 행동을 하면 벌을 내린다. 이처럼 의리를 하나로 모으는 데는 언론의 자유와 백성들에 대한 신뢰가 중요하다.

【尙同下 4-1】 故古之聖王治天下也，其所差論，以自左右羽翼者皆良，外為之人助之視聽者眾。故與人謀事，先人得之，與人舉事，先人成之，光譽令聞，先人發之。唯信身而從事，故利若此。古者有語焉，曰：「一目之視也，不若二目之視也。一耳之聽也，不若二耳之聽也。一手之操也，不若二手之彊也。」夫唯能信身而從事，故利若此。

그러므로 옛날 성왕이 천하를 다스림에 언론을 소중히 하였다. 좌우의 보좌하는 자들은 모두 선량했고, 밖으로 일하는 사람들이 그를 도와서 보고 듣는 자들이 많았다. 그러므로 사람들과 더불어 일을 기획하면 선인은 그것을 얻었고, 사람들과 더불어 일을 일으키면 선인은 그것을 성공시켰다. 빛나게 기릴 만한 것을 들으면 선인은 그것을 발표하였다. 오직 백성을 믿고 일에 종사한 까닭으로 이익이 이와 같았다. 옛날부터 내려오는 말이 있다. 말하길 “하나의 눈으로 보는 것은 두 개의 눈으로 보는 것만 같지 못하다. 하나의 귀로 듣는 것은 두 개의 귀로 듣는 것만 같지 못하다. 하나의 손으로 잡는 것은 두 개의 손의 강함만 같지 못하다.”하였다. 무릇 오직 백성을 믿고 일에 종사한 까닭으로 이익이 이와 같은 것이다.

*差(차): 擇(택)의 뜻, 선택하다. *信身(신신): 여러 해석들이 있으나 나는 身(신)을 民(민)의 착오로 읽는다.

다음으로, 천자가 발표한 정령에 따라 아래로부터 의리를 모아간다. 리장이 마을백성들에게 정령을 내려 의견을 묻고 결과를 향장에게 고한다. 향장 또한 정령을 향리백성들에게 내려 의견을 묻고 결과를 제후에게 고하도록 한다. 제후는 제후국 백성들의 의견을 천자에게 고하도록 한다. 이러한 과정을 거쳐 천하의 의리가 상하로 화동하게 된다. 그러나 이것으로 끝이 아니다. 천자는 천하의 의리를 한데모아 하늘에게 고한다.[10] 비로소 백성의 뜻과 하늘의 뜻이 일치하게 되는 것이다.

지금까지 보았듯이, 천하의 의리를 하나로 화동시키는 '상동'의 정치가, 홉스식으로 시민들의 의지를 하나로 만들어 통치자에게 넘기고 그의 의지에 복종하도록 하거나,[11] 저 한때 중국의 마르크스주의자들이 유일 이데올로기로 백성들을 무장시킬 것을 주장한 것으로 읽어서는 곤란하다. 나는 묵자의 '상동'정치가 홉스도 마르크스주의도 아니며, 오히려 루소(Jean Jacques Rousseau, 1712~1778)의 '일반의지'(一般意志, volonte generale)론에 가깝다고 여긴다. 루소는 특수의지(Special Will)와 일반의지(General Will)와 전체의지(Total Will)를 구분하였다. 특수의지는 개인들이 개별적으로 가지는 이해를 반영하는 의지이다. 전체의지는 사사로운 이익만을 생각하는 특수의지의 총합일 뿐이다. 그러나 일반의지는 공공의 이익만을 생각하며 구성원들이 공공선을 추구하는 과정에서 시민들의 자발적 합의

10) 『墨子』「尙賢上 2-2」~「尙賢上 2-5」 등을 참조.
11) 애링턴, 앞의 책, 276쪽.

에 의하여 형성되는 시민의지이다. 그래서 루소는 일반의지만이 정치권력과 그 행사에 정당성을 부여한다고 하였다.[12] 루소는 목가적인 자연 상태로부터 사회가 형성되고 사유재산을 인정하면서부터 특수의지가 생겨났고, 그로 인해 인간들은 탐욕의 포로가 되어 싸울 수밖에 없었다고 진단했다. 이를 해결하기 위해 그가 제안한 해결책이 바로 민약(民約)으로 맺어진 공동사회(community)와 일반의지에 토대한 민주정치라고 여긴 점에서 여러 모로 묵자적 관점과 상통하는 측면이 있다. 이처럼 묵자는 너무 이른 시기에 너무 앞서 나갔던 철학자인 것 같다.

묵자는 거듭 말한다. 우두머리를 잘 뽑아야 하고, 의리를 하나로 모우는 상동의 정치를 펼쳐야 한다. 그런데 현실은 그렇지 못하다. 정치가 다스려질 리가 없다.

【尙同中 4-2】 今王公大人之為刑政則反此，政以為便辟，宗族父兄故舊，以為左右，置以為正長。民知上置正長之非正以治民也，是以皆比周隱匿，而莫肯尚同其上，是故上下不同義。若苟上下不同義，賞譽不足以勸善，而刑罰不足以沮暴。何以知其然也？曰：上唯毋立而為政乎國家，為民正長。曰人可賞，吾將賞之。若苟上下不同義，上之所賞，則眾之所非。曰人眾與處，於眾得非，則是雖使得上之賞，未足以勸乎！

지금 왕공대인이 형법과 정령을 위함은 이와 반대이다. 정치를 편하게 하려 한다. 종친과 부모와 친구를 좌우로

12) L. P. 라라다트(신복룡 외 옮김), 『현대 정치사상』(서울: 평민사, 1985), 132~135쪽.

> 삼아 우두머리로 배치한다. 백성들은 위에 배치된 우두머리들이 바르지 않게 백성을 다스릴 것을 안다. 그러므로 모두 편당을 짓고 숨긴다. 윗사람과 화동하는 것을 수긍하지 않는다. 그러므로 위아래가 의리가 같을 수가 없다. 만약 위아래의 의리가 같지 아니하면 상과 벌로도 선한 이를 권면할 수 없고, 형과 벌로도 포악한 이를 제어할 수 없다. 어떻게 그러함을 아는가? 말하길 "윗사람이 세워져 나라와 가문에서 정치를 함에 백성을 위한 우두머리라면 사람들이 상 줄 만하다고 말하면 나는 상을 내릴 것이다. 그러나 만약 위아래가 의리가 같지 아니하면 윗사람이 상을 내려도 백성들이 그르다고 비난할 것이다. 사람의 무리 속에 더불어 거쳐하는 데 무리에서 비난을 얻으면 이것은 비록 윗사람이 내린 상을 얻더라도 선을 권면하기에는 부족할 것이다.

【尙同中 4-3】 上唯毋立而為政乎國家，為民正長，曰人可罰吾將罰之。若苟上下不同義，上之所罰，則眾之所譽，曰人眾與處，於眾得譽，則是雖使得上之罰，未足以沮乎！若立而為政乎國家，為民正長，賞譽不足以勸善，而刑罰不沮暴，則是不與鄉吾本言，「民始生，未有正長之時」同乎？若有正長，與無正長之時同，則此非所以治民一眾之道。

> 윗사람이 세워져 나라와 가문에서 정치를 함에 백성을 위한 우두머리라면 사람들이 벌줄만하다 말하면 나는 벌을 내릴 것이다. 만약 실로 위아래의 의리가 같지 아니하면 윗사람이 벌을 주어도 오히려 무리들이 기릴 것이다. 사람의 무리와 더불어 거처하는데 무리 속에서 기림을 얻

> 으면 이는 비록 윗사람이 내린 벌을 얻어도 악을 저지하기 부족할 것이다. 만약 세워져 나라와 가문에서 정치를 함에 백성을 위한 우두머리는 상과 명예가 선을 권면하기에 부족하고, 형과 벌이 악을 저지하기에 부족하면 이것은 앞서 내가 한 근본적인 말과 더불어 할 수가 없다. "백성이 처음 생겨나 우두머리가 아직 없을 때에는 동화했는가? 만약 우두머리가 있을 때와 없을 때가 같다면 이것은 백성을 하나의 무리가 되도록 다스리는 도가 아니다.

하늘과 백성들의 뜻을 어기는 우두머리를 세우고 신하를 두면 안 된다. 누구보다 백성들이 먼저 그들이 정치를 바르게 하지 않을 것이라는 것을 안다. 그러면 백성들은 편당을 짓고, 자의적 기준과 개별적 이해에 따라 살고자 한다. 그러면 백성들의 의리를 하나로 화동시킬 수가 없다. 백성들의 의리가 하나로 화동되어 '일반의지'가 서지 않으면 세상을 다스리는 기준이 설 수가 없다. 어떤 상과 벌로도 그들을 복종시킬 수 없다. 오직 화동하는 '상동'의 정치만이 백성들에게 복종하기를 강요할 수 있다. 루소도 "일반의지에 복종하기를 거부하는 자는 누구나 그의 전체 동료 시민들에 의해 일반의지에 복종하도록 강요되어야 할 것"이라고 말한다.[13] 그것은 어디까지나 백성과 시민들의 자유를 구속하기 위한 것이 아니라 오히려 그들에게 더 큰 자유와 이익을 부여하기 위한 것이기 때문이다. 「상동」 편을 보자.

---

13) 바라다트, 앞의 책, 135쪽.

【尙同下 4-3】 是故子墨子曰：「凡使民尙同者，愛民不疾，民無可使。曰：必疾愛而使之，致信而持之，富貴以道其前，明罰以率其後，為政若此，唯欲毋與我同，將不可得也。」是以子墨子曰：「今天下王公大人士君子，中情將欲為仁義，求為上士，上欲中聖王之道，下欲中國家百姓之利，故當尙同之說，而不可不察，尙同為政之本，而治要也。」

> 그러므로 묵자는 말한다: 무릇 백성들이 의리를 하나로 모으는 상동의 정치를 하려면 백성 사랑하기를 극진히 하라. 그렇지 않으면 백성을 부릴 수가 없다. 말하길 "반드시 극진히 사랑하여 그들을 부리라. 지극히 신뢰하고 그들을 보전하라. 부귀로써 앞에서 인도하고, 형벌로써 밝혀서 뒤를 따르게 하라. 정치를 이처럼 하면 나와 같아지지 않으려 해도 할 수가 없다." 이로써 묵자는 말한다: 지금 천하의 왕공대인과 사군자들은 마음속으로 인의로운 사람이 되고, 훌륭한 선비가 되고자 한다. 위로는 성왕의 도에 적중하고자 하며, 아래로는 국가와 백성의 이익에 적중하고자 한다. 그렇다면 의리를 하나로 모으는 상동의 주장을 살피지 않으면 안 된다. 상동으로 정치의 근본을 삼는 것이 치도의 요점이다.

2. 전쟁을 거부하고 평화를 추구하라 - 비공(非攻)

묵자의 '상동'정치의 필요성은 공격정벌 전쟁을 반대하는 「비공非攻」편에 까지 이어진다. 공격정벌 전쟁이 과연 백성들의 공익을 가져오는 정책이고, 화동하는 '상동'의 정치에 어울리는지 보기로 하자.

【非攻下 1-1】 子墨子言曰：今天下之所譽善者，其說將何哉？為其上中天之利，而中中鬼之利，而下中人之利，故譽之與？意亡非為其上中天之利，而中中鬼之利，而下中人之利，故譽之與？雖使下愚之人，必曰：「將為其上中天之利，而中中鬼之利，而下中人之利，故譽之。」今天下之同義者，聖王之法也，今天下之諸侯將猶多皆免攻伐並兼，則是有譽義之名，而不察其實也。此譬猶盲者之與人，同命白黑之名，而不能分其物也，則豈謂有別哉？

묵자가 말했다: "지금 천하에 착하다고 기리는 것, 그러한 말은 무엇인가? 그것은 위로는 하늘의 이익에 적중하고, 가운데로는 귀신의 이익에 적중하며, 아래로는 백성들의 이익에 적중하기 때문에 그것을 기리는가? 이 뜻이 아니면, 위로 하늘의 이익에 적중하지 아니하고, 가운데로는 귀신의 이익에 적중하지 않으며, 아래로는 백성의 이익에 적중하지 않기 때문에 기리는 것인가? 비록 어리석은 백성도 반드시 '위로는 하늘의 이익에 적중하고, 가운데로 귀신의 이익에 적중하며, 아래로 백성들의 이익에 적중하기 때문에 그것을 기린다.'고 말할 것이다. 지금 천하에 의리를 하나로 화동하는 것은 성왕의 법도이다. 지금 천하의 제후들이 대부분 모두 공벌에 나서 합병에 힘쓰고 있다. 곧 이것을 의로움의 명칭으로 기리면서 그 실정을 살피지 않는다. 이것은 비유컨대, 눈 먼 봉사가 남들과 더불어 흑백의 명칭을 똑같이 부르지만 그 사물을 분간할 수 없는 것과 같다. 곧 어찌 분별이 있다고 할 수 있겠는가?

*免(면): 힘쓰다

지금 천하의 제후들이 대부분 모두 공벌에 나서 합병에 힘쓰고 있다. 이것을 이익을 가져오기 위한 의로운 전쟁으로 가장하면서 그 실정을 돌아보려 하지 않는다. 비유컨대, 그것은 눈 먼 봉사가 남들과 더불어 흑백의 명칭을 똑같이 부르지만 그 사물을 분간할 수 없는 것과 같다. 곧 어찌 분별이 있다고 할 수 있겠는가? 사람들은 자기 물건을 훔치는 도적들이나 무고한 사람을 죽이는 자에 대해서는 당장 잘못을 지적하고 비난한다. 그리고 위정자들도 당장 잡아 가두고 벌을 내릴 것이다. 그런데 정작 더 큰 범죄인 남의 나라를 공격하여 전쟁을 벌이는 일에 대해서는 전혀 다른 판단을 하고 오히려 박수를 치고 있다. 「비공」 편을 보자.

【非攻上 1-1】 今有一人，入人園圃，竊其桃李，眾聞則非之，上為政者，得則罰之，此何也？以虧人自利也。至攘人犬豕雞豚，其不義又甚入人園圃竊桃李。是何故也？以虧人愈多，其不仁玆甚，罪益厚。至入人欄廏，取人馬牛者，其不仁義，又甚攘人犬豕雞豚，此何故也？以其虧人愈多。苟虧人愈多，其不仁玆甚，罪益厚。至殺不辜人也，拖其衣裘，取戈劍者，其不義又甚入人欄廏取人馬牛。此何故也？以其虧人愈多。苟虧人愈多，其不仁玆甚矣，罪益厚。

지금 한 사람이 있어 남의 과수원에 들어가 복숭아와 자두를 훔쳤다면 많은 사람들이 듣고 비난할 것이다. 위에서 정치를 하는 자는 그를 잡아 벌할 것이다. 이것은 왜일까? 남을 해쳐서 자기의 이익을 추구한 때문이다. 어떤 사람이 개와 돼지와 닭을 훔쳤다면 그 의롭지 않음이 남의 과수원에 들어가 복숭아와 자두를 훔친 것보다 더 심할 것이다. 이것은 왜 그런가? 남을 해침이 더욱 많고, 어질지 않음이 더욱 심하고, 죄가 더 크기 때문이다. 어떤 사람이 남의 마굿간에 들어가 남의 마소를 훔친다면, 그 어질고 의롭지 않음이 또한 남의 개와 돼지와 닭을 훔친 것보다 더욱 심하다. 이것은 왜 그런가? 남을 해침이 더욱 많고, 어질지 않음이 더욱 심하고, 죄가 더욱 무겁기 때문이다. 허물없는 사람을 죽이는 데 이르고 그의 옷을 찢고 창검을 빼앗았다면, 그 의롭지 않음이 또한 남의 마굿간에 들어가 남의 마소를 훔친 것보다 더 심할 것이다. 이것은 왜 그런가? 남을 해침이 더욱 많고, 어질지 않음이 더욱 심하고, 죄가 더욱 무겁기 때문이다.

*欄(란): 난간, 울타리. *廏(구): 마굿간. *辜(고): 허물. *拖(타): 끌다, 쪼개다, 맡기다, 의지하다.

【非攻上 1-2】 當此，天下之君子皆知而非之，謂之不義。今至大為攻國，則弗知非，從而譽之，謂之義。此可謂知義與不義之別乎？ 殺一人，謂之不義，必有一死罪矣。若以此說往，殺十人十重不義，必有十死罪矣。殺百人，百重不義，必有百死罪矣。當此，天下之君子皆知而非之，謂之不義。今至大為不義攻國，則弗知非，從而譽之，謂之義，情不知其不義也，故書其言以遺後世。若知其不義也，夫奚說書其不義以遺後世哉？

이러한 것에 대하여 천하의 군자들이 모두 알고 그것을 비난하여 의롭지 못하다고 말한다. 지금 더 큰 일인 나라를 공격함에 미쳐서는 비난할 줄을 모르고 오히려 좇아서 칭송하여 의롭다고 말하고 있다. 이것을 어찌 의로움과 의롭지 않음을 구별하는 것을 안다고 말할 수 있겠는가? 한 사람을 죽이면 의롭지 못하다고 말하고 반드시 한 사람을 죽인 죄가 있는 것이다. 이것으로 말을 더 하면 열 사람을 죽이면 열 배의 불의이고 반드시 열 사람을 죽인 죄인이다. 백 사람을 죽이면 백배의 불의이고 반드시 백 사람을 죽인 죄인이다. 이러한 것에 대하여 천하의 군자들은 모두 알고 그것을 비난하여 의롭지 못하다고 말한다. 지금 더 큰 불의인 나라를 공격함에 미쳐서는 비난할 줄을 모르고 오히려 좇아가 칭송하여 의롭다고 말하니, 진정으로 불의를 알지 못한다고 해야 한다. 그러므로 말을 책으로 남겨 후세에 전하고 있다. 만약 그것이 불의라는 것을 알았다면 어찌 불의에 대해 책에 기록하여 후세에 남겼겠는가?

묵자가 왜 공격정벌 전쟁을 반대하는지 보자. 첫째, 군사에 동원됨으로써 백성들이 농사 등의 생산에 힘쓸 수 없기 때문이다. 둘째, 전쟁으로 인해 엄청난 재용이 낭비되고, 사상자가 수를 헤아릴 수 없기 때문이다. 셋째, 아직도 나라 안에 개간되지 않은 땅이 많은데 실익도 없는 빈 성을 차지하기 위해 전쟁을 벌이기 때문이다.

【非攻中 1-1】 子墨子言曰:「古者王公大人，為政於國家者，情欲譽之審，賞罰之當，刑政之不過失。」是故子墨子曰：「古者有語:『謀而不得，則以往知來，以見知隱。』謀若此，可得而知矣。今師徒唯毋興起，冬行恐寒，夏行恐暑，此不可以冬夏為者也。春則廢民耕稼樹藝，秋則廢民穫斂。今唯毋廢一時，則百姓饑寒凍餒而死者，不可勝數。

> 묵자가 말했다: “옛날 왕공대인들이 나라와 가문에서 정치를 함에 마음으로 칭송할 것을 살펴서 상벌을 합당하게 내리고 형정에 실수가 없었다.” 그러므로 묵자가 말했다: “옛 말에 이르기를 도모한 것이 얻음이 없으면 지난 것으로 미래를 알고 드러난 것으로 숨겨진 것을 알아낸다고 했는데, 도모함이 이와 같으면 얻을 수 있고 알 수 있다. 지금 군사를 일으키고자 한다면 겨울에는 추위가 두렵고, 여름에는 더위가 무섭다. 그래서 이것을 겨울과 여름에 하는 것은 옳지 못하다. 봄이면 백성들이 밭 갈고 씨 뿌리며 재배하는 것을 망치고, 가을이면 백성들이 수확하는 것을 망친다. 지금 때를 놓치면 백성들이 굶주리고 얼어 죽는 자들이 수를 헤아릴 수 없을 것이다.”

【非攻中 1-2】 今嘗計軍上，竹箭羽旄幄幕，甲盾撥劫，往而靡弊腑冷不反者，不可勝數。又與矛戟戈劍乘車，其列住碎拆靡弊而不反者，不可勝數。與其牛馬，肥而往，瘠而反，往死亡而不反者，不可勝數。與其途道之脩遠，糧食輟絕而不繼，百姓死者，不可勝數也。與其居處之不安，食飯之不時，飢飽之不節，百姓之道疾病而死者，不可勝數。喪師多不可勝數，喪師盡不可勝計，則是鬼神之喪其主後，亦不可勝數。」

> 지금 군사상으로 돌아보자. 대나무 화살, 깃발, 장막, 갑옷, 방패와 병장기 등을 가져갔다가 꺾이고 부패하고 얼어버려서 돌이킬 수 없는 것이 수를 헤아릴 수가 없다. 또한 온갖 창과 칼과 수레 등을 진열하여 나갔다가 부서

지고 꺾이고 망가져서 돌이킬 수가 없는 것이 수를 헤아릴 수가 없다. 더불어 갔던 우마들은 살쪄서 갔다가 파리해져 돌아오고, 갔다가 사망하여 돌아오지 못하는 것이 수를 헤아릴 수가 없다. 더불어 가는 원정길이 멀어 군량미가 단절되어 보급되지 못해 백성들이 죽어가는 이가 수를 헤아릴 수가 없다. 더불어 거처는 불안하고, 식사를 제때에 못하여 배고픔과 배부름을 조절하지 못하고, 백성들이 길에서 질병에 걸려 죽는 자들이 수를 헤아릴 수가 없다. 죽은 병사가 너무 많아 수를 헤아릴 수가 없다. 죽은 병사를 다 헤아릴 수 없는 즉 죽은 귀신들의 상주인 후사까지 잃어버리는 것이 또한 수를 헤아릴 수가 없다.

*箭(전): 화살. *旄(모): 깃대. *撥劫(발겁): 병장기. *戟(극): 두 가닥으로 이루어진 창. *碎拆(쇄탁): 부서지다. *瘠(척): 파리하다. *飢飽(기포): 배고픔과 배부름.

【非攻中 2-1】 國家發政，奪民之用，廢民之利，若此甚眾，然而何為為之？曰：我貪伐勝之名，及得地之利，故為之。子墨子言曰：「計其所自勝，無所可用也，計其所得，反不如所喪者之多。」今攻三里之城，七里之郭，攻此不用銳，且無殺而徒得此然也？殺人多必數於萬，寡必數於千，然後三里之城，七里之郭，且可得也。今萬乘之國，虛城數於千，不勝而入，廣衍數於萬，不勝而辟。然則土地者，所有餘也，王民者，所不足也。今盡王民之死，嚴下上之患，以爭虛城，則是棄所不足，而重所有餘也。為政若此，非國之務者也。

나라와 가문이 정령으로 백성들의 재용을 빼앗고 백성들의 이익을 망치는 것이 이처럼 심하고 많다. 그런데 왜

> 그러한 전쟁을 벌이는가? 말한다: "나는 싸움에 이겨 명성을 얻고 땅을 차지하는 이익을 얻으려 그것을 한다." 묵자가 말했다: "그 승리하는 것으로 말하면 쓸모가 없는 것이고, 얻는 것으로 말하면 도리어 잃은 것만큼 많지 않다." 지금 삼 리의 성과 칠 리의 곽을 공격한다고 하자. 이것을 공격함에 정예부대를 쓰지 않고, 사상자 없이 거저 그것을 얻을 수 있겠는가? 죽는 사람이 많게는 수만 명에 이르고 적게는 수천 명에 이를 것이다. 그런 연후에야 삼 리의 성과 칠 리의 곽을 얻었을 수 있다. 지금 만승의 나라이면 빈 성이 수천이지만 들어가 살지 않고, 넓디넓은 땅이 수만이지만 개척하지 않는다. 그런즉 토지는 여유가 있지만 왕의 백성들은 부족하다. 지금 왕의 백성들을 죽이고 혹독하게 상하백성을 고통으로 내몰면서 빈 성을 위해 전쟁을 벌인다. 곧 이것은 부족한 것은 포기하고 여유가 있는 것을 중시하는 처사이다. 정치를 이렇게 하는 것은 나라가 힘쓸 바가 아니다.

그럼에도 불구하고, 공격정벌을 좋아하는 제후들은 묵자의 전쟁반대론에 의심하고 자신들의 공격정벌을 정당화하려 한다. 첫째, 옛날의 성왕들도 전쟁을 벌였다는 것이다. 이에 대하여 묵자는 공격정벌과 죄를 벌하는 주벌전쟁은 구분되어야 한다고 대답한다. 하나의 예만 보자.

【非攻下 4-1】 今遝夫好攻伐之君，又飾其說以非子墨子曰：「以攻伐之為不義，非利物與？昔者禹征有苗，湯伐桀，武王伐紂，此皆立為聖王，是何故也？」子墨子曰:「子未察吾言之類，未明其故者也。彼非所謂攻，謂誅也。昔者三苗大亂，天命殛之，日妖宵出，雨血三朝，龍生於廟，犬哭乎市，夏冰，地坼及泉，五穀變化，民乃大振。高陽乃命玄宮，禹親把天之瑞令，以征有苗，四電誘祇，有神人面鳥身，若瑾以侍，搤矢有苗之祥，苗師大亂，後乃遂幾。禹既已克有三苗，焉磨為山川，別物上下，鄉制大極，而神民不違，天下乃靜，則此禹之所以征有苗也。

오늘에 이르러 공격정벌을 좋아하는 군주들은 자신들의 말을 정당화하며 묵자를 비난하여 말한다: "공격정벌을 의롭지 않다고 하지만, 이로운 물건이 아니겠는가? 옛날 우왕은 묘족을 정벌하였고, 탕왕을 걸왕을 정벌하였고, 무왕은 주왕을 정벌하였지만, 이 모두 성왕이라 하는데 이는 무슨 까닭인가?" 묵자가 말했다: "자네들은 나의 말의 종류를 살피지 않았고, 그 옛일을 밝히지 못하였다. 저들이 한 바를 공격전쟁이라 부를 수 없고, 죄를 문책하는 주벌이라 해야 한다. 옛날 삼묘족이 대란을 일으키자 하늘이 그들을 주벌하라 하였다. 밤에 낮의 요괴가 출몰하고, 사흘 동안 핏빛 비가 내리고, 용이 묘당에서 나타나고, 개가 저자거리에서 곡을 했다. 여름에 얼음이 얼고, 땅이 갈라져 샘이 솟고, 오곡이 변고를 나타내어 백성들이 크게 동요하였다. 이에 고양(순임금)이 현궁에서 명령을 내려 우가 친히 하늘의 상서로운 명령을 파악하여 묘족을 주벌하였다. 우레와 번개가 진동하고 사람의 얼굴에 새의 몸을 가진 신이 나타나서 마치 옥으로 받드는 듯하였다. 화살을 잡으니 묘족에게 재앙이 미쳤다. 묘족의 군대가 크게 혼란해지고 후에 곧 미약해졌다. 우가 삼묘족을 평정하고, 산천을 정비하고 물의 상하를 구별하고 고을에 경계를 제정하였다. 그러니 신과 백성이 어그러지지

> 않고 천하가 이내 평정되었다. 이것이 우가 묘족을 주벌한 연유이다.

*遝[답]: 뒤섞이다. 미치다, 이르다. *殛[극]: 죽이다. *宵[소]: 밤. *坼[탁]: 터지다.
*四電誘祗[사전유지]: 電雷誖振[전뢰패진](*손이양). *瑾[근]: 아름다운 옥. *搤[액]: 잡다.

공격전쟁을 정당화하는 둘째 근거는 작았던 나라가 공격전쟁으로 실제 큰 나라로 되는 이익을 얻었다는 것이다. 이에 대하여 묵자는 천하가 원래 하나인데, 천하를 명분으로 내세우며 제후국끼리 싸워서 그 많던 제후국들이 줄어든 것은 오히려 천하를 위태롭게 하는 처방전이라고 대답한다.

【非攻下 5-1】 則夫好攻伐之君 , 又飾其說以非子墨子曰:子以攻伐為不義 , 非利物與 , 昔者楚熊麗始討此睢山之閒 , 越王繄虧, 出自有遽 , 始邦於越 , 唐叔與呂尚邦齊晉 , 此皆地方數百里 , 今以并國之故 , 四分天下而有之 , 是故何也 ? 子墨子曰 : 子未察吾言之類 , 未明其故者也。古者天子之始封諸侯也 , 萬有餘 , 今以并國之故 , 萬國有餘皆滅 , 而四國獨立。此譬猶醫之藥萬有餘人 , 而四人愈也 , 則不可謂良醫矣。

> 공격정벌을 좋아하는 군주들은 또한 자기 말을 정당화하여 묵자를 비난하여 말하길 "자네는 공격정벌을 불의하다고 하지만 이로움이 없겠는가? 옛날 초나라 웅려는 처음에 저산의 사이에 봉해졌고, 월왕 예휴는 유거지방에서 나와 처음으로 월 땅에 나라를 세웠고, 당숙과 상려는 각각 제나라와 진나라에 봉해졌다. 이 때 모두 땅이 사방 수백리에 불과했다. 지금은 다른 나라를 병탄한 까닭으로

> 천하를 넷으로 나누어 차지하게 되었는데 이것은 무슨 까닭인가?"한다. 묵자가 말했다: 자네들은 나의 말의 진의를 살피지 않았고, 옛날 일을 밝히지도 않았다. 옛날 천자가 처음 제후를 봉할 때 만 여명이 넘었는데, 지금은 서로 병탄한 까닭으로 만여 나라가 넘다가 모두 멸망하여 유독 네 나라만 존립하였다. 이것은 비유컨대, 의사가 만여 명이 넘을 사람에게 약을 처방하여 네 사람만 나은 것과 같다. 그러면 훌륭한 의사라고 할 수가 없을 것이다.

*討(토): 封(봉)의 착오(*기세춘). *睢(저): 물수리. *繄(예): 창전대, 검붉은 비단.

공격전쟁을 정당화하는 셋째 근거는 이익을 얻기 위해 전쟁을 벌이는 것이 아니라 천하에 의로움으로 명성을 남기기 위함이고 덕으로 제후들을 구하기 위함이라는 것이다. 이에 대하여 묵자는 의로움으로 명성을 얻고 싶다면 불필요한 전쟁을 벌이지 말고 오히려 가만히 있거나 공격받는 제후국 혹은 작은 나라를 도우면 얻게 될 것이라 대답한다.

【非攻下 6-1】 則夫好攻伐之君，又飾其說曰：我非以金玉子女壤地為不足也，我欲以義名立於天下，以德求諸侯也。子墨子曰：今若有能以義名立於天下，以德求諸侯者，天下之服可立而待也。夫天下處攻伐久矣，譬若傅子之為馬然。今若有能信效，先利天下諸侯者，大國之不義也，則同憂之，大國之攻小國也，則同救之，小國城郭之不全也，必使修之，布粟之絕則委之，幣帛不足則共之。

> 공격정벌을 좋아하는 군주들은 또한 자기 말을 정당화하여 말한다: "나는 금과 옥을 자녀에게 주고 땅이 부족하여 하는 것이 아니라, 천하에 의로움으로 명성을 남기고 싶은 것이고, 덕으로 제후를 구한 것이다." 묵자가 말했다: "지금 만약 천하에 의로움으로 명성을 남기고 덕으로 제후를 구하고 싶다면 천하의 복종을 서서 기다리면 될 것이다. 무릇 천하가 공격정발에 나선 지 오래다. 비유컨대, 아이들이 말타기 놀이를 하는 모습과 비슷하다(말타기를 오래하다 보면 피로해짐, *기세춘). 지금 만약 신의로 교류하여 먼저 천하제후들을 이롭게 하고자 한다면, 대국이 의롭지 아니하면 같이 그것을 걱정하고, 대국이 소국을 공격하면 같이 그것을 구제해 주며, 소국의 성곽이 온전하지 못하면 반드시 그것을 수리해 주고, 베와 곡식이 끊어지면 도와주고, 비단이 부족하면 나누어 주라.

*傅子: 僮子(어린이)의 착오(*왕인지, 기세춘). *效: 본받다, 교류하다.

그래서 묵자는 말한다. 불필요한 공격전쟁을 포기하고 평화를 추구하라!! 그러나 묵자가 자위를 위한 방어수단까지 포기하라고 하지는 않았음도 기억하자.[14] 그러면 평화를 유지하기 위한 방안은 무엇인가? 신뢰를 바탕으로 하는 외교와 교류이다. 그것만이 천하를 이롭게 하는 길이고, 백성들의 이익에도

14) 『墨子』 「七患」에서 묵자는 식량안보와 국방안보에 대해 말한다. "창고에 곡식을 비축해 두지 않으면 흉년과 굶주림에 대비할 수 없고, 무기고에 병장기를 갖추어 두지 않으면 비록 의로운 자라도 불의를 물리칠 수가 없으며, 성곽을 완비해 놓지 않으면 자신을 지킬 수가 없다. (중략). 먹을 것은 나라의 보배요, 병장기는 나라의 발톱이요, 성곽은 스스로를 지키는 수단이다. 이 세 가지는 나라를 지키는 도구이다."

부합하는 일이다.

【非攻下 6-2】 以此效大國，則大國之君說，以此效小國，則小國之君說，人勞我逸，則我甲兵強。寬以惠，緩易急，民必移。易攻伐以治我國，攻必倍。量我師舉之費，以諍諸侯之斃，則必可得而序利焉。督以正，義其名，必務寬吾眾，信吾師，以此授諸侯之師，則天下無敵矣，其為利天下不可勝數也。此天下之利，而王公大人不知而用，則此可謂不知利天下之臣務矣。

이로써 대국과 교류하면 대국의 군주가 기뻐할 것이고, 이로써 소국과 교류하면 소국의 군주가 기뻐할 것이다. 남들이 수고로울 때 나는 편안할 것이고, 나의 병장기는 강해질 것이며, 관대하게 은혜를 베풀고, 완만한 것으로 급박한 것을 바꾸면 백성들이 반드시 돌아올 것이다. 공격정벌을 바꾸어 나의 나라를 다스린다면 공적이 반드시 배가 될 것이다. 나의 군대를 일으키는 비용을 헤아려서 제후들의 폐해를 안정시켜 준다면 반드시 얻어지는 이익이 많아지게 될 것이다. 올바름으로 독려하고 명성을 의롭게 하고, 반드시 백성들에게 관대하게 힘쓰며, 군사들을 신뢰하라. 이로써 제후의 군대를 수용한다면 천하에 적이 없을 것이다. 그러면 천하를 이롭게 함에 수를 헤아릴 수가 없을 것이다. 이것이 천하의 이로움인데, 왕공대인들은 지혜롭게 사용할 줄 모른다. 이것은 가히 천하를 이롭게 하는 신하의 임무를 모르는 것이라 말할 수 있다.

*斃(폐): 넘어지다, 죽다.

3. 그래서 사람을 부림이 중요하다
- 친사(親士), 상현(尙賢)

민의를 하나로 모으는 '상동'의 정치가 내치의 일이라면, 공격정벌을 반대하는 평화의 정치는 외치의 일이다. 그러나 국내정치와 대외정치가 별도로 가는 것이 아니다. 국내정치가 혼란하면 외부에 적을 만들고, 국제관계가 평화롭지 못하면 국내정치도 흔들린다. 묵자적 관점에서 대외정치는 내치의 연장선상에 있다. 오직 하늘과 백성들의 뜻에 따른 '의로움'의 정치를 펼쳐야 한다. '의로움'의 정치란 위로 하늘과 귀신의 이익에 부합해야 하고, 아래로 백성들의 이익에 부합하는 정치이다. 이러한 정치를 펼치기 위해서는 크고 작은 공동체의 우두머리는 물론이고 그들이 부리는 신하들이 중요하다. 예나 지금이나 나라의 세부정책을 집행하고 실현하는 자들은 결국 그들이기 때문이다. 그래서 묵자는 말한다.

【親士 1-1】 入國而不存其士，則亡國矣。見賢而不急，則緩其君矣。非賢無急，非士無與慮國，緩賢忘士，而能以其國存者，未曾有也。

> 나라를 다스리는 데에 선비를 두지 않으면 나라를 망하게 할 것이고, 현명한 이가 드러나도록 서두르지 않으면 임금을 소홀히 하게 될 것이다. 현명한 이가 아니면 서두를 필요가 없고, 선비가 아니면 더불어 나라를 걱정할 필요도 없다. 현명한 이를 소홀히 하고 선비를 버리면서 능히 나라를 보존한 자는 일찍이 있어본 적이 없다.

*入(입): 立(입)(세우다) 혹은 治(치)(다스리다)로 해석함(※기세춘). *緩(완): 느슨하게 하다, 소홀히 하다.

나라를 다스리는 데에 선비를 가까이하고 현명한 이를 드러내지 않으면 안 된다. 그런데 오늘날 왕공대인들은 현명한 신하를 둘 줄을 모른다. 옷을 만들기 위해 재단사를 쓰고, 소와 양을 잡는 데에 백정의 힘을 빌릴 줄 알면서 나라를 다스리는 데에 현명한 신하를 쓸 줄 모르고, 친척이니까 쓰고 고귀하니까 부르고 아첨하니까 등용한다. 이것은 가문과 나라를 다스리는 지혜가 아니다.[15] 불초한 자들을 존중하여 등용하면, 나라의 정의와 불의가 바로 서지 않아 상벌을 적중할 수 없고, 현명한 자가 되도록 권면하지 못하고 포악한 자들을 저지할 수 없다. 그래서 나라의 규율과 도덕이 무너지고, 옥사가 무너지고 배반이 일어나고, 임금이 위기를 맞아 도망하여도 따르는 이가 없고, 재물을 나누는 데도 균등하지 않는다.[16]

옛날 진문공(晉文公, BC. 679~BC. 628)은 19년 세월을 나라밖에서 유랑생활을 하였지만 자신을 배반했던 이두수를 재등용함으로 천하를 평정하였고, 제환공(齊桓公, BC. ?~BC. 643)은 나라를 버렸었지만 관중(管仲)의 도움으로 패제후가 되었고, 월왕구천(越王句踐, BC. ?~BC. 465)은 오왕부차(吳王夫差, BC. ?~ BC. 473)에게 항복하는 모욕을 겪었지만 문종(文種)과 범리(范蠡)의 도움으로 천하를 호령했다.[17] 이외에 제경공(齊景公)의 안영(晏嬰), 정간공(鄭簡公)의 자산(子產), 오왕합려의 오자서(伍子胥) 등도 있다. 여기 군주들은 모두 현명한

15) 『墨子』「尙賢中 4-1」.
16) 『墨子』「尙賢中 3-2」.
17) 『묵자』「親士 1-2」.

신하를 둠으로써 천하를 호령하는 패제후가 될 수 있었다. 현명한 신하란 어떤 자인가?

【親士 1-4】 是故偪臣傷君，諂下傷上，君必有弗弗之臣，上必有詻詻之下。分議者延延，而支苟者詻詻，焉可以長生保國。臣下重其爵位而不言，近臣則喑，遠臣則唫，怨結於民心，諂諛在側，善議障塞，則國危矣。桀紂不以其無天下之士邪，殺其身而喪天下。故曰：歸國寶，不若獻賢而進士。

그러므로 간사한 신하는 임금을 해치고, 아첨하는 아랫사람은 윗사람을 해친다. 임금에게는 반드시 "안 됩니다, 노(No)"라고 간언하는 신하가 있어야 하고, 윗사람에게는 반드시 거스르고 반격하는 아랫사람이 있어야 한다. 의논을 나눔에 서로 이끌고, 경계와 충고를 서로 다툰다면 오래도록 나라를 보전할 수 있지 않겠는가? 신하가 작위를 중시 여겨 말을 하지 않으면, 가까운 신하는 벙어리가 되고, 멀리 있는 신하도 입을 봉해버린다. 그러면 백성들에게 원망이 맺히고 아첨꾼들만이 측근에 있게 된다. 착한 의견이 막혀버리면 나라가 위태롭게 된다. 걸왕과 주왕은 천하의 선비를 두지 않았기 때문에 자신을 죽이고 천하를 잃은 것이 아니겠는가? 옛말에 이르기를 "나라에 보물이 돌아오게 하는 길은 현명한 이를 천거하고 선비를 등용하는 것만 같지 못하다."하였다.

*偪(핍): 다가오다, 배부르다, 간사하다(※기세춘). *諂(첨): 아첨하다. *詻(액): 다투다, 거스르다, 반박하다. *延延(연연): 진지하게 논쟁을 벌이는 모습(※기세춘). *支苟者(지구자): 서로서로 경계하여 충고하는 사람(※기세춘). *喑(암): 벙어리. *唫(금): 입을 다물다.

간사하고 아첨하는 신하는 임금을 해친다. 현명한 신하란 윗사람에게 노(No)라고 말하면서 거스르고 반격하는 사람이다. 신하가 작위나 탐내면서 윗사람이 듣기 좋은 말만 해서는 안 된다. 작위를 감당할 수 없으면서 녹봉만 축내는 신하는 안 된다. 좋은 활은 당기기 어렵지만, 쏘면 높이 날아 깊이 박히며, 좋은 말은 타기 어렵지만, 타면 무거운 것을 싣고 멀리 달린다. 훌륭한 인재는 명령으로 부리긴 어렵지만, 부린다면 임금을 잘 모시고 존엄을 드러낸다. 양쯔강과 황하강도 조그만 계곡물이 자기를 채우는 것을 싫어하지 않기 때문에 크게 될 수 있었다.[18] 그렇다면 백성들이 훌륭한 선비가 되고 현명한 신하의 자질을 갖추도록 하는 길은 무엇인가?

【尙賢上 2-1】 是故古者聖王之為政也言曰：「不義不富，不義不貴，不義不親，不義不近。」是以國之富貴人聞之，皆退而謀曰：「始我所恃者，富貴也，今上舉義不辟貧賤，然則我不可不為義。」親者聞之，亦退而謀曰:「始我所恃者親也，今上舉義不辟疏，然則我不可不為義。」近者聞之，亦退而謀曰：「始我所恃者近也，今上舉義不辟遠，然則我不可不為義。」

> 그러므로 옛날 성왕이 정치를 함에 다음과 같이 말했다: "의롭지 않은 자는 부유해서도 안 되고, 의롭지 않은 자는 고귀해서도 안 되고, 의롭지 않은 자는 친애해서도 안 되며, 의롭지 않은 자는 가까이해서도 안 된다." 이로써 나라의 부귀한 사람들이 그것을 듣고 모두 물러나와 모의하여 말한다: "처음에 우리가 믿었던 바는 부귀인데,

18) 『묵자』「親士 2-2」.

지금 임금은 의로우면 가난하고 천박한 것을 가리지 않고 등용하겠다고 하였다. 그러면 우리는 의로운 자가 되지 않으면 안 된다." 근친들이 듣고 또한 물러나와 모의하여 말한다: "처음에 우리가 믿었던 바는 친척이라는 것이었는데, 지금 임금이 의로우면 친소를 가리지 않고 등용하겠다고 한다. 그러면 우리는 의로운 자가 되지 않으면 안 된다." 측근들이 듣고 또한 물러나와 모의하여 말한다: "처음에 우리가 믿었던 바는 측근이라는 것이었다. 그런데 지금 임금이 의로우면 원근을 가리지 않고 등용한다고 한다. 그러면 우리는 의로운 자가 되지 않으면 안 된다."

【尙賢上 2-2】 遠者聞之，亦退而謀曰：「我始以遠為無恃，今上舉義不辟遠，然則我不可不為義。」逮至遠鄙郊外之臣，門庭庶子，國中之眾，四鄙之萌人聞之，皆競為義。是其故何也，曰：上之所以使下者，一物也，下之所以事上者，一術也，譬之富者，有高牆深宮，牆立既，謹止為鑿一門，有盜人入，闔其自入而求之，盜其無自出。是其故何也，則上得要也。

소원한 자들이 듣고 또한 물러나와 모의하여 말한다: "우리는 처음부터 소원한 사이기에 믿을 것이 없었는데, 지금 임금이 의로우면 원소를 가리지 않고 등용하겠다고 한다. 그러면 우리는 의로운 자가 되지 않으면 안 된다." 미치기에 너무 떨어진 비루한 시골구석의 신하들, 궁정의 문지기들, 나라 안의 백성들, 사방 변방의 비천한 백성들조차도 그것을 듣고 모두 경쟁적으로 의로워지려 한다. 이러한 까닭이 무엇인가? 말했다: "윗사람이 아랫사람을 부릴 수 있는 수단은 의로움이라는 한 가지 물건일 뿐이고, 아랫사람이 윗사람을 섬기는 수단은 의로움이라는 한 가지 방법이 있을 뿐이다. 비유컨대, 부자가 높은 담장과 깊은 궁궐을 가졌는데, 담장을 이미 세우고 단지 하나의 문만을 뚫는 것과 같다. 도둑이 들어오면 들어온 곳을 닫고 찾으면 도둑이 나갈 수가 없다. 이것이 무슨 까닭인가? 요점을 잘 터득했기 때문이다."

윗사람이 아랫사람을 부릴 수 있는 수단은 '의로움'이라는 한 가지 물건일 뿐이고, 아랫사람이 윗사람을 섬기는 수단도 '의로움'이라는 한 가지 방법이 있을 뿐이다. 먼저 윗사람이 '의로움'을 기준으로 신하를 등용하겠다는 원칙을 밝히고, 실제 그 원칙을 충실히 실천하면 아랫사람들은 그것에 따라 의로운 사람이 되고자 한다. 친척, 부귀, 측근들도 정실에 기대지 않고 의로워지려 하며 소원한 자들과 변방의 촌부들까지도 의로움을 갖추면 등용의 길이 있다는 희망을 갖게 된다. "옛날 성왕들은 현명한 이를 매우 존중하고 숭상하여 능력 있는 자를 임명하여 부렸다. 부모와 형제라고 친애하고 않았고, 고귀한 자와 부자를 가리지 않았고, 얼굴빛으로 아첨하는 자를 사랑하지 않았다. 현명한 자는 등용하여 높여주고, 부유하고 고귀하게 해주어 관장으로 삼았다. 불초한자는 억누르고 물러나게 하고, 가난하고 비천하게 하여 보졸의 임무를 맡겼다. 이로써 백성들은 모두 상을 권면하고 벌을 두려워하게 하여 서로 이끌어 현명한 자가 되도록 하였다. 이로써 현명한 이들이 많아지고 불초한 이들이 적어졌다. 이를 일러 '현명한 이를 촉진하는 정책'이라 한다. 그런 연후에 성인은 의견을 듣고 행동을 살펴서 그 능력을 관찰하고 걸맞는 벼슬을 주었다. 이를 일러 '능력을 섬기는 정책'이라 한다. 그러므로 나라를 다스릴 수 있는 자로 하여금 나라를 다스리게 하고, 장관으로 부릴만한 자에게는 장관의 일을 맡기고, 읍을 다스릴만한 자에게는 읍을 다스리는 일을 맡겼다. 무른 나라와 국가, 관직과 부서, 읍과 마을을 다스리는 것은 이처럼 모두 나라의 현명한 자들이었다."[19] 그래서 신하를 등용하는 '의로움'의 첫 번째 기준은 차별 없이 능력에 따르는 것이다. 이것이 옛 성왕들이 인재를 쓰는 본보기였다.

【尙賢下 3-1】 是故昔者舜耕於歷山，陶於河瀕，漁於雷澤，灰於常陽，堯得之服澤之陽，立為天子，使接天下之政，而治天下之民。昔伊尹為莘氏女師僕，使為庖人，湯得而擧之，立為三公，使接天下之政，治天下之民。昔者傅說，居北海之洲，圜土之上，衣褐帶索，庸築於傅巖之城，武丁得而擧之，立為三公，使之接天下之政，而治天下之民。是故昔者堯之擧舜也，湯之擧伊尹也，武丁之擧傅說也，豈以為骨肉之親，無故富貴，面目美好者哉？惟法其言，用其謀，行其道，上可而利天，中可而利鬼，下可而利人。是故推而上之。

> 그러므로 옛날 순임금은 역산에서 밭 갈고, 황하강변에서 그릇굽고, 뢰택에서 고기잡고, 상양(항산)에서 숯을 구웠는데, 요임금이 복택의 북쪽에서 그를 얻어 천자로 세우고 천하의 정치를 맡기니, 천하의 백성을 다스렸다. 옛날 이윤은 화씨가문 딸의 사복이 되어 백정의 일을 맡았는데, 탕임금이 얻어 등용하고 삼공으로 삼아 천하의 정

19) 『墨子』「尙賢中 1-2」.

> 치를 맡기니, 천하의 백성들을 다스렸다. 옛날 부열은 북해의 섬에서 살며 감옥의 흙일꾼으로 갈옷을 입고 새끼줄을 두르고 부암의 성을 축조하고 있었는데, 은나라 무정 임금이 얻어 등용하고 삼공으로 삼아 천하의 정치를 맡기니, 천하의 백성을 다스렸다. 그러므로 예산 요가 순을 등용하고, 탕이 이윤을 등용하고, 무정이 부열을 등용한 것은 어찌 골육친척, 이유없이 부귀한 자, 미모가 아름다운 자들이겠는가? 오직 그들의 말을 본받고, 그들의 기획을 채용하고, 그들의 도를 따른 것이다. 위로 하늘을 이롭게 하고, 가운데로 귀신을 이롭게 하고, 아래로 사람을 이롭게 하고자 그들을 추대하고 높인 것이다.

*瀕(비): 물가. *灰(회): 재, 재로 만들다. 태우다.

능력에 따라 차별 없이 인재를 등용할 뿐만 아니라, 등용된 현신들이 자기의 재능을 마음껏 발휘할 수 있도록 하려면 능력에 따라 작위를 높여주고, 작위에 걸맞는 녹봉과 대우를 해주어야 한다. 또 한 가지 중요한 것이 있다. 작위에 걸맞는 직책을 부여했으면 직책에 따른 정령을 그 자신이 결단할 수 있도록 하는 권능을 주어여 한다. 「상현상」 편을 보자.

【尙賢上 3-1】 故古者聖王之為政，列德而尚賢，雖在農與工肆之人，有能則舉之，高予之爵，重予之祿，任之以事，斷予之令，曰:「爵位不高，則民弗敬，蓄祿不厚，則民不信，政令不斷，則民不畏。」舉三者授之賢者，非為賢賜也，欲其事之成。故當是時，以德就列，以官服事，以勞殿賞，量功而分祿。故官無常貴，而民無終賤，有能則舉之，無能則下之，舉公義，辟私怨，此若言之謂也。

그러므로 옛날 성왕은 정치를 함에 덕있는 자를 배치하고 어진 이를 숭상했다. 비록 농부나 상공인이라도 능력이 있으면 등용하여, 작위를 높여주고 녹봉을 많이 주며, 일에 따라서 임무를 부여하고, 정령을 결단할 수 있게 하였다. 말하기를 "작위가 높지 않으면 백성이 존경하지 않고, 녹봉이 후하지 않으면 백성들이 신뢰하지 않고, 정령에 대한 결정권한이 없으면 백성들이 두려워하지 않는다." 이 세 가지를 어진 이에게 주는 것은 어진 이를 위한 선물이 아니라 주어진 일을 성사시키기 위한 것이다. 그러므로 당시에는 덕에 따라서 벼슬을 주고, 관직에 따라 일에 종사케 하고, 노력에 따라 상을 주며, 공적을 계산하여 녹봉을 나누어주었다. 그러므로 관리라고 항상 고귀한 것이 아니고, 백성이라고 항상 비천한 것도 아니었다. 능력이 있으면 등용하고 능력이 없으면 물러나게 했다. "공정한 의로움을 일으키고 사사로운 원한을 막아라"는 것은 이를 두고 한 말이다.

"작위가 높지 않으면 백성들이 공경하지 않고, 받는 녹봉이 후하지 않으면 백성들이 신뢰하지 않으며, 정령을 결단할 수 있는 권한이 없으면 백성들이 두려워하지 않는다." 이것이 현명한 신하를 부리를 기술이다. 이처럼 높은 작위를 주고, 많은 녹봉을 주고, 정령을 결단할 수 있는 권한을 준 것은 그들에게 선물을 준 것이 아니라 나라의 일이 성사되게 하기 위한 것일 뿐이다. 그래서 관리라고 항상 고귀한 것이 아니고, 백성이라고 항상 비천한 것도 아니다. 능력이 있으면 등용하고 능력이 없으면 물러나게 할 뿐이다. 이처럼 현명한 이를 대우하는 것은 나라에 공정한 의로움을 일으키고 사사로운 원한을 막아 천하가 다스려지도록 하는 치도의 요점이다. 그래서 묵자는 말한다.

【尚賢上 3-3】 是故子墨子言曰：「得意賢士不可不舉，不得意賢士不可不舉，尚欲祖述堯舜禹湯之道，將不可以不尚賢。夫尚賢者，政之本也。」

> 그러므로 묵자가 말했다: 뜻을 얻으려면 현명한 선비를 등용하지 않으면 안 된다. 뜻을 얻지 못하였더라도 현명한 선비를 등용하지 않으면 안 된다. 만약 요•순•우•탕임금의 도를 따라 실천해 나가고자 한다면 현명한 이를 숭상하지 않으면 안 된다. 현명한 이를 숭상하는 것은 정치의 근본이다.

4. 맺음말

특정사회가 정의로운 공동체가 되려면 사회를 구성하는 개인들이 도덕적 자질과 성품을 갖추어야 하는 동시에 사회구조 자체도 도덕적 정당성을 확보해야 한다. 묵자가 활동했던 시기는 춘추에서 전국시대를 넘어가는 이른바 오나라와 월나라가 천하를 다투는 '오월시대'였다. 개인윤리적 규범은 물론 사회정의도 무너진 악의 시대였다. 묵자가 보기에 사회정의가 무너진 것이 더 큰 문제였다. 사회구조가 부정의함으로써 백성들도 공공선의 공익보다는 자기이익의 이전투구를 벌일 수밖에 없었다. 그래서 그는 부단히 정치사회의 악을 근절하기 위하여 동분서주하였다.

정치가 다스려지려면 하늘과 백성들의 뜻을 얻어야 한다. 무엇보다 우두머리가 없었던 원시사회처럼 백성들의 사적인 이해에 따라 시비기준을 달리하는 것이 문제였다. 그래서 묵자는 사람마다 다른 시비기준인 의리를 하나로 모으는 '상동'(尙同)의 정치를 해야 한다고 보았다. 하늘이 천자를 세우고 삼공을 두며, 천자가 제후를 세우고 대부, 향장, 리장을 둔 것도 백성의 뜻에 따라 천하를 다스리기 위함이었다. 하늘과 백성의 뜻에 따라 정치를 하려면, 백성들의 다양한 목소리를 하나로 화동(和同)시켜 '일반의지'를 산출해 내야 한다. 그것이 곧 하늘과 백성의 뜻이며, 공공선과 의로움의 기준이기 때문이다. 이러한 기준에 입각하여 정치를 해야 백성들의 다양한 이해를 합리적으로 조절하면서 나라가 부유해지는 길이다. 다양한 의리를 하나로 화동시켜 일반의지를 산출하는 원칙은 밑으로부터 위로 화동시켜 가는 것이고, 그 과정에서 언론의 자유가 보장되어야 한다. 이렇게 밑으로부터 토론과 합의를 거쳐 형성된 일반의지만이 백성들의 자율적 복종을 기대할 수 있다.

묵자에게 민의를 하나로 모으는 '상동'의 정치가 내치의 일이라면, 공격정벌을 반대하는 평화의 정치는 외치의 일이다. 국내정치와 대외정치가 별도로 가는 것이 아니다. 국내정치가 혼란하면 외부에 적을 만들고, 국제관계가 평화롭지 못하면 국내정치도 흔들린다. 묵자적 관점에서 대외정치는 내치의 연장선상에 있다. 오직 하늘과 백성들의 뜻에 따라 '의로움'(이로움)의 정치를 펼쳐야 한다. 그래서 그는 공격정벌 전쟁을 부단히 반대하였다. 공격정벌 전쟁은 의로운 것도 이로운 것도 아니다. 군사에 동원됨으로써 백성들은 농사 등의 생산에 힘쓸 수 없다. 전쟁으로 인해 엄청난 재용이 낭비되고, 헤아릴 수 없을 정도의 사상자를 낳는다. 나라 안에 아직 개간되지 않은 땅이 많은데 실익도 없는 빈 성을 차지하기 위해 전쟁을 벌이고 있다. 묵자가 공격정벌 전쟁을 반대하는 이유들이다. 그가 자위를 위한 방어수단까지 포기하라고 하지는 않았지만, 이 보다는 적극적 평화의 길을 주장했다. 신뢰를 바탕으로 하는 외교와 교류가 그것이다. 그것만이 천하를 이롭게 하는 길이고, 백성들의 이익에도 부합하는 일이다.

내치든 외치든 모든 정치는 '의로움'에 기초해야 한다. 거듭 말하지만 '의로움'의 정치란 위로 하늘과 귀신의 이익에 부합해야 하고, 아래로 백성들의 이익에 부합하는 정치이다. 이러한 정치를 펼치기 위해서는 크고 작은 공동체의 우두머리는 물론이고 그들이 부리는 신하들이 중요하다. 예나 지금이나 나라의 세부정책을 집행하고 실현하는 자들은 결국 그들이기 때문이다. 그래서 나라를 다스리는 데에 선비를 가까이하고 현명한 이를 드러내지 않으면 안 된다. 현명한 신하란 윗사람을 거스르게 하고 반기를 드는 사람이다. 맡은 바의 직위를 감당할 수 있는 자가 그 자리에 있어야 한다. 친척, 고귀한 자, 아첨하는 자, 측근들을 고용해서는 안 된다. 의로움에 따라, 능력과 재능에 따라 차별 없이 인재를 등용해야 한다. 능력에 걸맞게 작위를 내리고, 작위에 걸맞게 대우해주어야 하며, 작위에 걸맞게 정령을 결단할 수 있는 권능을 부여해야 한다. 이것이 현명한 신하를 부리를 기술이다.

묵자의 정치철학을 읽다보면 그가 너무 시대를 앞질러간 사상가였다는 생각을 저버릴 수가 없다. 그의 정치철학은 유가의 왕도정치론도 저 서양 근대의 계몽군주론도 넘어선 사고를 펼쳤다. 단순한 위민(爲民)과 민본정치가 아니다. 그는 인민에 의한 인민의 정치를 부르짖는 것 같다. 그래서 묵자의 철학은 불온사상이었다. 주나라 봉건계급제도를 지키고자 했던 기득권 보수귀족세력에게 묵자의 정치철학은 좌경불온사상이었고, 묵자의 정치철학을 실현하고자 했던 묵가의 세력은 좌경불온세력이었다. 시공을 넘어 불온사상과 세력은 척결의 대상이다. 진한(秦漢)시대 이후 묵자철학이 2000여 년 동안 종적을 감췄던 연유가 여기에 있다.

그러나 묵자에게도 한계가 있다. 차별 없는 평등한 세상을 꿈꿨지만 그 역시 당시대의 지배체제를 온전히 부정하지는 못하였다. 하늘의 사명을 받은 천자를 용인했고, 천자를 중심으로 하는 제후, 삼공, 경대부 등이 천하를 다스리는 정치제도를 현실로 받아들였다. 또한 묵자가 성왕의 선례로 요・순・우・탕・문・무를 들고 있지만, 현신으로 평가하는 관중(管仲)・자산(子産)・안영(晏嬰)・문종(文種)・범리(范蠡)・오자서(伍子胥) 등은 모두 형정(刑政)을 통한 패도(霸道)정치로 주군(主君)을 이끌었던 명신들이다. 그러니까 묵자는 성왕들도 왕도(王道)라기보다는 패도정치의 모델로 해석했던 것으로 볼 수 있다. 자연히 묵자도 형정을 통한 패도의 길을 걸었다. 공정한 법과 형벌을 차별 없이 적용해야 한다는 그의 주장은 법가사상의 선구일 것이다.

그렇다고 묵자의 정치철학을 위정자가 법(法)・세(勢)・술(術)로 무장하여 강압과 위압의 정치를 펼쳐야한다고 주장했던 법가사상가들[20]과 등치시켜 이해하면 곤란하다. 정확히 말하면, 묵자의 정치철학은 패도에서 왕도로 가는 중간지점에 있었던 것 같다. 백성들의 의리를 하나로 화동시켜 '일반의지'에 입각한 공정한 기준과 제도를 세우고, 백성들로 하여금 자신의 이익추구를 합리적으로 조절해 나가도록 한 점은 분명히 패도의 길이다. 그러나 묵자는 주나라의 복잡하고 차별적인 예제보다는 이전시대 하나라 우(禹)임금의 소략한 예를 더 소중히 여겼던 것 같고, 특히 그는 형벌로만 백성을 다스리는 정치[21]와 강압과 위압의 정치를 반대하였다. 대신 위정자의 덕과 공정한 의로움의 정치를 주장했다. 여기에 왕도적인 측면이 깃들어 있다. 이를 증거하는 묵자의 언표를 보자.

【尚賢中 6-3】 今王公大人欲王天下，正諸侯，夫無德義，將何以哉？其說將必挾震威彊，今王公大人將焉取挾震威彊哉？傾者民之死也，民生為甚欲，死為甚憎，所欲不得而所憎屢至，自古及今，未嘗能有以此王天下，正諸侯者也。今大人欲王天下，正諸侯，將欲使意得乎天下，名成乎後世，故不察尚賢為政之本也？此聖人之厚行也。

지금 왕공대인들이 천하에서 왕노릇하고 제후들을 바르게 하고자 하면서 무릇 덕과 의로움이 없다면 어떻게 할

20) 법가사상은 크게 법(法: 법률과 제도)·세(勢: 권력과 권위)·술(術: 인재등용술과 정치기술)로 요약할 수 있다. 신도(愼到, BC. 395?-315?)가 세(勢)를, 신불해(申不害, BC. 385?-337)가 술(術)을 주장하고, 상앙(商鞅, BC. ?-338)은 법(法)을 강조하였다. 이러한 법·세·술을 한데모아 법가사상을 체계화한 이가 한비자(韓非子, BC. 280?-233)이다. 진시황이 그를 크게 쓰고자 했으나 친구였던 이사(李斯)의 모함으로 중용되지 못했다.

21) 『묵자』「尙同中 3-2」「尙賢中 6-3」

수 있겠는가? 필시 위압과 강압을 말하는데, 지금 왕공대인들이 어찌 위압과 강압을 취하겠는가? 이로 경도된다면 백성들이 죽는다. 백성들은 삶을 매우 바라고 죽음을 매우 싫어한다. 바라는 바를 얻지 못하고 미워하는 바를 거듭 닥치게 하면, 예로부터 지금까지 그렇게 해서 일찍이 천하를 다스리고 제후를 바르게 한 적이 없었다. 지금 대인들이 천하를 다스리고 제후를 바르게 하기를 바란다. 장차 천하를 얻어 뜻을 펼치고 명성을 후세에 남기고자 한다면, 현명한 이를 숭상하여 정치의 근본으로 삼는 것을 살피지 않을 수 있겠는가? 이것이 성인이 보여준 훌륭한 행동이다.

제7장

보론 : 겸사(兼士)를 길러내는 인격교육론

1. 도덕교육의 철학적 기초

2. 도덕교육의 교육철학적 관점

3. 도덕교육의 실제: 목표와 내용과 방법

제7장 보론 : 겸사(兼士)를 길러내는 인격교육론

'타잔'이 아닌 한 우리 인간은 처음부터 인간세계에 내던져진 존재이다. 그리고 인간의 세계로 진입케 해주는 통로가 바로 교육이라는 것이다. 이처럼 인간은 처음부터 교육적 존재이기에 동서고금을 막론하고 교육 현상이나 행위가 없었던 적이 없다. 또한, 인류의 위대한 지성들은 예외 없이 교육의 중요성에 주목하고 그것을 실천해왔다. 이 점에서 묵자(墨子, BC. 479?~BC. 381?)도 예외가 아닐 것이다. 그가 손수 집필하고 편찬한 것은 아니더라도 제자들과 함께 『묵자(墨子)』라는 책을 남겼다는 것 자체가 교육적 의도가 아니겠는가?

물론 묵자는 『묵자』에서 교육에 관한 체계적인 관점을 제시하지 않았다.[1] 그러나 『묵자』라는 저술을 남긴 의도가 후학을 위한 교육과 무관하지 않다고 본다면 우리는 이 책을 통하여 묵자의 교육사상을 추론해 볼 수 있다고 여긴다.[2] 또한

---

1) 그래서 묵자의 교육사상에 대한 기존연구는 찾아보기 어렵다. 연구자의 한계로 해외에서 이루어진 최근 묵자 연구물을 보지 못해 아쉽지만, 국내 연구에 국한할 때 황성규, 조현규, 박문현 등의 연구가 있다. 황성규, "묵자교육사상의 특징과 의의", 『도덕윤리과교육』 제26호(2008.7), 165~188쪽; 조현규, "묵자의 겸애적 교육사상", 『동양교육사상』(서울: 학지사, 2009), 95~120쪽; 박문현, "묵자의 교육사상", 『「묵자」 읽기』(서울: 세창미디어, 2014), 131~157쪽. 이들은 모두 일반 교육사상에 관한 연구이고 도덕교육론을 본격적으로 탐구한 것은 아니다.

2) 후학의 관점에서 『묵자』라는 책은 일종의 교재일 수 있다. 교재는 특정한 교수-학습의 목표를 달성하기 위해 일정한 학습내용을 의도적, 계획적으로 조직, 구성한 학습자료이다. 따라서 『묵자』라는 교재에는 그 배후에 교육에 관한 기본관점과 철학, 교육의 목적과 목표, 교육받은 사람의 개념, 교수-학습의 방법적 원리 등에 관한 교육이론이 함축되어 있는 것으로 볼

『묵자』를 읽다보면 단편적이지만 교육에 대한 언급과 주장이 전혀 없는 것도 아니다. 따라서 나는 충분히 묵가의 교육사상을 탐구할 수 있다고 여긴다. 특히, 묵자가 겸애(兼愛)의 윤리학을 정초했고, 묵자철학의 체계에서 가장 중요한 주제중의 하나였다면 이와 관련한 교육적 관점이 없을 수가 없다. 따라서 이 장에서는 도덕교육론에 초점을 두고 묵자의 교육사상을 탐색해 보고자 한다.

사실 이 장은 별도의 논문으로 연구되어 발표한 것을 다시 가져온 것이다.[3] 연구논문의 체제에 맞게 구성하다보니 앞의 장들에서 논의된 내용들이 압축적으로 다시 언급될 수 있다. 그러나 한편으로 지금까지 논의를 다시 돌아보는 기회도 될 것이다. 특히, 제3장에서 소염론(所染論)의 인간학과 교육학을 잠시 언급한 바 있다. 그러나 도덕교육론의 관점에서 교육학적 함의를 자세히 검토하진 못했다. 따라서 이 장에서는 도덕교육의 철학적 기초를 돌아보면서 본격적으로 교육철학적 관점과 도덕교육의 실제(교육목표, 내용과 방법 등)를 탐색해보기로 한다. 그리고 이 장은, 앞의 장들과 달리, 본문에 한문원전을 내세우지 않고 각주로 처리했다.

수 있다. 이러한 관점에서 이글은 『묵자』에 함의된 도덕교육이론을 탐색하려는 것이다.

3) 강봉수, “묵자의 도덕교육론 연구”, 『윤리교육연구』 제38집 (한국윤리교육학회, 2015. 10), 49~78쪽.

1. 도덕교육의 철학적 기초

1) 도덕 원천으로서 '하늘'[天]

도덕 혹은 도덕성의 근원은 무엇인가? 개인인가, 사회인가? 개인과 사회 모두인가, 개인도 사회도 아닌 자연이나 초월적 존재인가?[4] 일단 묵자의 경우는 도덕성의 근원을 초월적 존재인 '하늘'[天]에 두고 있다. 묵자는 단적으로 "의로움은 하늘에서 나온 것"이라고 말한다. 즉, 도덕성은 인간의 내재적 본성으로부터 나온 것이 아니라 외재적인 절대 권위를 가진 '하늘'에 근원을 두고 있다는 것이다.[5] 왜 그렇게 보는 지 묵자의 논변을 검토해 보자.

묵자는 인간 삶의 모든 일에 종사함에는 본받을 표준이 필요하다고 여긴다. 이를테면 곱자, 그림쇠, 먹줄, 추, 수평구 등

---

4) 도덕성의 근원을 보는 관점은 교육철학에도 관련될 수밖에 없다. 이 점에 대해서는 B. 하잔(이구재·강민석 공역), 『현대도덕교육방법론』(서울: 법문사, 1995), 17~18쪽 참조. 이를테면, 도덕성의 근원을 개인 내재적인 것으로 본다면 맹자(孟子)처럼 선한 본성을 함양하고 발달시키는데 교육의 초점을 두게 된다. 도덕성의 근원을 사회로 본다면 순자(荀子)처럼 역사와 문화가 일궈온 사회규범[禮]으로 악한 본성을 사회화시키는데 교육의 초점을 둘 것이다. 그렇다면 도덕성의 근원을 개인과 사회의 양면성으로 보거나 자연 혹은 초월적 존재로 보는 경우는 어떠한가? 개인과 사회의 양면성으로 본다면 서양도덕교육론에서 보는 것처럼 '사회화'와 '발달'의 통합적 접근을 주장하겠지만, 자연 혹은 초월적 존재로 보는 경우는 하나의 관점으로 가정할 수 없을 듯하다. 맹자와 순자의 도덕교육론에 대해서는 졸고, 『동양도덕교육론』(제주대학교출판부, 2014), 180~209쪽; 210~232쪽. 사회화와 발달의 통합적 접근을 주장하는 대표적인 현대도덕교육론자는 듀이, 피터스, 프랑케나 등을 들 수 있다. 이택휘·유병렬 공저, 『도덕교육론』(서울: 양서원, 2000), 170~204쪽 참조. 도덕성의 근원을 자연으로 보는 사상가의 도덕교육론에 관한 하나의 연구는 졸고, "노자의 무위윤리와 자발적 도덕직관론", 앞의 책, 156~179쪽.

5) 『墨子』「天志中」: 天爲貴, 天爲知而已矣, 然則義果自天出矣.

을 백공들이 자기 일에 종사할 때 필요한 표준들이다. 이와 마찬가지로 도덕적 삶에도 본받을 표준이 필요하다. 그러한 표준을 어디에서 찾을 수 있을까? 일단 부모와 학자와 임금은 표준이 될 수 없다. 부모와 학자와 임금은 많아도 부모다운 부모, 학자다운 학자, 임금다운 임금은 세상에 별로 존재하지 않기 때문이다. 그러면 무엇으로 표준을 삼아야 할까? 묵자가 보기에 그것은 '하늘'이다.[6] 왜냐하면 '하늘'은 세상에 존재의 법칙을 부여할 뿐만 아니라 당위의 법칙까지 주관하는 초월적 존재이기 때문이다.

하늘은 우선 세상에 존재의 법칙을 부여하고 그것을 주재한다.[7] 하늘과 땅을 구분하고, 사시를 정하고 남녀와 금수를 구분하는 세상 존재들의 다양성을 낳았다. 또한 하늘은 일월성신을 갈마들게 하는 법칙을 부여하였고, 춘하추동 사계절을 제정하는 질서를 부여하였고, 번개와 눈과 서리와 비와 이슬을 내려 오곡과 삼마를 자라게 하였다. 산천과 계곡을 정비하여 백가지 일을 뿌리고 거두는 존재의 법칙을 부여하였다. 그리고 이러한 존재의 탄생과 운동법칙은 아무리 지극한 성인도 바꿀 수 없는 법칙적 필연성이다. 다양한 존재와 생명들이 하늘로부터 부여된 존재와 삶의 법칙에 따라 살아가듯이 인간에게도 인간의 법칙이 주어졌다.

> 지금 사람은 본래 금수, 사슴, 메뚜기, 새, 곤충 등과는 다르다. 금수, 사슴, 메뚜기, 새, 곤충 등은 날개와 깃털

---

6) 『墨子』 「法儀」 참조.

7) 이하의 '하늘'에 대한 자세한 고찰은 강봉수, "묵자철학에서 필연과 자유의 관계", 『도덕교육과교육』 제47호(한국도덕윤리과교육학회, 2015.5.31); 앞의 제3장 참조.

> 로 옷을 삼고, 발굽과 손톱으로 바지와 신을 삼고, 물과 풀로 음식을 삼는다. 그러므로 수놈에게 밭 갈고 씨 뿌리는 등 농사일을 시키지 않고, 암놈에게 또한 실 뽑고 길쌈하는 일을 시키지 않아도, 입고 먹는 재물이 본래 이미 갖추어져 있다. 그러나 사람은 이와 다르다. 자기 힘에 의지해야 살 수 있다. 자기 힘에 의지하지 않으면 살 수가 없다. 군자가 정사를 돌봄에 다하지 않으면 법과 정치가 혼란해지고, 비천한 자가 농사일 등에 종사를 다하지 않으면 재용이 부족해진다.[8)]

인간이 다른 존재와 다른 점은 자기 '힘'[力]에 의지하여 일을 하지 않고는 살아갈 수 없다는 것이다. 그러나 인용의 의미는 인간만이 일을 해야 하고 다른 존재는 일을 하지 않는다는 뜻이 아닐 것이다. 인간 아닌 존재들도 일을 한다. 다만, 그들은 하늘로부터 부여된 존재의 법칙에 따라 무위적으로 일을 하며 살아간다는 뜻으로 읽어야 한다. 그러나 인간은 인위적으로 문화를 일구며 살아갈 수밖에 없는 존재이다. 처음부터 인간 아닌 존재들은 '완성된 존재'로 태어났다면, 어쩌면 인간은 '존재의 결여'를 가지고 태어났다고 할 수 있다. 그래서 인간은 사회를 구성하고 문화를 개발해야만 했다. 인간은 존재의 결여로 태어났기에 선택의 자유를 가진 존재이기도 하다.

하늘은 존재의 법칙을 부여할 뿐만 아니라 당위의 법칙까지

---

8)『墨子』「非樂」: 今人固與禽獸麋鹿蜚鳥貞蟲異者也。今之禽獸麋鹿蜚鳥貞蟲，因其羽毛以為衣裘，因其蹄蚤以為絝屨，困其水草以為飲食。故唯使雄不耕稼樹藝，雌亦不紡積織紝，衣食之財固已具矣。今人與此異者也，賴其力者生，不賴其力者不生。君子不強聽治，即刑政亂，賤人不強從事，即財用不足。今天下之士君子，以吾言不然，然即姑嘗數天下分事，而觀樂之害。

주관한다. 모든 만물은 하늘의 자식이고 신하이며 모든 땅은 하늘의 읍이고 마을이다. 그래서 하늘은 모든 만물을 차별 없이 사랑하고 이롭게 한다. 이것이 하늘의 '의로움'[義]이다. 하늘은 '의로움'을 바라고 불의(不義)를 싫어한다. 천하에 의로움이 있으면 살고 의로움이 없으면 죽는다. 의로움이 있으면 부유해지고, 의로움이 없으면 가난해진다. 의로움이 있으면 다스려지고, 의로움이 없으면 혼란해진다. 그런즉 하늘은 삶을 바라고 죽음을 싫어하며, 부유해지기를 바라고 가난해지는 것을 싫어하며, 다스려지는 것을 바라고 혼란해지는 것을 싫어한다.[9]

하늘이 만물을 차별 없이 사랑하고 이롭게 하듯이, 세상 만물들도 하늘이 부여한 의로움의 당위법칙에 따라 살아가야 한다. 이것이 하늘의 뜻이다. 어쩌면 인간 아닌 존재들은 존재법칙에 따르는 삶이 곧 당위법칙을 실현하는 삶이라 할 수 있다. 그러나 인간은 존재의 결여로 인하여 존재와 당위를 일치시키는 삶을 실현하지 못하고 있다. 그래서 묵자는 인간들을 향하여 특별히 의로움의 당위법칙을 따르기를 종용하고 있는 듯하다.

> 지금 천하의 사군자들이 의로움을 하고자 한다면 하늘의 뜻을 따르지 않으면 안 된다. 하늘의 뜻을 따르려면 어떻게 해야 하는가? 천하의 사람들을 두루 사랑하라.[10]

---

9) 강봉수, "묵자철학에서 필연과 자유의 관계", 앞의 책 및 앞의 각주 7 참조.

10) 『墨子』「天志下」: 今天下之士君子之欲為義者，則不可不順天之意矣。曰順天之意何若？曰兼愛天下之人。

하늘이 바라는 의로움이란 "천하의 사람을 두루 사랑하라"(兼愛)는 것이다. 하늘은 두루 먹여준다. 그것은 하늘이 모든 존재를 차별 없이 사랑하기 때문이다. 그러므로 군주를 비롯한 모든 사람들이 하늘의 사랑에 감사의 제사를 드리며, 서로 차별 없이 사랑하고 서로 이익을 나눠야 한다(兼愛交利). 이것이 하늘의 뜻이고 의로움이다. 따라서 강자가 약자를 해치거나 죽여서는 안 된다. 하늘의 뜻을 따르면 상을 내리고 어기면 상서롭지 못한 재앙을 내린다. 이러한 일에 감독자적인 역할을 수행하는 또 하나의 초월적 존재가 귀신이다. 그러니까 '하늘'이 세상에 존재의 법칙과 당위의 법칙을 부여했다면, 귀신은 하늘을 도와 그러한 법칙이 지켜지도록 세상을 감독하고 주관하는 역할을 수행하는 존재라고 할 수 있다.[11]

이상에서, 묵자가 보는 도덕성 혹은 의로움의 근원은 '하늘'임을 알 수 있다. 그리고 하늘로부터 인간들에게 부여된 의로움의 법칙은 "사람들을 두루 사랑하고 서로 이익을 나누는 것"이다.

2) 인간본성과 자유의지

묵자는 하늘과 귀신의 존재를 자신만의 진리준거인 삼표론(三表論)에 입각하여 주장한다.[12] 하지만 그에게 이를 과학적

---

11) 강봉수, "묵자철학에서 필연과 자유의 관계", 앞의 책, 21~53쪽 참조.
12) 묵자는 참된 진리의 준거로 본(本; 표본)·원(原; 근원)·용(用; 실용)의 삼표론(三表論)을 주장한다. 첫째, 참된 진리의 '표본'(本)은 "선대 성왕들의 사적"에 두어야 한다. 왜냐하면 그들은 하늘의 뜻을 본받아 역사현실에서 백성들을 두루 사랑하고 서로 이익을 나누도록 하는 정치를 실행했던 성인들이기 때문이다. 요·순·우·탕·문·무가 그들이다. 둘째, 참된 진리의 '근원'(原)은 "백성들의 보고 들은 실정"에

으로 입증하라 요구한다면 그것은 불가능한 일이다. 그것은 인과론적 메카니즘에서 벗어난 '우연'(偶然, accident)도 아니다. 단지 그것은 묵자의 철학적 가정이고 형이상학적 '우발성'(偶發性, contingency)일 뿐이다. 그렇지만 묵자에게 하늘과 귀신의 존재, 그들이 부여하고 주재하는 존재의 법칙과 당위의 법칙은 '필연'(必然, necessity)이다. 모든 세상의 존재들은 존재의 법칙에 따라 태어나고 죽으며 운동 변화한다. 그리고 인간은 마땅히 당위의 법칙에 따라 살아가야 한다. 그런데 묵자가 보기에 인간들은 이 필연의 법칙을 어기며 살아갈 수 있다. 인간 존재도 생사의 '운명'(運命, destiny)같은 것을 벗어날 순 없지만 노력에 따라 생명을 연장시킬 수도 있고, 당위의 법칙을 어길 수도 있는 자유의 존재이다. 이러한 점에서 인간은 다른 존재들과 다르다.

앞에서 우리는 만물과 인간의 차이를 '완성된 존재' 대 '존재의 결여'로 대비시킨 바 있다. 여기서 '완성된 존재'라는 것은 '존재의 완성'과는 다른 뜻이다. 오히려 그것은 선험적으로 닫쳐진 존재라는 뜻이고 그래서 존재의 사슬에서 벗어난 삶을 살 수 없다는 뜻이다. 모든 자연생명들은 자기생명의 보존에 충실하다. 그들에게는 본능적 삶이 곧 본성적 삶이다. 생명을 최적의 상태로 보존하고 유지하는 방법은 몸의 필요(necessity)와 요구(demand)에 충실하는 것이다.[13] 필요와 요구가 발생하

두어야 한다. 그러니까 참된 진리의 '근원'은 백성들의 여론과 민심(民心)에 두어야 한다는 뜻이다. 셋째, 참된 진리의 '실용'(用)은 설명 그대로 "법과 정치를 실행하여 그것이 국가와 백성들의 이로움에 적중하는 지의 여부"에 두어야 한다. 말하자면 모든 국가의 정책은 공리성(公利性)과 실용성(實用性)에 두어야 한다는 것이라 할 수 있다. 『墨子』「非命上」「非命中」「非命下」및 앞의 2장 참조.

13) 필요와 요구에 관한 논의는 졸고, "노자 인성론의 수양론적 재해석: 지

면 생명보전을 위해 타자의 생명을 공격해야 한다. 나 또한 타자에게 잡아먹힐 수 있다. 필요와 요구가 발생하면 그것을 충족하고 싶은 마음이 생기고 충족되면 쾌감을 느끼고 생기가 돋는다. 여기까지가 생명을 보존하는 유지선이다. 그 이상도 이하도 생명보전에 도움 되지 않는다. 모자라도 생명에 위협이 되고, 넘쳐도 생명에 보탬이 안 된다. 자연생명 세계는 이처럼 필요와 요구에 따라 잡아먹고 잡아먹히는 먹이사슬의 체계로 이루어져 있다. 필요와 요구 수준의 욕구는 도덕적으로 선도 악도 아니다. 묵자도 "부득이 추구하는 욕구는 욕심이 아니"[14] 라고 말하고 있다.

자리(自利)가 곧 이타(利他)이다. 그러니까 자연생명 세계는 존재법칙에 따르는 삶이 곧 당위법칙을 실현하는 삶이다. 달리 말하여, 자연생명들은 본능적 삶이 곧 본성적 삶이다. 인간들도 아직 본능과 본성이 분리되지 않았을 때에는 본능과 구분되지 않는 본성적 삶을 살았던 것으로 볼 수 있다. 묵자와 묵가들이 그렇게 보았던 것 같다. 『묵자』 「사과辭過」 편에는 이를 논거하는 주장들이 나타난다. 하나의 예를 보자.

> 옛날의 백성들은 아직 음식을 만들 줄 모르는 때였다. 날 음식을 먹고 흩어져 거쳐했다. 그러므로 성인이 깨우쳐서 남자들이 밭 갈고 씨 뿌리고 경작토록 하여 백성의 음식을 만들었다. 그들이 먹음에는 족히 기운을 돋우고 허기를 채워 몸을 튼튼히 하고 배가 부르게 할 뿐이

성과 본능의 소유론적 욕망 내려놓기", 『도덕윤리과교육』 제39호(한국도덕윤리과교육학회, 2013. 7), 105~106쪽; 강봉수, 『주제별 키워드로 읽는 논어와 세상보기의 도』(서울: 원미사, 2012), 146~147쪽.

14) 『墨子』 「大取」 : 不得已而欲之, 非欲之也.

> 었다. 그러므로 재물을 사용함에 절약하고 스스로를 부양함에 검소하여 백성들은 부유하고 나라는 다스려졌다. 오늘날은 그렇지 아니하다. 백성들에게 후하게 세금을 걷어 맛있는 음식을 만든다. 꼴을 먹여 가축을 기르고 물고기와 고사리를 굽고 찐다. 대국은 백 개의 그릇에 담고, 소국은 열 개의 그릇에 담아 사방 열 자의 상에 가득 벌여 놓는다. 눈은 두루 쳐다볼 수가 없고, 손은 두루 집을 수가 없고, 입은 두루 맛볼 수가 없다. 겨울이면 얼어버리고 여름이면 쉬어버렸다. 백성들의 임금이 음식을 이처럼 하면, 좌우의 신하들이 그것을 본받는다. 이로써 부귀한 자는 사치하고 고아와 과부들은 얼어 죽고 굶어죽는다. 비록 어지럽지 않기를 바라지만 불가능하다. 임금이 실로 천하가 다스려지기 바라고 어지러워지기를 싫어한다면 마땅히 음식을 절약하지 않으면 안 된다.[15]

옛날에 음식을 먹음에는 족히 기운을 돋우고 허기를 채워 몸을 튼튼히 하고 배가 부르게 할 뿐이었다. 집의 바닥 높이는 족히 물기와 습기를 막을 수 있고, 주변의 벽은 족히 바람과 추위를 막을 수 있고, 지붕은 족히 눈과 서리와 비와 이슬에 대비할 수 있으면 그만이었다. 옷도 겨울이면 명주비단을 사용

---

15) 『墨子』 「辭過」: 古之民未知為飲食時，素食而分處，故聖人作誨，男耕稼樹藝，以為民食。其為食也，足以增氣充虛，彊體適腹而已矣。故其用財節，其自養儉，民富國治。今則不然，厚作斂於百姓，以為美食, 芻豢蒸炙魚鼈，大國累百器，小國累十器，前列方丈，目不能遍視，手不能遍操，口不能遍味，冬則凍冰，夏則飾饐，人君為飲食如此，故左右象之，是以富貴者奢侈，孤寡者凍餒，雖欲無亂，不可得也。君實欲天下治而惡其亂，當為食飲不可不節。

하여 족히 가벼우면서도 따뜻하게 하였고, 여름이면 가는 칡베를 사용하여 족히 가벼우면서도 시원하게 하였다. 삼가 이것으로 그치게 하였다. 의복을 제작하는 것은 신체에 적합하고 살과 피부를 따뜻하게 하면 족한 것이었지, 이목이 영화롭고 백성들에게 보이기 위한 것이 아니었다. 이처럼 옛날에는 의식주 등 모든 물품이 필요와 요구만 채워지면 만족하였다. 그러나 오늘날은 그렇지 않다. 서로 필요이상의 이익과 욕망을 추구하고 사치와 낭비를 일삼고 있다는 게 묵자의 진단이다.[16] 그러니까 인간은 본능과 본성이 분리되기 시작하면서 이익의 노예로 전락하기 시작한 것이다.[17]

그런데 왜 인간들은 오늘날처럼 본능과 본성이 서로 분리된 삶으로 변화되지 않을 수 없는 것일까? 그것은 바로 인간의 존재론적 특성인 '존재의 결여'로 태어났기 때문이 아닐까 한다. 그래서 인간은 사회(정치공동체)를 구성하여 살아가게 되었다. 사회적 존재로서 인간은 지성을 계발하고 문화와 문명을 발명하였다. 그래서 인간은 생명의 유지와 무관하게, 즉 필요와 요구라는 몸의 자연성을 넘어서서 욕구(need)하고 욕망(desire)하는 유일한 존재가 되었다.[18] 그로부터 소유욕, 출세욕, 명예욕, 권력욕 등이 추구된다. 그래서 묵자도 세상이 그렇게 변했다고 말하고 있다.[19]

---

16) 『墨子』 「辭過」 참조.

17) 인간들의 본능과 본성이 분리되지 않았던 때가 '원시공동체' 사회라고 한다면, 그것들이 서로 분리되기 시작한 때는 본격적으로 '정치공동체'를 구성하면서부터가 아닐까 가정해 볼 수 있다. 전자가 堯舜之治의 대동사회라면, 후자는 禹湯文武周公의 소강사회로 대비시켜 볼 수도 있을 것이다.

18) 욕구와 욕망에 대한 논의는 졸고, "노자 인성론의 수양론적 재해석: 지성과 본능의 소유론적 욕망 내려놓기", 앞의 논문, 110~111쪽; 졸고, 『주제별 키워드로 읽는 논어와 세상보기의 도』(서울: 원미사, 2012), 150~151쪽.

그러나 인간은 이처럼 '존재의 나락'의 길로도 갈 수 있지만 '존재의 완성'으로도 갈 수 있는 자유의 존재이다. 묵자가 보기에 인간들이 존재의 결여를 보충하여 완성으로 가지 못하고 나락의 길로 빠지는 이유는 '운명'을 믿기 때문이라 여긴다.[20] 운명은 결정론적 인과법칙과도 같은 것이어서 신들조차도 따르지 않을 수 없는 숙명적인 것이다. 운명론자들은 모든 일과 삶의 문제를 운명의 탓으로 돌린다. 삶과 죽음, 빈과 부, 장수와 요절, 나라의 다스려짐과 혼란함 등 개인적 삶이나 나라의 일이나 모두 운명이라 여긴다. 운명론자들은 윗사람이 상을 내려도 벌을 내려도 운명일 뿐이라고 말한다. 그러나 운명론은 틀렸다. 운명론은 포악한 무리들의 도리일 뿐이라는 게 묵자의 진단이다.

안위와 치란은 이처럼 윗사람의 정치에 달린 것이지 운명이 아니다. 왕공대인들이 다스림에 최선을 다하고 학자들이 학문함에 최선을 다하고, 농부를 비롯한 백성들이 자기 일에 최선을 다하여 종사하는 것도 삶과 세상을 윤택하게 하기 위한 것이지 운명이 아니다. 그래서 그들은 태만하거나 권태롭지 않는다. 그러나 운명론을 신봉하게 되면 태만하고 권태롭게 된다. 어차피 세상은 나와 상관없이 운명에 따라 돌아가는 것이기 때문이다. 그래서 묵자는 "지금 천하의 사군자들이 실로 천하의 이로움을 구하고 해로움을 제거하고자 한다면 운명론을 강력히 거부해야 한다."[21]고 주장한다. 대신 '존재의 결여'를 보

19) 묵자는 「尙同」 편에서도 '아직 법과 정치가 없을 때에는 사람마다 의리(이로움의 분배기준)가 달라서 서로 비난하고 이익의 이전투구를 벌이게 되었다'고 전제하면서 이 때문에 공동체의 우두머리인 천자와 삼공과 제후와 경대부 등을 두게 되었다고 주장하고 있다. 『墨子』 「尙同」 참조.

20) 이에 대한 자세한 고찰은 졸고, "묵자철학에서 필연과 자유의 관계", 앞의 책, 37~42쪽.

충하고 인간에게 부여된 당위의 법칙을 따르는 존재 완성의 길로 자유의지를 발휘할 것을 종용한다.

3) 인지이성과 자연주의 윤리학

하늘로부터 인간에게 부여된 의로움의 법칙은 "사람들을 두루 사랑하고 서로 이익을 나누는 것"이다. 그러나 인간은 이러한 의로움의 법칙을 따를 수도 어길 수도 있는 자유의 존재이다. 이러한 묵자의 주장에 함의되어 있는 또 하나의 뜻은, 인간은 하늘이 부여한 당위법칙을 인식할 수 있는 존재라는 것이다. 의로움의 법칙을 따를 것인지 어길 것인지는 우선 그러한 법칙의 인식을 전제로 하는 것이기 때문이다. 또한 인간은 "자기 '힘'[力]에 의지하지 않으면 살 수가 없다"고 한 점도 인식능력에 대한 긍정을 의미한다고 볼 수 있다. 왜냐하면 '힘'이란 객관세계를 개조하는 실천 활동이고, 이러한 활동은 반드시 인식을 전제로 삼아야 하기 때문이다.[22)]

그래서 묵자는 "생명은 육체와 지각이 거처하는 곳이다." "지각은 재능(인식의 본능)이다."[23)]라고 말했다. 그리고 인식능력은 이러한 지각을 가지고 사물을 논하고 물리를 밝히는 것이다.[24)] 사물을 인식하기 위해서는 우선, 인식주체가 지각능력을 가지고 있어야 하고(인식의 1단계: 인식주관과 인식하고자 하는 욕구), 둘째, 인식주체가 객관적인 인식대상과 '접촉'[接]

---

21) 『墨子』 「非命下」 참조.
22) 몽배원(이상선 역), 『중국심성론』(서울: 법인문화사, 1996), 151쪽
23) 『墨子』 「經上」 : 生, 刑與知處也; 知, 材也.
24) 『墨子』 「經 및 經說上」 : 智, 明也; 智, 知也者, 以其知論物, 而其知之也著, 若明.

해야 한다.[25](인식의 2단계: 인식대상에 대한 경험). 인식대상을 경험하는 방식에는 친(親; 직접경험)·문(聞; 전해 듣는 간접경험)·설(說: 경험을 토대로 연역하는 간접경험)이 있다.[26] 셋째, 이 두 단계를 거친 다음에야 비로소 사물을 논하고 물리를 밝히는 인식이 완성된다(인식의 3단계: 경험을 조작하는 마음의 능력). 사물을 논하고 물리를 밝히는 경험조작의 방식으로는 추지(推之; 미루어 추론함)·유추[類; 범주로 추론함]·변론[辯; 논쟁을 벌임] 등이 있다.[27] 그러니까 인식이 이루어지려면 주관의 인식능력과 인식하고자 하는 욕구, 인식주관과 인식객관의 접촉, 그리고 경험을 조작하는 마음의 능력이 필요한 것이다.[28]

묵자 혹은 묵가가 주장하는 이러한 인식능력은 도덕적 실천이성(實踐理性)이 아니라 객관사물을 인식하는 인지이성(認知理性)이라 할 수 있다.[29] 그것은 대상에 대한 선악(善惡), 호오(好惡), 미추(美醜) 등의 정감체험을 바탕으로 하는 가치판단능력이 아니라, 대상의 유무(有無)와 사실의 진위(眞僞)를 판단하는 사실판단능력인 것이다. 묵자가 주장하는 이른바 '삼표론'(三表論)도 인식의 정확성과 진위에 대한 검증방법이라 할 것이다. 특히, 묵자는 도덕판단도 사실판단을 전제로 한다. 그래서 그는 존재로부터 당위를 이끌어내는 자연주의 윤리학을

---

25)『墨子』「經 및 經說上」: 知, 接也; 知, 知也者, 以其知過物而能貌之, 若見.

26)『墨子』「經 및 經說上」: 知, 聞說親; 知, 傳受之聞也, 方不障說也, 身觀焉親也.

27)『墨子』「經上 및 經下」: 辯, 爭彼也, 辯勝當也; 在諸其所然, 未者然, 說在於是推之; 推類之難 說在之大小.

28) 박문현, 『묵자 읽기』, 앞의 책, 148~149쪽.

29) 몽배원(이상선 역), 위의 책, 147~148쪽.

정초했다고 할 수 있다.

도덕성의 근원은 '하늘'이고 하늘이 부여한 도덕은 '천하의 사람들을 두루 사랑하라'는 것이었다. 이것을 우리는 어떻게 알 수 있는가? 이에 대한 묵자적 인식방법의 사례를 보자.

> 무엇으로 천하의 사람들을 두루 사랑하는 것을 알 수 있는가? 두루 먹여준다. 무엇으로 그가 두루 먹여주는 지를 알 수 있는가? 자고로 멀리 신령스럽고 독특한 동이족의 나라가 있는데, 이를 포함하여 모든 나라가 소와 양과 개와 돼지를 잡고 젯밥과 단술을 마련하여 공경으로 상제와 산천귀신들에게 제사를 지냈다. 이로써 두루 먹여준다는 것을 알 수 있다. 진실로 두루 먹여준다는 것은 반드시 두루 사랑한다는 것이다. 비유컨대, 초나라와 월나라 임금과 같다. 지금 초나라 왕이 초나라의 사방 경계 내의 백성들을 먹인다. 그러므로 초나라 백성들을 사랑하는 것이다. 월나라 왕은 월에서 먹인다. 그러므로 월나라 백성을 사랑하는 것이다. 지금 하늘이 천하의 백성들을 두루 먹인다. 이로써 나는 천하의 백성들을 두루 사랑한다는 것을 알 수 있다.[30]

인용에서 보듯이, 묵자는 하늘이 천하의 사람을 두루 사랑한

30)『墨子』「天志下」： 今天下之士君子之欲為義者，則不可不順天之意矣。曰順天之意何若？曰兼愛天下之人。何以知兼愛天下之人也？以兼而食之也。何以知其兼而食之也？自古及今，無有遠靈孤夷之國，皆犓豢其牛羊犬彘，潔為粢盛酒醴，以敬祭祀上帝山川鬼神，以此知兼而食之也。苟兼而食焉，必兼而愛之。譬之若楚越之君，今是楚王食於楚之四境之內，故愛楚之人，越王食於越，故愛越之人。今天兼天下而食焉，我以此知其兼愛天下之人也。

다는 점을 동이족, 초나라와 월나라의 임금들이 각각 자기나라 백성들을 두루 먹여준다는 사실에 비유하고 유추하여 인식할 수 있다고 논증하고 있다. 그리고 하늘이 백성들을 두루 사랑한다는 사실에 따라 인간들도 의로움을 실행하고자 한다면 이러한 하늘의 뜻에 따르지 않으면 안 된다고 당위적 주장을 펼치고 있다. 그래서 정초된 묵자의 규범윤리가 '사람을 두루 사랑하고 서로 이익을 나누라'는 겸애교리(兼愛交利)의 윤리학이다.

겸애교리의 윤리학은 유가적인 인의(仁義)의 윤리학과 다르다. 인의의 윤리학은, 인간은 선천적으로 도덕적 본성을 가지고 태어난 것으로 가정하며, 친분(親分)과 직분(職分)에 걸맞게 인(仁)의 사랑을 실현할 것을 주장하는 당위윤리학이다. 인의의 윤리를 실현하는 것은 행위의 결과가 이익(유용성)을 가져오기 때문이 아니라 인간으로서 마땅히 따라야할 당위라고 여기기 때문이다. 그러나 묵자의 관점에서 볼 때 유가의 도덕원리는 '차별적 사랑'[別愛]일 뿐이고, 인간의 본성을 무시한 낙관적 관점일 뿐이다. 본능과 분리된 사회적 존재로서 인간의 본성은 이기적이다. 이러한 인간본성의 자연적 사실에 바탕을 두고 각자가 이익을 합리적으로 추구하며 더불어 사는 도덕공동체를 모색하는 방향으로 윤리학이 정초되어야 한다. 그래서 묵자는 단적으로 '의로움'[義]을 '이로움'[利]이라 정의하고, 차별적 사랑인 별애(別愛)를 두루 사랑인 겸애(兼愛)로 바꾸라고 주장하였다.[31] 그러니까 겸애교리의 윤리학은 '남을 사랑하기를 나를 사랑하듯이 하는 것이고'[兼相愛] 사랑의 실현은 '서로에게 이익을 가져오는 것'[交相利]이다.

---

31)『墨子』「兼愛下」: 義, 利也. 『墨子』「經上」; 兼以易別.

이러한 겸애교리의 윤리학은 정당화될 수 있는가? 묵자는 겸애를 의심하고 비난하던 자들도 위기에 닥치면 자기 가족을 별애가 아니라 겸애의 선비에게 의탁하며, 나라의 재난 상황에서 백성들은 필부라도 마땅히 겸애의 임금에게 돌아갈 것이라면서 이를 정당화한다.[32] 그리고 이러한 겸애교리의 원리는 정치공동체의 사회윤리에도 적용되어야 한다는 게 묵자의 관점이다. 모든 국가의 정책과 사업은 백성들의 여론과 민심에 토대하는 상동(尙同)의 정치, 국가와 백성들의 이로움에 적중하는지의 여부에 따르는 공리(公利)와 실용(實用)의 정치를 주장한 것이 그것이다.[33]

한마디로, 묵자의 윤리학은 백성들의 삶과 사회를 개선시키는 실용적인 목적에 기여하는 것이다. 개인적·사회적으로 부닥친 악의 본질을 명료히 하고, 제안된 해결책이 유용성(공리성과 실용성)을 평가하며, 미래의 개선과 발전을 위한 적절한 방향과 방법을 제시해 줄 수 있을 때만이 도덕적 진리라고 할 수 있다. 그래서 묵자의 도덕철학은 인식론적으로 자연주의 윤리학이라 부를 수 있다. 인식론적 자연주의 윤리학은 사실과 가치 사이의 엄격한 구별을 거부하는 동시에 선과 가치의 근원을 비윤리적인 조건들로부터 도출하고자 하는 것이기 때문이다.

---

32) 『墨子』 「兼愛下」 참조.
33) 『墨子』 「尙同」 편 및 「非攻」 편 참조.

2. 도덕교육의 교육철학적 관점

1) 도덕교육의 필요성과 목적

겸애교리의 윤리학은 백성들의 삶과 사회를 개선시키는 실용적인 목적에 기여하는 것이다. 이것이 묵자적인 뜻에서 '의로움'이다. 묵자는 단적으로 "의로움은 목숨보다 귀하다"[34]고 말한다. 그의 진단으로 당시대는 칠환(七患)[35]으로 요약되는 악의 시대였고 의로움이 무너진 시대였다. 환난들을 가져온 현상적 원인은 말할 것도 없이 위정자들이 사치와 낭비를 일삼고 백성들을 위한 정치를 하지 않는 데에 있지만, 더 근본적인 원인은 '두루 사랑하고 서로 이익을 나누는 삶'이 없기 때문이다. 그래서 묵자는 천하에 의로움을 실현하기 위하여 동분서주하는 삶을 살았고, 후학들에게도 그것을 교육하고자 하였다.[36] 교육적 견지에서 볼 때, 묵자의 교육사상은 천하에 이로움을 일으키고 해로움을 없애는 '의로움'을 실현하기 위해 교육적 처방을 모색한 것이라 요약할 수 있다.[37]

겸애교리의 윤리학에 바탕을 두지만, 사실 묵자의 '의로움'의 교육학은 엄격한 뜻에서 도덕교육만을 의미하지 않는다. 『묵

---

34) 『墨子』 「貴義」 : 貴義於其身也.

35) 묵자가 진단하는 7가지 환란이란 사치와 낭비, 임금의 자만과 백성을 위하지 않은 정치, 신하의 소신과 충성심 부족, 안보 및 외교 부실, 상벌적용의 부정의 등이다. 『墨子』 「七患」 참조.

36) 묵자는 천하에 의로움을 행하는 자가 별로 없다면, 몇 안 되는 그들이라도 나서서 그것을 하도록 적극 권면할 일이지 그만두라 하는 것은 잘못된 충고이다. 오히려 의로운 선비들이 적극적으로 나서서 천하에 의로움을 다시 세울 수 있도록 교육에 나서야 하는 것이 맞다고 여긴다. 『墨子』 「魯問」 참조.

37) 황성규, "묵자 교육사상의 특징과 의의", 앞의 책, 167~169쪽.

자』에서 '의로움'의 용례에 주목할 때 그것은 세 가지 교육적 영역을 포함하고 있다. 세 가지 사례의 인용을 보자.

> [1] 의로움을 실천하려면 무엇에 가장 힘써야 하는가? 묵자가 말했다: 비유를 들면 담장을 쌓는 것과 같다. 흙을 잘 다지는 사람은 흙을 다지고, 흙을 잘 운반하는 사람은 흙을 나르게 하고, 흙을 잘 파는 사람은 삽질을 시켜 제각기 능한 일로 협동해야 담장을 쌓을 수 있다. 의로움을 실천함에도 이와 같다. 변론을 잘하는 사람을 변론을 하고, 글을 잘 해설하는 사람을 글을 해설하게 하고, 일을 잘 처리하는 사람은 일을 하도록 하여 제각기 능한 일을 해내면 의로움이 이루어진다.[38)]

> [2] 어떻게 의리를 하나로 모으는 상동(尙同)으로 천하에 정치를 펼칠 수 있음을 알겠는가? (중략) 옛날 하늘이 처음으로 백성을 낳음에는 우두머리가 없었고 백성들이 각각의 사람들이었다. 만약 백성들이 각각이라면 한 사람이 하나의 의리, 열 사람이 열 가지의 의리, 백 사람이 백 가지의 의리, 천 사람이 천 가지의 의리가 있어, 사람들이 많아짐에 미칠수록 계산할 수가 없었다. (중략) 모두가 자기 의리가 옳다하고 남의 의리를 그르다고 한다.(중략) 그래서 하늘이 천하의 의리를 하나로 화동시키고자 하였다.[39)]

38) 『墨子』「耕柱」: 爲義孰爲大務? 子墨子曰: 譬若築牆然, 能築者築, 能實懷者實懷, 能欣者欣, 然後牆成也. 爲義猶是也, 能談辯者談辯, 能說書者說書, 能從事者從事, 然後義事成也.

39) 『墨子』「尙同下」: 何以知尚同一義之可而為政於天下也？然胡不審稽古

> [3] 지금 한 사람이 있어 남의 과수원에 들어가 복숭아와 자두를 훔쳤다면 많은 사람들이 듣고 비난할 것이다.(중략) 이것은 왜일까? 남을 해쳐서 자기의 이익을 추구한 때문이다. 어떤 사람이 개와 돼지와 닭을 훔쳤다면 그 의롭지 않음이 남의 과수원에 들어가 복숭아와 자두를 훔친 것보다 더 심할 것이다. 이것은 왜 그런가? 남을 해침이 더욱 많고, 어질지 않음이 더욱 심하고, 죄가 더 크기 때문이다.40)

인용 [1]은 개인의 능력과 자질에 걸맞는 일에 종사하도록 하는 것이 의리움을 실현하는 것이라 보고 있다. 그래야 천하에 이로움을 가져올 수 있다. 이를 위해서는 학생들의 자실과 재능을 배양해주는 지식 혹은 기술교육이 필요하다. 이러한 관점에서 묵자는 '내가 직접 농사짓고, 베를 짜고, 전쟁에 나가는 것보다는 백성들을 교육하여 농부들이 농사짓고, 부인들이 베를 짜고, 병사들이 전쟁을 하도록 하는 것이 훨씬 공적이 큰 것'이라고 주장하고 있기도 하다41). 인용[2]는 정치 혹은 사회

之治為政之說乎？古者天之始生民，未有正長也，百姓為人。若苟百姓為人，是一人一義，十人十義，百人百義，千人千義，逮至人之眾，不可勝計也，則其所謂義者，亦不可勝計。此皆是其義，而非人之義，是以厚者有鬥，而薄者有爭。是故天之欲同一天下之義也，是故選擇賢者，立為天子。

40)『墨子』「非攻上」： 今有一人，入人園圃，竊其桃李，眾聞則非之，上為政者，得則罰之，此何也？以虧人自利也。至攘人犬豕雞豚，其不義又甚入人園圃竊桃李。是何故也？以虧人愈多，其不仁玆甚，罪益厚。至入人欄廄，取人馬牛者，其不仁義，又甚攘人犬豕雞豚，此何故也？以其虧人愈多。苟虧人愈多，其不仁玆甚，罪益厚。至殺不辜人也，拖其衣裘，取戈劍者，其不義又甚入人欄廄取人馬牛。此何故也？以其虧人愈多。苟虧人愈多，其不仁玆甚矣，罪益厚。

41)『墨子』「魯問」 참조.

윤리 영역에서 구성원들이 이익을 공정하게 나누는 공동선의 분배 기준을 '의로움'이라 하고 있다. 이를 위해서는 정치적 우두머리를 세우며, 아래로부터 자발적 합의를 거쳐 의리를 하나로 화동시키는 과정 등에 필요한 정치적 능력을 함양하는 정치교육도 필요할 것이다.[42] 끝으로 인용[3]은 그야말로 우리의 관심사인 개인윤리 영역에서 '의로움'과 관련되는 도덕교육적 차원이다. 복숭아를 훔친 경우와 돼지를 훔친 경우, 어느 것이 더 도덕적으로 비난받아야 하는가를 묻고 있기 때문이다.[43]

이러한 세 가지 영역의 '의로움'의 교육학은 모두 '두루 사랑하고 서로 이익을 나누는 삶'이라는 겸애교리의 이상을 실현하는 데에 교육목적을 두고 있는 것이기에 크게 보면 전체가 도덕교육이라 할 수 있다. 그러나 엄격한 의미에서 도덕교육이란 학생들에게 도덕적 덕과 규범을 비롯한 도덕원리를 익히고, 다양한 도덕적 문제에 대한 사고력과 판단력을 향상시키며, 도덕적 앎을 실천으로 연결할 수 있는 실행력을 함양함으로써, 자율적이고 통합적인 인격의 형성을 주된 과제로 하는 교육영역이다. 묵자가 이러한 점을 명시적으로 밝히지는 않았지만, 그 역시 도덕교육의 목적을 여기에 두었다고 여긴다. 그가 운명론을 거부하는 한편, 인간은 자유의지를 가진 존재이고 인지이성의 능력을 가진 존재로 여기면서, 유가의 관습적 규범을 비판

42) 『墨子』 「尙同」 참조.

43) 황성규는 인용[1]에 주목하여 묵자 교육학의 세 영역을 담변(談辯), 설서(說書), 종사(從事)로 본다. 박문현 또한 담변, 설서, 종사의 세 영역을 현대식으로 해석하여 논리사상, 윤리사상, 경제사상, 과학사상, 군사사상의 다섯 과목을 주요 교육영역으로 분석하고 있다. 한편, 조현규는 묵자의 교육학을 정치교육, 경제교육, 윤리교육, 과학교육, 근로교육으로 분석하여 정리하고 있다. 황성규, 앞의 책, 171~174쪽; 박문현, 앞의 책, 142~146쪽; 조현규, 앞의 책, 104~115쪽.

하는 대신 겸애교리의 도덕원리에 따라 살아갈 것을 종용하고 있다는 점에서 이러한 점을 시사 받을 수 있다. 묵자는 '두루 사랑하고 서로 이익을 나누는 삶'의 이상과 원리를 습득하여 합리적으로 판단하고 실천하는 자율적인 인격인의 형성을 도덕교육의 궁극적 목적으로 삼았다. 한마디로, '의로움'의 덕성을 갖춘 인격인의 형성이 그것이다.

그리고 묵자는 어느 교육영역보다도 도덕교육이야말로 가장 중요하고도 선행되어야 할 교육적 과제로 삼았다고 할 수 있다. 앞서 언급한 바이지만, 천하에 의로움이 무너진 근본 원인은 사람들이 서로 사랑하지 않은 데에 있다고 보았기 때문이다.

> 성인은 천하를 다스리는 것을 일로 삼는 자이다. 혼란이 일어나는 원인을 살피지 않으면 안 된다. 혼란의 원인을 살펴보면 그것은 무엇인가? 이유는 서로 사랑하지 않는 것이다. 신하와 자식이 임금과 아버지에게 효도하지 않기 때문에 혼란이 온다. 자식이 자신만을 사랑하고 아버지를 사랑하지 않는다. 그러므로 아버지를 줄이고 자신이 이익을 얻는다. 동생이 자신만을 사랑하고 형을 사랑하지 않는다. 그러므로 형을 줄이고 자신이 이익을 얻는다. 신하가 자신만을 사랑하고 임금을 사랑하지 않는다. 그러므로 임금을 줄이고 자신이 이익을 얻는다. 이것들이 혼란의 원인이다. 한편 아버지가 자식을 사랑하지 않고, 형이 동생을 사랑하지 않고, 임금이 신하를 사랑하지 않으면, 이 또한 천하가 혼란스러워지는 원인이다. 아버지가 자신만을 사랑하여 자식을 사랑하지 않는다.

> 그러므로 자식을 줄이고 자신이 이익을 얻는다. 형이 자신만을 사랑하고 동생을 사랑하지 않는다. 그러므로 동생을 줄이고 자신이 이익을 얻는다. 임금이 자신만을 사랑하고 신하를 사랑하지 않는다. 그러므로 신하를 줄이고 자신이 이익을 얻는다. 이것이 무엇인가? 모든 원인이 서로 사랑하지 않는 것이다.[44]

모든 환란의 근본원인은 부자간, 형제간, 군신간이 서로 사랑하지 않고 자기 자신만을 사랑하고 이익을 고집하기 때문이다. 도적질을 하는 것도 자기 가문만을 사랑하고 이익을 고집하기 때문이고, 이웃나라를 공격하는 것도 자기 나라만을 사랑하고 이익을 고집하기 때문이다. 환난의 모든 원인은 서로 사랑하지 않기 때문이고 자기의 이익만을 고집하기 때문이다. 따라서 교육적 처방은 '두루 사랑하고 서로 이익을 나누는 삶'의 이상과 원리를 백성들에게 가르치는 도덕교육을 바탕으로 해야 한다. 묵자에게 도덕교육은 '의로움'의 교육학의 알파요 오메가인 셈이다.

2) 소염론(所染論)의 교육철학

묵자는 "인간의 품격은 물들여짐에 따른다."는 소염론(所染論)을 주장했다. 일단 『묵자』「소염所染」편의 일단을 보자.

---

44)『墨子』「兼愛上」： 聖人以治天下為事者也，不可不察亂之所自起，當察亂何自起？起不相愛。臣子之不孝君父，所謂亂也。子自愛不愛父，故虧父而自利，弟自愛不愛兄，故虧兄而自利，臣自愛不愛君，故虧君而自利，此所謂亂也。雖父之不慈子，兄之不慈弟，君之不慈臣，此亦天下之所謂亂也。父自愛也不愛子，故虧子而自利，兄自愛也不愛弟，故虧弟而自利，君自愛也不愛臣，故虧臣而自利，是何也？皆起不相愛。

묵자께서 실을 물들이는 것을 보고 한탄하며 말했다: "파란 색에 물들이면 파래지고, 노란 색에 물들이면 노래진다. 넣은 색이 변화하면 그 색깔 또한 변한다. 다섯 가지를 넣으면 반드시 다섯 가지 색이 된다. 그러므로 물들여짐에 신중하지 않을 수 없다." 유독 실을 물들이는 것만 그러한 것이 아니다. 나라 또한 물들여진다. 순임금은 허유와 백양에게 물들었고, 우임금은 고요와 백양에게 물들었고, 탕임금은 이윤과 중훼에게 물들었으며, 무왕은 태공과 주공에게 물들었다. 이 네 임금은 물들여짐이 마땅하였기에 천하에 왕노릇을 하여 천자의 나라를 세웠고, 업적과 명성이 천지를 덮었다. 그래서 천하에 인의롭고 현명한 사람을 거명할 때에는 이 네 임금을 지칭하는 것이다. 하나라 걸왕은 간신과 추치에게 물들었고, 은나라 주왕은 숭후와 악래에게 물들었고, 주나라 려왕은 장보와 이공에게 물들었으며, 유왕은 부공 이와 채공 곡에게 물들었다. 이 네 임금은 물들여짐이 부당하였기에 나라를 망치고 자신도 죽어 천하의 치욕을 당하였다. 천하에서 의롭지 못하고 욕된 인간을 거명할 때에는 반드시 이 네 임금을 지칭하는 것이다.[45]

---

45)『墨子』「所染」:　子墨子言見染絲者而嘆曰:「染於蒼則蒼，染於黃則黃。所入者變，其色亦變，五入必而已則為五色矣。故染不可不慎也。」非獨染絲然也，國亦有染。舜染於許由伯陽，禹染於皐陶伯益，湯染於伊尹仲虺，武王染於太公周公。此四王者，所染當，故王天下，立為天子，功名蔽天地，舉天下之仁義顯人，必稱此四王者。夏桀染於干辛推哆，殷紂染於崇侯惡來，厲王染於厲公長父榮夷終，幽王染於傅公夷蔡公穀。此四王者，所染不當，故國殘身死，為天下僇，舉天下不義辱人，必稱此四王者。

색실을 물들이는 것처럼, 인간도 물들여짐에 따라 선한 품성의 소유자가 되고, 악한 품성의 소유자가 될 수 있다. 따라서 나라가 잘 다스려 지려면 위정자들이 정의로운 정치를 펼쳐야 하며, 그렇게 되기 위해서는 위정자들의 행실과 도리와 성품이 마땅하게 물들여져야 하는 것이다. 선비도 가문도 그렇다. 이러한 묵자의 소염론을 교육학적으로 어떻게 읽어야 할까? 인용을 글자 그대로 해석한다면 묵자의 도덕교육철학은 환경결정론자로 오독(誤讀)하기에 충분하다. 이러한 오해를 받을 수 있는 대목은 다른 편에서도 볼 수 있다. 예컨대, "풍년이 든 해에는 백성들이 인자하고 선량하지만, 흉년과 기근이 든 해에는 백성들이 인색하고 흉악해진다."[46]고 하여, 마치 인간 품성의 선악은 외부의 사회조건에 의해서 결정되는 것처럼 주장하고 있다. 이것이 맞다면, 묵자의 도덕교육방법론은 도덕적 문화전통, 덕과 규범 등을 일방적으로 학생들에게 주입하는 교화 내지 사회화론의 관점을 가진 것으로 볼 수 있다. 과연 묵자는 환경결정론자인가?

기존 연구들에서 그렇게 보는 관점이 있었지만[47] 잘못이라고 본다. 묵자의 교육철학을 환경결정론으로 읽으면 일단 그의 인성론과도 모순된다. 앞서 보았듯이, 묵자는 인간은 자유의지를 가진 존재이고 인지이성을 가진 존재로 여긴다. 물론 그가 인간의 본성을 선한 존재로 여긴 것은 아니다. 사회적 존재로서 인간은 이기적이다. 그렇지만 이러한 관점이 인간본성을 악

46)『墨子』「七患」참조.
47) 예컨대, 몽배원과 조현규는 그렇게 읽고 있다. 몽배원, 앞의 책, 146쪽; 조현규, 앞의 책, 117쪽.

한 존재로 규정한 것으로 볼 수 없다. 그는 "부득이 추구하는 욕구는 욕심이 아니"라고 말하였기 때문이다. 필요와 요구 수준에서 부득이 추구하는 욕구는 도덕적으로 선도 악도 아니다. 본능과 본성이 분리되기 이전의 인간(嬰兒)은 도덕적으로 백지였다. 그러나 사회적 존재로 진입하는 순간부터 본능과 본성이 분리되고, 인간은 욕망추구의 이기적 존재로 될 수밖에 없다. 이제부터 문제는 욕망추구와 이기심 자체가 아니라 그것을 얼마나 합리적으로 추구하고 조절하는가에 달렸다고 할 수 있다. 묵자는 인간을 매우 합리적 이기주의자로 여긴다.

> 손가락을 잘라서 팔뚝을 보존할 수 있었다면 이로움 중에서 큰 것을 취했고 해로움 중에서 작은 것을 취한 것이다. 해로움 중에서 작은 것을 취한 것은 해로움을 취한 것이 아니라 이로움을 취한 것이다. 그것을 취하는 것은 사람마다 결정할 일이다. (중략) 이로움과 해로움의 경중을 헤아리는 것은 인간의 욕구라지만 욕구대로 하는 것이 옳은 것은 아니다. 해로움 중에서 작은 것을 취하는 것은 의로움을 위한 것이지 이로움을 위한 것이 아니다.[48]

인간은 이로움과 해로움의 경중을 헤아릴 수 있는 인지이성을 가졌고 합리적으로 이익을 추구하고 조절할 줄 아는 존재이다. 그러나 비합리적 욕망추구의 나락으로 빠질 수도 있는 자유의지의 존재이기도 하다. 특히, 사람들끼리 자기이익이 서

48) 『墨子』 「大取」: 斷指以存腕, 利之中取大, 害之中取小也, 非取害也, 取利也. 其所取者, 人之所執也.(中略). 而權輕重之謂求, 求爲之, 非也, 害之中取小, 求爲義, 非爲利也.

로 대립하고 갈등할 때는 비합리적 욕망추구의 이전투구로 나아갈 가능성이 크다. 그래서 묵자는 겸애교리의 윤리학을 정초하고, 도덕교육의 필요성을 강조했던 것이다. 사정이 이렇다면 소염론의 교육철학은 일방적인 환경결정론으로 보기 어렵다. 환경과 개인의 상호작용론으로 읽어야 할 것이다. 인용을 보자.

> 무릇 임금이 나라를 편안하게 하는 방법은 무엇인가? 도리를 행하는 것이다. 행실과 도리와 성품은 마땅하게 물들여져야 한다. 그러므로 훌륭한 임금이 되려는 자는 인물을 논하는데 수고스러워야 하고 관리를 다스리는데 편안해야 한다. 그러나 임금노릇을 잘못하는 자는 몸이 상하고 정신이 피곤하며 근심하는 마음과 수고로운 뜻을 펴지만 나라는 더욱 위태롭게 되고 몸은 더욱 욕되게 된다. 앞의 여섯 임금들은 나라를 중히 여기고 자신을 사랑하지 않은 것이 아니다. 나라를 다스리는 요점을 모른 까닭일 뿐이다. 요점을 알지 못하면 물들여짐이 부당한 것이다. 유독 나라만 물들여지는 것이 아니고 선비 또한 물들여진다. 그의 벗들이 모두 인의를 좋아하고, 순박하고 근엄하여 법령을 공경한다면 가문이 날로 번창하고, 몸이 날로 편안하고, 명성이 날로 영화롭고, 관리가 되어도 도리를 터득하게 될 것인바, 즉 단간목과 금자와 부설 같은 무리가 그들이다. 그러나 그의 벗들이 모두 자랑하고 뽐내기를 좋아하고, 작당하고 파당을 만들어 따르면 가문은 날로 쇠해지고 몸은 날로 위태롭고 명성은 날로 욕되게 되며, 관리가 되어 도리를 잃게 되

는 바, 즉 자서와 역아와 수조의 무리가 그들이다.[49]

훌륭한 임금이 되고 선한 선비가 되는 데는 그가 어떤 임금과 선비들에게 물들여질 것인가 하는 환경이 중요하다. 그러나 물들여지기 전에 그가 어떤 임금이나 선비들과 가까이할 것인가는 처음부터 개인의 선택이다. 그래서 묵자도 훌륭한 임금이 되려는 자는 (가까이할 수 있는) 인물을 논하는데 수고로워야 한다고 말하고 있다. 그러나 묵자의 소염론은 개인의 자유의지를 말하지만 도덕교육에서 개인보다 환경의 영향을 더 중시여기는 관점인 것 같다. 현명한 사람이었다면 처음부터 훌륭하고 인의로운 사람들과 벗했을 것이다. 또한 현명한 사람이라면 설사 포악한 무리들과 벗했더라도 그들에게 물들지 말았어야 마땅할 것인바, 이에 대한 적극적 언급은 없는 듯하기 때문이다. 이러한 묵자의 관점은 마치 현대 교육심리이론인 사회학습이론(Social Learning Theory) 혹은 사회인지이론(Social Cognitive Theory)을 떠올리게 한다. 반듀라 등이 주장한 이 이론은 개인과 환경의 상호결정론을 주장하면서도 환경의 영향을 중시여기고 있기 때문이다.[50] 그러나 묵자나 반듀라 등은 환경 못지않게 개인의 능동적인 인지능력을 강조하고 있음에 주목할 필요가 있다.

---

49)『墨子』「所染」: 凡君之所以安者何也, 以其行理也, 行理性於染當。故善為君者, 勞於論人, 而佚於治官, 不能為君者, 傷形費神, 愁心勞意, 然國逾危, 身逾辱。此六君者, 非不重其國, 愛其身也, 以不知要故也。不知要者, 所染不當也。非獨國有染也, 士亦有染。其友皆好仁義, 淳謹畏令, 則家日益, 身日安, 名日榮, 處官得其理矣, 則段干木禽子傅說之徒是也。其友皆好矜奮, 創作比周, 則家日損, 身日危, 名日辱, 處官失其理矣, 則子西易牙豎刁之徒是也.

50) 김택훈, 『도덕성 발달이론과 교육』(서울: 인간사랑, 2008), 261~301쪽.

3. 도덕교육의 실제: 목표와 내용과 방법

1) 교육받은 사람의 개념으로서 '겸사'(兼士)

묵자에게 있어 도덕교육의 목적은 '의로움'의 덕성을 갖춘 인격인의 형성에 있다. '의로움'의 덕성을 지닌 인격인은 도덕적 상황에서 언제나 '두루 사랑하고 서로 이익을 나누는' 겸애교리(兼愛交利)의 원리에 따라 선과 악, 옳고 그름을 판별할 수 있고, 선과 옳음의 가치와 규범을 심정깊이 받아들일 뿐만 아니라 의무에 따라 의로운 행위를 실천할 수 있는 사람이라 할 수 있다. 이러한 사람은 남에게 선을 권면하고 악을 제어할 수 있으며, 궁극적으로 천하의 이익을 일으키고 천하의 해로움을 제거할 수 있다. 이러한 사람을 묵자는 '현량지사'(賢良之士)라 부르고 있다.

> 현명하고 선량한 선비는 덕행을 독실하게 실천하고, 옳고 그름의 변론에 뛰어나며, 학문과 기예를 폭넓게 터득한 자이다.[51]

『묵자』에는 이상적인 인격으로 성인(聖人), 현인(賢人), 인인(仁人), 인자(仁者), 군자(君子), 지자(智者), 고사(高士), 현사(賢士), 겸사(兼士) 등으로 표현하고 있지만 그 의미는 별 차이가 없다.[52] 그러나 겸애교리의 윤리학을 정초한 묵자의 관점을 드러내는 가장 적절한 인격적 전형의 표현은 겸사(兼士)

---

51)『墨子』「尚賢上」: 賢良之士，厚乎德行，辯乎言談，博乎道術者乎！
52) 박문현, 앞의 책, 136쪽.

인 것 같다. 성인이든 현인이든 이상적 인격은 일단 겸사가 되는 것을 바탕으로 한다고 볼 수 있다. 그러니까 겸사는 도덕교육을 받은 사람의 전형이다.

겸사들로 구성된 사회에서는 각 구성원들이 자신의 직분에 걸맞게 덕행을 실천한다. 임금은 반드시 은혜롭고 신하는 충성하며, 아버지는 자애롭고 자식은 효도하며, 형은 우애하고 동생은 공경한다.[53] 부모, 형, 임금 보기를 자기 몸처럼 위하고, 동생, 자식, 신하 보기를 자기 몸처럼 위하는 겸애의 사랑을 실천하기 때문이다. 그리고 겸사들은 친척과 군신관계를 넘어 모르는 사람들과의 관계에서도 겸애교리의 원리에 따른 삶이 의롭다는 것을 분별할 줄 안다. 유가인 무마자(巫馬子)와 묵자의 대화의 예를 보자.

> **무마자:** 나는 선생과 의견이 다르다. 나는 두루 평등하게 사랑할 수 없다. 나는 월나라 사람보다 이웃 추나라 사람을 더 사랑하며(중략), 제 부모보다는 제 자신을 더욱 사랑한다. 제 자신을 제일 친근하게 여기기 때문이다.(중략). 그러므로 나는 남을 희생시켜 나를 이롭게 할 수는 있어도 나를 희생하여 남을 이롭게 할 수는 없다.(중략).
>
> **묵자:** 어떤 사람이 그대의 뜻에 동조하여 행동한다면 그 사람은 자기에게 이롭다면 그대를 죽이려할 것이다.(중략) 반대로, 어떤 사람이 그대의 뜻에 동조하지 않는다면 그들 또한 그대를 죽이려할 것이다. 왜냐하면 그대는 이익을 위해서는 남을 죽이는 상서롭지 못한 말을

53) 『墨子』 「兼愛下」 참조.

> 하는 자라고 생각할 것이기 때문이다. 결국 그대의 뜻에 동조하는 자도 그대를 죽이려 할 것이고, 반대하는 자도 그대를 죽이려 할 것이다.[54]

유가인 무마자는 친친(親親)의 원리에 따른 별애(別愛)가 합당하며, 그 사랑도 자기를 이롭게 하는데서 출발해야 하는바 나를 버리고 남을 먼저 위할 수는 없다고 주장하고 있다. 무마자의 이러한 삶의 원칙과 태도를 남들이 인지한다면 그를 어떻게 대할까? 그의 삶의 원칙에 동조하는 이도 반대하는 이도 결국 그를 죽이려할 것이라는 게 묵자의 관점이다. 동조하는 자는 그와 이익갈등이 생긴다면 자기이익을 위해 그를 죽이려 들 것이고, 동조하는 않는 자는 자기이익을 위해 남을 죽일 수도 있는 혐의를 가진 그를 용납할 수가 없기에 죽이려들 것이기 때문이다. 사실 묵자는 '겸애'를 의심하고 비난하던 자들도 위기에 닥치면 자기가족을 '별애'가 아니라 '겸애'의 선비에게 의탁하며, 나라의 재난 상황에서 백성들은 필부라도 마땅히 '겸애'의 임금에게 돌아갈 것이라고 말한다.[55]

그러나 겸사들은 일상적 삶 속에서도 겸애교리의 원리에 따

---

54)『墨子』「耕柱」: 巫馬子謂子墨子曰:「我與子異,我不能兼愛。我愛鄒人於越人,愛魯人於鄒人,愛我鄉人於魯人,愛我家人於鄉人,愛我親於我家人,愛我身於吾親,以為近我也。擊我則疾,擊彼則不疾於我,我何故疾者之不拂,而不疾者之拂?故有我有殺彼以我,無殺我以利。」子墨子曰:「子之義將匿邪,意將以告人乎?」巫馬子曰:「我何故匿我義?吾將以告人。」子墨子曰:「然則一人說子,一人欲殺子以利己,十人說子,十人欲殺子以利己,天下說子,天下欲殺子以利己。一人不說子,一人欲殺子,以子為施不祥言者也,十人不說子,十人欲殺子,以子為施不祥言者也,天下不說子,天下欲殺子,以子為施不祥言者也。說子亦欲殺子,不說子亦欲殺子,是所謂經者口也,殺常之身者也。」子墨子曰:「子之言惡利也,若無所利而不言,是蕩口也。」

55)『墨子』「兼愛下」참조.

른 삶이 옳다는 것을 변론하여 준별할 수 있는 존재이다. 그래서 겸사의 선비들은 반드시 자기 벗의 몸을 위하기를 자기 몸처럼 위하고, 자기 벗의 친척을 위하길 자기 친척처럼 위한다. 겸사의 임금은 백성의 몸을 먼저 한 후에 자기 몸을 위한다. 그래서 겸사의 선비와 임금은 굶주리는 벗이나 백성을 보면 먹여주고, 추우면 입혀주고, 병들면 돌봐주고, 죽어 상을 당하면 장사지내 묻어준다.[56] 그러나 겸사가 남을 먼저 위한다고 하여 자기를 저버리는 것은 아니다. 자기 사랑도 남을 위하는 마음속에 포함되어 있다. 남을 위하는 사랑이 곧 자기에게도 이로운 것이기 때문이다.[57]

결국 교육받는 사람으로서 겸사는 덕행을 독실하게 실천하고 옳고 그름의 변론을 잘하며 학술과 기예에 능통하여, 자기를 희생할 줄 알며 남의 어려움을 구할 줄 아는 사람이라 하겠다. 그래서 겸사는 천하의 이로움을 일으키고 천하의 해로움을 제거하는 데에 기여할 수 있다.

2) 목표의 세분화와 그에 따른 교육내용

'의로움'의 덕행을 갖춘 겸사는 겸애교리의 원리에 따라 도덕적 삶을 살아가는 사람이다. 인간은 필요수준을 넘어 욕망을 추구하는 이기적인 존재이다. 따라서 욕망의 이기심을 합리적으로 추구하고 조절하여 '두루 사랑하고 서로 이익을 나누는' 사람인 겸사를 길러내는 것이 도덕교육의 목표이다. 이러한 도덕교육의 목표를 달성하려면 먼저, 필요이상의 욕망을 조절할

---

56) 『墨子』「兼愛下」參조.
57) 『墨子』「大取」參조.

수 있는 내적 자제력이 함양되어야 한다. 둘째로, '두루 사랑하고 서로 이익을 나누는' 겸애교리의 원리에 따른 삶이 왜 필요한지 인식할 수 있어야 하고 또한 그러한 원리에 따라 옳고 그름을 준별하는 능력도 함양되어야 한다. 셋째로, 이러한 도덕원리를 심정깊이 받아들이고 그런 동기에 따라 실천할 수 있는 실행력도 갖추어야 한다. 이러한 세 가지가 도덕교육의 세부 목표가 될 것이라 여긴다. 『묵자』에 이러한 교육의 세부목표와 내용이 들어있다.

(1) 욕망을 조절하는 내적 자제력

묵가는 "욕망과 증오를 없애라. 생명을 상하고 목숨을 덜면서 쾌락에 젊음을 맡긴다면 이것이 무슨 사랑인가? 재물에 미혹된 사람은 어찌 욕망이 생명을 상하지 않겠는가?"[58]라고 말한다. "부득이 추구하는 욕구"(필요 수준의 욕구)를 넘어서는 욕심은 욕망이다. 이러한 욕망이 세상을 이전투구로 만들고 자신의 생명도 다치게 만든다. 따라서 사람들의 욕망은 적절한 수준에서 조절되어야 하고 합리적 수준에서 추구되어야 한다. 그리하여 '두루 사랑하고 서로 이익을 나누는' 삶으로 전환해야 한다. 그것이 백성과 천하가 또한 이롭게 되는 길이다.

그렇다면 천하에 이로움을 가져오는 길은 무엇인가? 그것은 남의 땅을 빼앗거나 재물을 탈취하는 것이 아니다. 쓸모없는 재용의 낭비를 없애는 절용(節用)의 법을 사용하는 것이다. 옷을 만드는 이유가 무엇인가? 겨울에 추위를 막고 여름에 더위

58) 『墨子』 「經說下」: 無欲惡, 傷生損壽, 說以少連, 是誰愛也, 嘗多粟或者, 欲不有能傷也.

를 막기 위함이다. 그 이상의 치장은 필요가 없다. 궁실과 집을 짓는 이유는 무엇인가? 겨울에 바람과 추위를 막고 여름에 더위와 비를 막고, 외부 도적의 침입을 막기 위함이다. 그 이상의 치장은 필요가 없다. 음식을 먹는 이유가 무엇인가? 허기를 채우고 기운을 북돋우며 팔과 다리를 강하게 하고 귀와 눈이 총명할 수 있으면 그만이다. 그리고 갑옷과 방패 등 병장기를 만드는 이유는 무엇인가? 오랑캐와 도적을 막으려는 것이다. 수레와 배를 만드는 까닭은 무엇인가? 수레로 구릉과 육지를 가고 배로 하천과 계곡을 건너기 위함이다. 이들은 모두 나라와 백성들에게 이용후생을 가져오는 것이기 때문에 그들을 수고롭게 하여도 불평하지 않고, 필요이상의 재용을 낭비하지 않는 한 이익의 배가를 가져올 수가 있다.[59]

한마디로, 절용하면 두루 사랑하며 서로 이익을 나눌 수 있다. 이러한 맥락에서 묵자는 '후장구상'(厚葬久喪: 후한 장례와 오랜 상례)을 반대하여 절장(節葬)을 주장하고,[60] 사치와 음란을 조장하는 음악에 반대하는 비악(非樂)을 주장하기도 하였다.[61] 이처럼, 묵자가 절용과 절장과 비악을 주장한 것은 사람들의 욕망이 합리적 수준에서 추구되고 조절되어야 할 것을 주장한 것으로 읽을 수 있다. 또한 교육적 견지에서 이것은 사람들이 스스로 자신의 욕망을 조절할 수 있도록 내적 자제력을 함양하는 것이 중요한 과제임을 드러낸 것이라 하겠다.

---

59) 『墨子』 「節用上」 참조.
60) 『墨子』 「節葬」 참조.
61) 『墨子』 「非樂」 참조.

(2) 도덕적 지식이해와 판단능력

개인의 욕망을 합리적으로 추구하며 두루 사랑하고 서로 이익을 나누는 삶을 살아야 하는가? 과연 그러한 삶이 가능한 것인가? 서로 가치와 이익 갈등에 직면할 때는 어떻게 갈등을 해결할 수 있는가? 묵자의 도덕교육에서는 이러한 질문들에 대한 합리적 이해와 판단 능력이 길러져야 한다.

묵자는 이전투구의 세상이 된 현상적 원인은 위정자들이 사치와 낭비를 일삼고 백성들을 위한 정치를 하지 않는 데에 있지만, 더 근본적인 원인은 구성원들이 '두루 사랑하고 서로 이익을 나누는 삶'을 살지 않기 때문이라는 점을 누누이 밝힌다. 그렇다면 인간은 이기적인 존재인데, 과연 두루 사랑하고 서로 이익을 나누는 삶이 가능한가? 묵자는 실제로 두루 사랑의 겸애를 의심하고 실현 가능성을 비난하는 자들이 많음을 전제하면서, 겸사(兼士)와 별사(別士)의 비교적 사례를 들어 겸애교리적 삶이 옳고 그것이 실현 가능함을 밝히고 있다. 하나의 예를 보자.

> 예컨대, 두 사람이 벼슬에 나아갔는데, 베풂에 두 선비 중에 한 선비는 별애를, 한 선비는 겸애를 사용하였다고 치자. 그러면 별애의 선비는 말할 것이다. 내가 어찌 나의 벗의 몸을 나의 몸처럼 할 수 있는가? 나의 벗의 친척을 나의 친척처럼 할 수 있는가? 그러므로 물러나 그 벗을 보면 굶주려도 먹이지 않고, 추워도 입히지 않고, 병들어도 돌보지 않으며 죽어 상을 당해도 묻어 장사지내지 않을 것이다. 별애를 사용하는 선비의 말은 이와

같고, 이처럼 행동할 것이다. 겸애를 사용하는 선비는 그렇지 않고 행동 또한 그렇지 아니하다. 말하기를, 내가 들음에 천하에 훌륭한 선비는 반드시 자기 벗의 몸을 위하기를 나의 몸처럼 위하고, 자기 벗의 친척을 위하길 자기 친척처럼 위한다. 그래야 천하에 훌륭한 선비가 될 수 있다. 그러므로 물러나 벗을 보면 굶주리면 먹여주고, 추우면 입혀주고, 병들면 돌봐주고, 죽어 상을 당하면 묻어 장사지내준다. 겸애를 사용한 선비의 말을 이와 같고, 이처럼 행동한다. 이처럼 두 선비는 말이 서로 다르고 행동도 서로 상반된다. 가령 두 선비가, 말은 신뢰가 있고 행동은 과단성이 있어, 말과 행동의 합치됨이 부절처럼 합치되어 말이 실천되지 않은 것이 없다고 하자. 그런즉 감히 묻는다. 지금 평원과 광야가 있어 여기에서 갑옷을 입고 투구를 쓰고 전장에 나아가 생사의 저울을 알 수가 없다. 또 임금과 대부가 되어 멀리 파월과 제나라 혹은 형나라에 사신으로 가서 돌아올 수 있을지 못 올지 알 수가 없다. 그런즉 감히 묻는다. 알 수 없는 것이 밉지만, 가문과 집의 부모와 친척을 모시고, 처와 자식을 데리고 의탁해야 한다면 알 수 없지만 겸애의 선비에게 의탁하는 것이 옳을까, 별애의 선비에게 의탁하는 것이 옳을까? 나는 마땅히 겸애의 선비에게 의탁해야 한다고 생각한다. 천하의 어리석은 필부라도 비록 겸애의 사람을 비난했더라도 반드시 겸애의 선비에게 의탁할 것이다.62)

---

62) 『墨子』「兼愛下」: 設以為二士，使其一士者執別，使其一士者執兼。是故別士之言曰:「吾豈能為吾友之身，若為吾身，為吾友之親，若為吾

인간은 이기적이지만 합리적인 존재이다. 그리고 인간은 합리적 이익을 계산하고 인식할 수 있는 존재이다. 합리적 이성능력은 위기의 순간에 더욱 빛을 발휘한다. 철저하게 따져보지 않기 때문에 단기적 자기이익에 매달리고 욕망의 이전투구에 나설 뿐이다. 자기만을 사랑하고 자기에게 가깝고 자기를 친애하는 사람만을 사랑하는 '별애'(別愛)적 삶이 그것이다. 그러나 (위기적 상황을 가정하여) 철저하게 따져본다면 결국 남을 위하기를 자기 몸을 위하는 하는 겸애적 삶이 나뿐만 아니라 모두를 살리는 길임을 알게 될 것이다. 이것이 묵자의 관점이고, 교육에서도 이러한 합리적 판단능력을 길러주어야 한다.

그리고 묵자는 사회윤리(정치)영역에서도 사람마다 다를 수 있는 의리를 하나로 화동시켜 가치분배의 공정한 기준을 정하는 상동(尙同)의 정치를 주장한다.[63]. 이러한 의로움의 기준은 서로 이익갈등을 해결하는 기준이 된다. 교육적 견지에서도 의로움의 기준을 정하는 화동의 능력과 그에 따라 갈등을 해결하는 방법을 가르쳐야 할 것이다.

親。」是故退睹其友，飢即不食，寒即不衣，疾病不侍養，死喪不葬埋。別士之言若此，行若此。兼士之言不然，行亦不然。曰:「吾聞為高士於天下者，必為其友之身，若為其身，為其友之親，若為其親，然後可以為高士於天下。」是故退睹其友，飢則食之，寒則衣之，疾病侍養之，死喪葬埋之，兼士之言若此，行若此。若之二士者，言相非而行相反與, 當使若二士者，言必信，行必果，使言行之合猶合符節也，無言而不行也。然即敢問，今有平原廣野於此，被甲嬰冑將往戰，死生之權未可識也，又有君大夫之遠使於巴越齊荊，往來及否未可識也。然即敢問，不識將惡也，家室，奉承親戚，提挈妻子，而寄託之, 不識於兼之有是乎？於別之有是乎？我以為當其於此也，天下無愚夫愚婦，雖非兼之人，必寄託之於兼之有是也。此言而非兼，擇即取兼.

63)『墨子』「尙同」참조.

(3) 지행일치의 실천력

도덕에 관한 지적 이해에 머무르지 않고 행동으로 이어져야 한다. 묵자는 단적으로 "선비가 비록 배움이 있다하더라도 행동이 근본"[64]이라 말한다. 그리고 도덕을 이해한다는 것도 개념적인 수준에 머문다면 그것은 모르는 것일 뿐이다. 구체적인 도덕적 상황에서 선악 혹은 옳고 그름을 분명히 판단하고 그것에 따라 행동으로 실천해야만 도덕을 명확히 이해하는 것이다.[65]

> 장님이 말하기를 '은'을 흰색이라 말하고, 검은 재는 검은색이라 말했다면 아무리 눈밝은 사람이라도 그 말을 바꿀 수는 없다. 그러나 흰 것과 검은 것을 함께 섞어놓고 장님에게 골라내라 한다면 장님은 알지 못할 것이다. 그러므로 내가 장님은 검고 흰 것을 모른다고 한 것은 그 명칭이 아니고 그 선택을 말한 것이다. 오늘날 천하 군자들이 말하는 '인'이라는 명칭은 우임금과 탕임금도 그것을 바꿀 수 없을 것이다. 그러나 어짊과 어질지 못한 것을 함께 섞어놓고 그것을 천하군자들로 하여금 분별하여 선택하라 하면 알지 못할 것이다. 그러므로 내가 천하의 군자들이 어짊을 모른다고 한 것은 그것의 명칭을 말하는 것이 아니고 선택을 말하는 것이다.[66]

---

64) 『墨子』 「修身」 : 士雖有學, 而行爲本焉.

65) 주백곤(전명용 외 옮김), 『중국고대윤리학』(서울: 이론과 실천, 1990), 271쪽.

66) 『墨子』 「貴義」 : 今瞽曰 : 鉅者白也, 黔者黑也。雖明目者無以易之。兼白黑, 使瞽者取焉, 不能知也。故我曰瞽不知白黑者, 非以其名也, 以其取也。今天下之君子之名仁也, 雖禹湯無以易之。兼仁與不仁, 而使天下

장님은 흰색과 검은색을 개념적으로 이해할지언정 실제로 두 색을 구분할 수 없듯이, 요즘 군자들은 인(仁)과 불인(不仁)의 개념을 이해할지언정 실제 상황에서 인과 불인을 분별하고 판단하라고 하면 하지 못한다. 그렇다면 장님은 흰색과 검은색을 명확히 아는 것이 아니고, 요즘 군자들은 인과 불인을 제대로 알지 못하고 있는 것이라는 게 묵자의 관점이다. 제대로 알지 못하는 데 어떻게 행동할 수 있겠는가? 그리고 제대로 안다면 반드시 행동으로 실천되어야 한다.

그러나 도덕이 무엇인지를 안다고 그것을 행동으로 실천할 것이라는 보장이 없다. 덕의 함양은 인지적으로 이해하는 것에 끝나지 않고 온몸으로 체득(體得)해야 하고 성품화되어야 하는 것이다. 그래야 지행일치의 실천력을 가질 수 있다. 덕을 터득하는 것은 교사가 아니라 학생 자신이이다. 특정의 덕을 내면화하여 인격의 틀 내에서 가치화되고, 그것을 실천할 것인지의 여부를 결정하는 것도 학생 자신이다. 따라서 덕의 함양은 교육보다 공부가 중요한 것이다. 그래서 동양의 사상가들은 너나할 것 없이 자기수양을 위한 수신(修身)을 강조했던 것이다. 이점에서 묵자도 예외가 아니다.

> 마음에 두는 것으로는 사랑을 다할 수 없고, 몸을 움직이는 것으로는 공경을 다할 수 없으며, 입으로 말하는 것으로는 가르침을 다할 수 없다. 팔다리에 사무치고 살갗에 스며들며, 머리에 꽃이 피고 이마가 터질 때까지라도 오히려 내려놓지 않아야, 오직 성인이라 할 것인저![67]

之君子取焉，不能知也。故我曰天下之君子不知仁者，非以其名也，亦以其取也。

3) 교육의 방법과 교사의 역할

‘두루 사랑하고 서로 이익을 나누는’ 사람인 겸사를 길러내는 것이 도덕교육의 목표이다. 이러한 목표를 달성하기 위해서는 욕망을 조절하는 내적 자제력, 도덕적 지식이해와 판단능력, 지행일치의 실천력이 함양되어야 한다. 이제 이러한 세부목표와 내용을 교수-학습하는 교육방법과 교사의 역할이 무엇인지 보기로 하자.

묵자는 “인간의 본성은 처음부터 바른 것이 아니라 바르게 물들여야 한다.”[68]는 소염론의 교육철학을 정초했다. 그러나 이러한 소염론이 일방적인 환경결정론을 의미하는 것은 아니었다. 인간은 운명을 거부할 수 있고, 자유의지에 따라 환경을 선택할 수도 있는 이성적 존재이다. 따라서 처음에 어떤 환경을 선택하여 물들여질 것인가 하는 점은 매우 중요하다. 일단 물들여지면 ‘습관’(陳執: 진부한 고집 또는 쌓인 습관)[69]을 형성하기 때문이다.

> 물들여진 습관이 이미 만들어져 있다면 나는 그 습관대로 행동한다. 습관이 하는 대로 따라서 나는 행동한 것이다. 만약 물들여진 습관이 아직 만들어져 있지 않다면 내가 습관을 만들어낸다. 그리고 그 습관에 의지하여 나는 행동한다.[70]

---

67) 『墨子』「修身」: 　藏於心者，無以竭愛，動於身者，無以竭恭，出於口者，無以竭馴。暢之四支，接之肌膚，華髮隳顛，而猶弗舍者，其唯聖人乎!

68) 『墨子』「大取」: 性不可正而正之.

69) 기세춘, 앞의 책, 804쪽.

이미 물들여진 습관을 바꾸는 것은 쉽지 않은 일이다. 따라서 처음부터 바른 습관을 형성할 수 있는 적절한 환경을 제공하여 물들여지도록 하는 교육을 해야 한다. 교육의 출발선상에서 교사가 해야 할 가장 중요한 역할이 여기에 있다고 할 수 있다. 적절한 교육환경이 제공되면 학생들은 자연스럽게 바른 방향으로 물들여질 수 있다. 그들은 인지능력을 가졌기에 환경과 상호작용하면서 배울 수가 있기 때문이다. 학생들이 가진 인지능력으로써 대표적인 학습기제가 '모방'(效: 본뜸)과 '관찰'이다.

묵자는 "'본뜨는 것'은 행동을 실천하는 방법이다. '본받는 것'은 행동을 실천하는 방법을 배위기 위함"[71]이라고 말한다. 『묵자』에서 우·탕·문·무와 같은 성왕과 모범적 사례가 제시되고, 걸·주·유·려와 같은 폭군을 등장시켜 경계토록 한 것은 이러한 교육적 의도를 담은 것이라 하겠다. 이러한 점에서 교사부터가 늘 모범자이고 권위자이고 규범의 대변자가 되어야 한다. 묵자와 묵가 집단의 우두머리인 거자(鉅子)는 또한 바로 그런 역할을 했던 것이라 볼 수 있다. 학생들은 제시된 모범사례를 맹목적으로 모방하기보다는 스스로의 관찰을 통하여 경험을 종합하면서 학습해 나간다. 사례를 직접체험[親聞과 親見]하기도 하고, 서책이나 교사로부터 전해 들어 간접체험[傳聞]을 하기도 하면서 관찰과 경험을 종합하여 학습할 수 있다. 이처럼, 모방과 관찰학습을 통하여 학생들은 욕망을 조절하는 내적 자제력을 함양하고 바람직한 도덕규범을 습득하면서

---

70) 『墨子』「大取」: 諸陳執旣有所爲, 而我爲之, 陳執之所爲, 因吾所爲也. 若陳執未有所爲, 而我爲之陳執, 陳執因吾所爲也.

71) 『墨子』「小取」: 效者, 爲之法也. 所效者, 所以爲之法也.

바람직한 도덕적 습관을 형성할 수 있다.

물들여진 습관을 바꾸는 것이 쉽지 않은 일이지만, 교사는 학생들의 바람직하지 못한 습관을 바꾸는데도 기여해야 한다. 이를 위해서는 왜 나쁜 습관과 규범을 바꿔야 하는지 변론과 토론을 통하여 반성적 성찰을 해보도록 촉구해야 하고, 부득이 하게 상벌(賞罰)과 같은 강화와 제재전략을 사용할 수도 있다.

> 지금 후한 장례와 오랜 상례를 고집하는 자는 말한다: "후한 장례와 오랜 상례가 성왕의 도가 아니라면, 어찌 중국의 군자들이 하기를 그치지 않고 붙잡고 선택을 포기하지 않은 지를 설명할 수 있는가?" 묵자가 말했다: "이것은 사람들이 그들의 습관을 편리하게 여기고 자기들의 습속을 옳은 것이라 여기기 때문이다. 옛날 월나라의 동쪽에 진목이라는 나라가 있었는데, 장자가 태어나면 해부하여 먹으면서 마땅히 아우를 위한 것이라 말했다. 할아버지가 죽으면 할머니를 업어다가 버리면서 귀신의 처와 더불어 살 수 없다고 말하였다. 이것은 위로는 정치가 되고 아래로는 습속이 되어 하기를 그치질 않고 붙잡고 선택을 포기하지 않는다. 그런즉 이것이 어찌 어짊과 의로움의 도리라 할 수 있겠는가? 이것을 이른바 습관을 편리하게 여기며 습속을 옳다고 여기는 것이다.(중략) 이처럼 세 나라의 사례를 보건대, 그것은 오히려 각박하다. 만약 중국의 군자들이 그것을 보고 오히려 후한 것이라 여긴 것이다. 저처럼 크게 후한 것이 이처럼 크게 각박한 것인즉 그러함을 잘 살피면 장례에 절도가 있을 것이다.[72]

관습적 도덕은 습관이고 습속이다. 반성적으로 검토되지 않는 이러한 도덕을 무조건 옳다고 주장하면 안 된다. 그러한 관점에서 묵자는 당시대의 관습적 도덕인 주나라의 예악(禮樂)에 대해서도 비판적이었다. '후장구상'의 규범은 대표적인 비판 대상이었다. 위의 인용에서 보듯, 이전의 상장례가 너무 각박했다면, 오늘날의 상장례는 너무 후하고 긴 것이 문제라는 것이다. 이처럼 관습적 도덕은 늘 반성적 성찰과 검토를 거쳐 재입법되어야 한다. 반성적 성찰의 기준은 겸애교리의 원리이고, 이러한 기준을 바탕으로 반성적 성찰을 촉구하는 교수학습기법이 변론과 토론이다.

> 대저 변론이란 옳고 그름의 분별을 분명히 하고, 다스림과 어지러움의 근본을 찾아내며, 같고 다른 것의 구별을 분명히 하고, 명사와 실체의 조리를 살피며, 이로움과 해로움을 결정하여 겸의를 해결하는 것이다. 그래서 만물의 실상을 요약하여 본뜨고, 여러 언술을 비교하고 논구하여 이름으로써 실체를 드러내며 명제로서 뜻을 표현하고 논설로서 조건을 밝혀내는 것이다. 유추를 취하기도 하며(귀납) 내려주기도 한다(연역).[73]

한편, 『묵자』의 서술방식도 교수학습과정으로 읽으면, 대체로 학생이 질문하고 스승인 묵자(혹은 성인 등)가 대답하는 형식으로 구성되어 있다. 특히, 『논어』처럼 단순한 문답식이 아

---

72) 『墨子』「節葬下」.

73) 『墨子』「小取 」: 夫辯者, 將以明是非之分, 審治亂之紀, 明同異之處, 察名實之理, 處利害決嫌疑, 焉摹略萬物之然, 論求群言之比, 以明擧實, 以辭抒意, 以說出故, 以類取, 以類予.

니라, 토론과 담론의 형식이다. 또한 묵자가 어떤 주장을 펼 때는 늘 삼표론(三表論)에 근거하여 논리적으로 설명하고 설득하고 있다. 이러한 점들도 모두 묵자가 교육에서 변론과 토론을 중시해야 한다는 점을 시사하고 있다. 따라서 교사는 모범자일 뿐만 아니라 변론과 토론을 촉구하고 이끌어 가는 도덕적 사유의 촉진자 역할도 해야 하는 것이다. 나아가 교사는 학생들의 바람직한 성향을 길러주기 위해 부득이 하게 상과 벌을 사용할 수도 있다.

> 상은 윗사람이 아랫사람의 공적에 따라 갚는 것이다. 벌은 윗사람이 아랫사람의 죄과에 따라 갚는 것이다.[74)]

윗사람인 교사는 학생들의 바람직한 성향을 기르기 위해 상벌을 직접 주관할 수 있다. 그러나 이보다 더 좋은 교육방법은 상벌의 주관을 하늘과 귀신에 맡김으로써 종교적 수준으로 격상시키는 것일 것이다. 학생들은 보이지 않은 곳에서도 상벌을 주관하는 하늘과 귀신이 있다는 점을 믿음으로써 더욱 경계하고 경외하는 마음으로 바람직한 도덕적 성향을 함양할 수 있을 것이기 때문이다. 묵자가 도덕의 연원을 하늘에 두면서, 하늘과 귀신이 상벌을 주관한다고 여긴 점은 이러한 교육적 의도와도 무관하지 않을 것이다.

---

74)『墨子』「經上」: 賞, 上報下之功也. 罰, 上報下之罪也.

4. 맺음말

묵자는 도덕성 혹은 의로움의 근원을 '하늘'에 두고 있다. 하늘로부터 인간들에게 부여된 의로움의 법칙은 "두루 사랑하고 서로 이익을 나누는 삶"(兼愛交利)이다. 인간은 마땅히 이러한 당위의 법칙에 따라 살아가야 한다. 그러나 인간은 다른 존재처럼 생사의 운명에서 벗어날 수 없지만, 노력에 따라 생명을 연장시킬 수도 있고, 당위의 법칙을 어길 수도 있는 자유의 존재이다. 인간은 원시사회를 지나 본격적인 정치공동체를 구성하여 살게 되면서부터 필요수준 이상의 욕구를 갈망하는 욕망의 존재가 되었기 때문이다. 이로부터 인간은 지성을 계발하고 문화와 문명을 발명하였다. 그러나 동시에 갈등하고 대립하는 이기심으로 인하여 춘추전국시대와 같은 사회적 혼란과 악을 발생시키기도 하였다.

이제 사회적 존재로서 인간은 이기적이라는 사실을 인정해야 한다. 관건은 이러한 자연적 사실에 바탕을 두고 구성원들 각자가 이익을 합리적으로 추구하며 더불어 사는 도덕공동체를 어떻게 모색할 것이냐에 달렸다. 그래서 묵자는 단적으로 '의로움'을 '이로움'이라 정의하면서, '두루 사랑하고 서로 이익을 나누는' 겸애교리의 윤리학을 정초하였다. 그리고 이러한 윤리학은 인지이성을 가진 인간들이 합리적 사유를 전개한다면 누구나 그것의 의로움을 인지해낼 수 있고 실천할 수 있다. 그러나 오늘날 인간들은 단기적 이익에 매몰되어 자기 자신만을 사랑하고 이익을 고집하고 있다. 따라서 교육적 처방은 '두루 사랑하고 서로 이익을 나누는 삶'의 이상과 원리를 백성들에게 가르치는 도덕교육을 바탕으로 해야 한다.

묵자는 '인간의 본성은 처음부터 바른 것이 아니라 바르게 물들여야 한다.'는 소염론(所染論)의 교육철학을 정초했다. 그러나 소염론의 교육철학은 일방적인 환경결정론을 주장하는 것이 아니다. 인간은 운명을 거부할 수 있고, 자유의지에 따라 환경을 선택할 수 있는 이성적 존재이다. 따라서 교육은 환경과 개인 간의 상호 영향을 주고받는 가운데에서 이루어진다. 교육받은 사람이란 덕행을 독실하게 실천하고 옳고 그름의 변론을 잘하며, 자기를 희생할 줄 알며 남의 어려움을 구할 줄 아는 사람인바, 이를 겸사(兼士)라 부른다. '의로움'의 덕행을 갖춘 겸사는 겸애교리의 원리에 따라 도덕적 삶을 살아가는 사람이다. 욕망의 이기심을 합리적으로 추구하고 조절하여 '두루 사랑하고 서로 이익을 나누는' 사람인 겸사를 길러내는 것이 도덕교육의 목표이다.

이러한 도덕교육의 목표를 달성하려면 먼저, 필요이상의 욕망을 조절할 수 있는 내적 자제력이 함양되어야 한다. 둘째로, '두루 사랑하고 서로 이익을 나누는' 겸애교리의 원리에 따른 삶이 왜 필요한지 인식할 수 있어야 하고 또한 그러한 원리에 따라 옳고 그름을 준별하는 능력도 함양되어야 한다. 셋째로, 이러한 도덕원리를 심정깊이 받아들이고 그런 동기에 따라 실천할 수 있는 실행력도 갖추어야 한다. 이러한 교육의 세부목표와 내용을 교수-학습하는 방법과 교사의 역할은 무엇인가? 묵자는 습관의 인간행동에 미치는 영향에 주목한다. 물들여진 습관에 따라 인간은 행동하기 쉽다. 따라서 교육의 출발선상에서 교사가 해야 할 가장 중요한 역할은 학생들에게 적절한 교육환경을 제공하는 것이어야 한다. 적절한 교육환경이 제공되면 학생들은 자신의 인지능력과 상호작용하면서 바른 성향으로 물들여진다. 학생들은 모범적 전형들을 모방할 줄 알고, 관찰과 경험을 통하여 학습할 수 있다. 이미 물들여진 습관을 바꾸는 것이 쉽지 않은 일이지만, 교사는 학생들의 바람직하지 못한 습관을 바꾸는데도 기여해야 한다. 이를 위해서는 왜 나쁜 습관과 규범을 바꿔야 하는지 변론과 토론을 통하여 반성적 성찰을 해보도록 촉구해야 하고, 부득이 상벌(賞罰)과 같은 강화전략을 사용할 수도 있다.

묵가의 도덕교육론은 한마디로 '의로움'의 덕성을 갖춘 사람을 기르는 인격교육이론이다. '의로움'의 덕성을 지닌 인격인은 도덕적 상황에서 언제나 '두루 사랑하고 서로 이익을 나누는' 겸애교리(兼愛交利)의 원리에 따라 선과 악, 옳고 그름을 판별할 수 있고, 선과 옳음의 가치와 규범을 심정깊이 받아들일 뿐만 아니라 의무에 따라 의로운 행위를 실천할 수 있는 사람이라 할 수 있다. 이러한 묵가의 인격교육이론은 오늘날 우리 교육에도 시사하는 바가 크다. 인간의 이기심을 인정하면서도 욕망의 절제를 바탕으로 하는 겸애교리의 윤리학은 물질적 욕망의 무한추구를 지향하는 오늘날의 인간사회에 경종을 울리고 있다. 교육이란 물들여지는 것으로 보는 '소염론'의 교육학은, 비교육적 사회 환경과 경쟁중심의 교육만이 판치는 오늘날 우리사회에 교육의 나아갈 길을 적시해 주고 있다. 건전한 습관형성이 중요하다고 여기는 도덕교육적 관점은 우리 도덕교육의 지향점을 도덕적으로 사고하는 습관, 선을 사랑하는 감정의 습관, 의무를 실천하는 행위의 습관을 기르는 방향으로 두어야 함을 알려주고 있다.

제8장
결론 : 평가와 현대적 의의

1. 묵자철학의 요약
2. 제가(諸家)의 비판과 변론
3. 현대적 의미와 한계

제8장 결론 : 평가와 현대적 의의

지금까지 묵자의 철학사상을 철학적 사유의 체계와 순서에 따라 읽어왔다. 묵자의『묵자』는 철학적 해설의 수고를 별로 요구하지 않는다. 동양고대의 다른 철학적 고전과는 달리 『묵자』는 그 자체로 매우 논리적인 글쓰기와 담론으로 구성되어 있기 때문이다. 다만, 나는 대체로 일반적인 철학적 체계의 순서에 따라 『묵자』의 각 편들을 새로 배치하여 안내했을 뿐이다.[1)]

이 장에서는 먼저, 압축적으로 묵자의 철학사상을 다시 일별해 보기로 한다. 둘째, 당시대 대표적인 사상가들의 묵자철학에 대한 평가를 돌아보면서 비판적 관점에 대해 변론해 보기로 한다. 끝으로, 묵자철학의 현대적 의미와 한계를 생각해 보기로 한다.

1. 묵자철학의 요약

묵자가 활동했던 시기는 춘추에서 전국시대로 넘어가는 이른바 '오월(吳越)시대'였다. 오월시대는 춘추시대부터 무너지기 시작한 주나라의 예악제도가 더욱 혼란으로 빠져들고 그야말로

1) 제7장의 보론에서 논의한 묵자의 인격교육론은 예외이다. 그것은 『묵자』 전체를 일종의 교재로 보고, 여기에 함의된 도덕교육론을 탐색한 것이다.

모든 제후국이 천하의 패권을 차지하기 위해 물리고 물리는 전쟁이 본격화된 '악'(惡)의 시대였다. 악의 시대는 철학적 사유들을 잉태하기 마련이다. 철학자들은 누구보다 앞서 개인적·사회적으로 닥친 악에 대해 예민한 사람들이기 때문이다. 그래서 이 시기에 동양철학적 사유의 질료들이 모두 탄생하였다. 공자가 조금 앞섰고 묵자가 뒤를 따랐다. 또한 노장사상을 비롯한 맹자유학과 순자유학, 그리고 제자백가의 사상들이 연이어 등장하였다.

묵자는 자기보다 앞서 악의 치유를 부르짖었던 공자와 유가들의 철학과 처방전에 대해 만족하지 못했다. 공자와 유가들은 당시대 악의 상황이 주나라 예악제도의 붕괴로부터 온 것으로 진단하고, 그것의 회복을 위한 인의(仁義)의 철학과 왕도정치를 주장하였다. 그러나 묵자는 주나라의 예악제도도 유가적 인의(仁義)의 원리도 모두 차별적인 사랑을 정당화하는 논리일 뿐으로 여겼다. 오히려 묵자는 사람이 나면서부터 운명적으로 짊어질 수밖에 없는 것으로 정당화하는 주나라의 차별적인 봉건계급제도 자체가 악을 생산하는 근본원인이라 진단하였다.

하늘은 세상에 질서를 부여하고 존재의 다양성을 탄생시켰다. 하늘은 또한 다양한 존재에 걸맞게 존재이유와 존재방식을 부여하였다. 모든 만물이 하늘의 자식이고 모든 땅이 하늘의 읍이고 마을이다. 그래서 하늘은 모든 만물을 차별 없이 사랑하고 이롭게 한다. 다양한 생명들이 하늘로부터 부여된 존재와 삶의 법칙에 따라 살아가듯이 인간에게도 인간의 법칙이 주어졌다.

차별 없이 사람을 "두루 사랑하고 서로 이익을 나누라."(兼愛交利)는 당위의 법칙이 그것이다. 하늘은 천하의 모든 일을 주재하고 주관한다. 여기에 귀신이 보조한다. 모든 생명은 태어나고 죽는다. 이처럼 운명과도 같은 존재의 법칙이 없는 것은 아니지만, 사람이 태어나서 어떻게 살 것인지는 인간들에게 주어진 자유의지이다. 요수, 빈부, 귀천, 안위, 치란은 결코 운명이 아니다. 하늘과 귀신은 하늘이 부여한 법칙에 따라 살아가는 자에게 상을 내리고 어기는 자에게 벌을 내린다.(제3장).

모든 생명들은 식색지성(食色之性)을 본능이고 본성으로 지니고 태어났다. 물론 묵자가 그런 표현을 직접적으로 한 것은 아니다. 그러나 우리는 묵자의 글에서 그가 그렇게 보았음을 추론할 수 있다. 식색지성은 생명보존을 목적으로 한다. 생명을 최적의 상태로 유지하기 위해서는 몸의 필요에 따라야 한다. 필요이상도 필요이하도 생명을 죽인다. 자연생명처럼 인간생명도 처음에는 그렇게 살았다. 옷도 더위를 피하고 추위를 가릴 수 있는 필요만 충족되면 되는 것이었고, 집도 비바람을 막고 추위를 막을 수 있는 필요만 충족되면 그만이었다. 생명을 미래로 연장시키는 남녀 간의 상열지사도 마찬가지였다.

그러나 인간은 자연적 존재이지만 사회적 존재이다. 사회를 구성하는 순간부터 인간에게는 지능의 분별심이 일어나고 욕망이 꿈틀대기 시작하였다. 소유욕과 지배욕이 생겼다. 인간들은 서로 자기 이익을 위해 이전투구를 벌이는 존재로 되었다. 그래서 성인들이 나타나 이를 구제하고자 한 것이다. 문화와 제도를 만들고 백성들에게 따를 것을 종용하였다. 인간이 태어나서 계속 이전투구의 존재로 남을지, 아니면 이익을 합리적으로 추구할 줄 아는 도덕적 품성을 지닌 존재로 될 것인지는 사회적 환경과 교육에 달렸다. 묵자는 소염론(所染論)을 주장했다. 그것은 바로 사회적 환경과 교육에 따라 품성이 물들여진다는 관점이다. 그러나 궁극적으로 내가 어떻게 살 것인지는 결국 자신의 의지와 수양에 달렸다.(제4장).

사람들을 도덕적으로 선한 품성으로 물들이기 위해서는 윤리의 규준이 필요하다. 그것은 하늘이 부여한 당위의 법칙을 따르면 된다. 하늘은 모든 만물을 차별 없이 두루 사랑하고 이롭게 한다고 하였다. 따라서 인간도 서로 차별 없이 두루 사랑하고 서로 이익을 나누는 삶을 살면 된다. 겸애교리(兼愛交利)!! 이것이 바로 묵자가 주장하는 도덕의 궁극적 원리이고 윤리규준이다.

인간들은 서로 사랑하기를 차별적으로 하지 말고 평등하게 두루 사랑해야 한다. 차별적 사랑은 '별애'(別愛)이고, 두루 평등한 사랑은 '겸애'(兼愛)이다. 전자는 유가들의 사랑법이고 후자는 묵가들의 사랑법이다. 그리고 유가들의 사랑법은 도덕법칙이 옳다는 이유 때문에 마땅히 지켜져야 한다는 당위의 윤리학이다. 도덕법칙에 따르는 삶을 '의로움'(義)이라 불렀다. 그러나 문제는 마땅히 따라야 한다는 도덕법칙이 무엇이냐는 것이다. 당시대의 도덕규범들은 주나라의 종법제도에 바탕을 두고 계급과 직분에 따라 지켜야 될 예법을 규정한 차별적인 것이었다. 공자의 인(仁)도 가까운 자를 가깝게 대한다는 친친(親親)의 원리와 다르지 않다.

묵자의 사랑법은 이와 다르다. 사랑의 구체적 실현은 굶주린 자에게 밥 한 그릇이라도 주는 것이다. 묵자도 '의로움'을 강조하였다. 그러나 그에게 '의로움'이란 '이로움'(利)이다. 정확히 그에게 '이로움'이란 사적인 이익이 아니라 공리적 실용성을 말한다. 공리적 실용성은 남의 것을 빼앗고 남의 땅을 빼앗아 얻는 것이 아니라 가문과 나라의 재용을 절약하는 것에서 출발한다. 그래서 묵자는 재용의 절약을 강조하는 절용(節用)을 주장하고, 후한 장례와 오랜 상례에 반대하는 절장(節葬)을 주장하였다. 또한 사치를 일삼고 음란을 조장하는 음악을 반대하기도 하였다.(제5장).

두루 사랑하고 서로 이익을 나누는 겸애교리의 윤리규준은 정치운영의 원칙으로도 작용해야 한다. 그러니까 두루 사랑하고 서로 이익을 나누는 공동체야말로 바로 묵자가 꿈꾸고 실현하고자 했던 정치이념이고 이상이었다. 인간들이 자연적 존재에서 벗어나 사회적 존재로 되었을 처음에 그들은 이익의 이전투구를 벌일 수밖에 없었다고 하였다. 모든 구성원들이 자기이익과 이해가 달랐기 때문이다. 그래서 공통의 시비기준인 의리가 설 수 없었다. 그래서 하늘이 백성 중에 현명한 이를 뽑아 천자로 세웠다. 그것은 하늘의 뜻을 땅에서도 이루고자 함이다.

하늘의 뜻은 백성들의 뜻이기도 하다. 이제 천자는 하늘과 백성들의 뜻에 따라 삼공을 두고, 제후를 세우고, 대부와 향장과 리장 등을 두었다. 구체적인 백성들의 뜻을 알고자 하면 직접 그들에게 의견을 물어야 한다. 천자의 정령에 따라 아래로부터 의견을 모아간다. 마을에서 향촌으로, 향촌에서 제후국으로, 제후국에서 천하로 서로 다른 의리를 하나로 화동(和同)시키는 과정이 필요하다. 그리고 백성들이 자유롭게 자기 의견을 주장할 언론의 자유가 허락되어야 한다. 이러한 과정을 거쳐 천하의 의리를 하나로 화동시켜서 공동선(일반의지)과 의로움의 기준을 설정할 수 있다. 이것이 묵자가 말하는 '상동'(尙同)의 정치론이다.

내치의 이념은 외치로도 이어져야 한다. 대외정국이 불안하면 내정도 안정될 수 없다. 자위적 수단을 위한 무력은 필요하지만 공격정벌 전쟁을 벌여서는 안 된다. 묵자의 '이로움'은 남의 땅을 빼앗아 얻는 것이 아니라고 하였다. 공격정벌 전쟁은 재원을 낭비하고 헤아릴 수 없는 사상자를 낳는다. 여러모로 그것은 '이로움'과는 거리가 있다. 오로지 전쟁을 거부하고 평화를 추구해야 한다. 평화를 가져오는 길은 외교와 교류이다.

내치든 외치든 치평(治平)을 가져오는 길은 모두 사람에게 달렸다. 크고 작은 공동체의 우두머리는 물론이고 그 아래에서 구체적으로 정책을 집행하고 실현할 신하들을 현명한 이를 뽑아 잘 부릴 수 있어야 한다. 현명한 신하만이 주군을 바른 방향으로 인도하고 능력에 걸맞는 직위를 감당할 수 있다. 능력을 갖춘 자라면 빈부와 귀천을 가리지 않고 등용해야 한다. 이것이 묵자의 '상현'(尙賢)의 정치론이다.(제6장).

묵자에게는 분명한 진리의 기준이 있었다. 이른바 '삼표론'(三表論)이 그것이다. 첫째, 참된 진리의 '표본'(本)은 "선대 성왕들의 사적"에 두어야 한다. 둘째, 참된 진리의 '근원'(原)은 "백성들의 보고 들은 실정"에 두어야 한다. 셋째, 참된 진리의 '실용'(用)은 모든 국가정책의 실행을 공리성과 실용성에 두어야 한다. 한마디로, 묵자에게 철학적 진리란 백성들의 삶과 사회를 개선시키는 실용적인 목적에 기여하는 것이라 할 수 있다. 이러한 삼표론은 진리의 기준이자 진리인식의 방법론이다.(제2장).

이상에서 요약한 묵자의 철학적 진리들은 모두 이러한 인식론에 바탕을 두고 도출된 것이고 또한 그것으로 증명하고 있다. 우리가 묵자의 논리학을 검토하지 못해 아쉬움이 있지만, 그야말로 묵자철학은 비판철학과 사변철학을 종합적으로 논구하고 탐색했던 동양최초의 철학자였던 것 같다.

2. 제가(諸家)의 비판과 변론

제자백가서에 나오는 묵자에 대한 평은 거의 단편적이다. 이를테면, 『한비자韓非子』에서 "세상에 두드러진 학파는 유가와 묵가이다. 유가의 출발은 공자이고 묵가의 출발이 묵적이다."한 것이라든지, 『여씨춘추呂氏春秋』에서 "공자와 묵자의 제자 무리들이 천하에 가득 차 있다."는 식이다. 그러나 예외적으로 검토할 만한 비평이 있다. 장자(莊子)와 맹자(孟子), 그리고 순자(荀子)의 평가가 대표적이다.

먼저, 『장자莊子』「천하天下」편에 나온 묵자 평가를 조금 길지만 핵심부분만을 인용한다.

> 후세에 사치를 물려주지 않고, 사물을 낭비하지 않으며, 본수(數: 本數, 본질적 예법)나 말도(度: 末度, 구체적인 제도)의 각종 형식을 요란하게 추구하지 않으며, 엄정한 도덕률로써 자신들을 교정하여, 항상 세상이 급선무(빈곤, 기아 등)를 대비하는 데에 힘썼다. 고대에 이 방면에 도술(道術)을 집중한 이들이 있었으나, 묵적과 금골희가 이런 학풍을 전해 듣고 그것에 심취했다.
>
> 그러나 그들은 너무 지나치게 실천했고, 너무 고지식하게 추구했다. 음악의 배격을 주장하면서, 비용의 절약을 명분으로 삼았다. 살아서는 노래를 부르지 않았고 죽어서는 복상을 원하지 않았다. 묵자는 모든 사람을 사랑하

고, 모든 사람을 이롭게 하며, 전쟁을 배격할 것을 주장했다. 그의 사상에는 분노가 없었다. 그는 학문을 좋아하여 해박했고, 기이한 주장은 없었으나 선왕의 가르침에는 동조하지 않았다. 그리하여 전통적 예법과 음악의 가치를 혹평했다. 예전에 황제는 함지(咸池), 요 임금은 대장(大章), 순 임금은 대소(大韶), 우 임금은 대하(大夏), 탕왕은 대호(大濩), 문왕은 벽옹(辟雍)이라는 음악이 있었고, 또 무왕과 주공은 무(武)라는 음악을 지었다. 또 전통적 상례(喪禮)의 경우 귀천에 따라 의례가 다르고 상하에 따라 차등이 있었는데, 예컨대 관과 덧관은 천자는 7겹, 제후는 5겹, 대부는 3겹, 사는 2겹으로 한다는 준칙이 있었다. 그런데 묵자만은 살아서는 노래를 부르지 않고, 죽어서는 복상을 원하지 않으며, 세치 두께의 오동나무 관을 만들되 덧관은 없애는 것을 법식으로 삼았다.

그러나 이러한 법도를 다른 사람에게 가르치는 것은 진정 그 사람을 사랑하는 것이 아니며, 이러한 법도를 스스로 실행하는 것은 정녕 자신을 사랑하는 것이 아니다. 물론 이러한 비판으로 묵자의 사상 자체가 부정되지는 않는다. 그러나 노래를 (부르고 싶어)불렀는데 노래를 반대하고, 곡을 (하고 싶어)했는데 곡을 반대하고, 음악을 (하고 싶어)했는데 음악을 반대하는 일이 과연 인정에 맞는 이치이겠는가? 묵자는 살아서는 고생이요, 죽어서는 박장이어서, 그의 도는 너무나 각박하여 사람을 근심하고 슬프게 했고, 정말로 실천에 옮기기 어려운 것들이었다. 그러므로 필경 선인의 도라고는 할 수 없을 것

> 같다. 인지상정과 상반되기 때문에 세상 사람들은 감당하지 못한다. 비록 묵자 자신은 감내할 수 있었을지 몰라도 이 세상 사람들은 어쩌란 말인가? 세상의 인심과 동떨어진 이상, 왕도(王道)로부터도 아주 동떨어진 것이다.[2] (중략).
>
> 그는 후대의 묵가들로 하여금 거친 옷을 입고, 나막신이나 짚신을 신고, 밤낮으로 쉬지 않고 자기 몸을 혹사케 했다. 그는 이를 최고의 규율로 삼고는 이같이 말했다. "능히 이처럼 하지 못하면 우임금의 도가 아니며 묵가로 일컫기에 부족하다." (중략). 후대의 묵가들로 하여금 반드시 스스로를 괴롭히는 방법으로 장딴지에 살이 다 빠지고, 정강이에 털이 모두 닳아 없어지도록 강제하는 것은 서로 생명의 소진을 재촉하는 것에 지나지 않는다. 이는 천하를 어지럽히는 계책으로는 상책인 동시에 천하를 편히 다스리는 계책으로는 하책에 해당한다. 비록 그렇기는 하나 묵자 자신은 참으로 천하를 좋아하였다. 그는 자신이 구하는 것을 얻지 못하면 비록 몸이 말라 비틀어질지라도 그만두지 않았으니 실제 천하의 재사(才士)라 일컬을 만하다.[3]

인용에서 보는 것처럼, 장자의 묵자 비판의 초점은 세 가지다. 먼저 두 가지는 음악과 상례이다. 묵자의 무리들은 살아서는 노래하지 않았고, 죽어서는 복상(服喪)을 원하지 않았다는

---

2) 『莊子』「天下」; 여기서 해석은 거의 박성규의 것을 따랐다. 풍우란(박성규 옮김), 『중국철학사(상)』(서울: 까치, 2003), 172~173쪽.

3) 『莊子』「天下」; 여기서 해석은 신동준의 것을 가져왔다. 101~102쪽.

것이다. 이것은 사람들의 인지상정에 반하는 것이라 한다. 또 한 가지는 묵자의 도가 너무 각박하여 살아서는 고생길이요, 실천하기가 너무 어려운 것이라는 점이다. 그래서 이는 왕도로부터 거리가 멀다고 한다. 변론한다.

우선, 무위와 자유를 노래했던 장자가 묵자의 '박장단상'(薄葬短喪)을 비판한 점은 조금 아이러니이다. 현실 초탈적 사유와 삶은 득도(得道)한 성인들이라 가능할 뿐, 일반백성에게 '박장단상'은 인지상정을 어긋나는 것으로 여겼는지 모르겠다.

둘째, 장자가 묵자의 음악반대를 비판한 것은 일견 이해가 된다. 옛날 성왕들도 음악을 소중히 여겼고, 장자 또한 그랬기 때문이다. 장자의 관점에서 묵자는 지나친 관점이었을 법하다. 그러나 묵자도 음악 자체를 원천적으로 부정한 것이 아니었다. 사치와 낭비를 일삼고 음란을 조장하는 음악을 경계한 것이었기 때문이다.

셋째, 장자가 묵자의 도를 너무 각박한 것으로 여기고, 살아서는 고생길이요, 실천하기가 너무 어렵다고 본 점도 일견 이해가 된다. 무위적 삶을 주장했던 그로서는 묵자의 도가 지나치게 유위윤리와 패도정치를 주장하는 것으로 여겨졌을 것이기 때문이다. 묵자의 윤리적 관점에 대해서는 맹자의 비판을 검토할 때 더 자세히 보겠지만, 남을 사랑하기를 자기 사랑하듯이 하라는 것도 실현 가능성이 없어 보일 수 있고, 특히 공리적 실용성이라는 도덕원리는 사람들을 물신의 노예로 이끌지 모른다고 생각했을 수도 있다. 또한 장자는 무위정치 혹은 무정부주의를 주장했다. 그런 그의 시각으로 볼 때, 묵자의 정치는 왕도정치에 미칠 수 없을 뿐만 아니라 백성들에게 지나치게 노동을 강요하고 각박할 정도로 규범과 절용을 강조하는 사상일 것이다. 그러나 묵자가 노동과 절용을 중시한 것은 가문과 나라의 '이로움'이 여기서부터 출발할 수밖에 없는 것으로 여겼기 때문이고, 몸소 그것을 실천하고자 했던 것이다.

아무래도 장자의 묵자 비판은 묵자철학의 본질을 빗겨나고 주변만을 주목한 것 같다. 묵자철학의 핵심은 겸애(兼愛)·교리(交利)의 윤리학과 상동(尙同)·상현(尙賢)의 정치론에 있다고 여겨지기 때문이다. 맹자의 묵자비판은 이러한 묵자철학의 본질을 향해 있다. 그러나 이를 보기 전에 잠시 『열자列子』「양주楊朱」편에 나온 묵자의 수제자인 금골희(禽滑釐)와 양주가 대화를 나눈 일화를 들여다보는 것이 좋겠다.[4] 양주는 노장사상의 선구이기도 하거니와, 맹자는 양자와 묵자를 한데 묶어 비판하고 있기 때문이다. 「양주」편의 관련 부분을 인용한다.

> 양주가 말했다. "백성자고(伯成子高)는 자기 몸의 한 개의 터럭을 뽑아 남을 이롭게 할 수 있는 일이라 하더라도 하지 않고, 나라를 버리고 숨어 살면서 밭을 갈았다. 우 임금은 자기 한 몸을 이롭게 하는 일을 하지 않아 자신의 몸을 지치고 깡마르게 만들었다. 옛날 사람들은

---

4) 중국 전국시대의 인물로 알려지고 있는 열자(列子; 본명 列禦寇)는 노자, 장자와 함께 중국 도가의 기본사상을 확립시킨 사상가 가운데 한 사람이며, 『열자』를 지은 것으로 전해진다. 춘추시대 사람이라는 설도 있지만 대체로 전국시대 정(鄭)나라 사람으로 정나라 재상인 자양(子陽)과 같은 시대, 곧 기원적 389년경에 살았으며 장자 이전의 사람으로 알려져 있다. 생애가 불확실해 허구적인 인물로 의심하는 학자들도 있다. 여러 전적을 종합해 볼 때, 열자는 무위적 사유를 전개하였고, 세상을 피해 살다간 사람으로 여겨지고 있다. 현재 전해지는 『열자』는 위진(魏晉)시대에 장담(張湛)이 주석을 달아 놓은 책에 근거한 것이다. 김학주 옮김, 『열자』(경기: 연암서가, 2011) 참조.

자기 몸에서 한 개의 터럭을 뽑음으로써 천하가 이롭게 된다 해도 뽑아 주지 않았고, 천하를 다 들어 자기 한 사람에게 바친다 하더라도 받지 않았다. 사람마다 자기 몸에서는 한 개의 터럭도 뽑지 않고, 사람마다 천하를 이롭게 하는 일을 하지 않는다면 천하가 잘 다스려질 것이다."

금자(禽子; 금골희)가 양주에게 물었다. "선생님 몸에서 한 개의 터럭을 뽑음으로써 온 세상을 도울 수가 있다면 선생님은 그런 행동을 하시겠습니까?" 양자가 대답했다. "세상은 본시 한 개의 터럭으로 도울 수 있는 게 아니지요." 금자가 말했다. "가령 도울 수 있는 경우라면 하시겠습니까?" 양주는 대답하지 않았다.

금자가 나와서 맹손양(孟孫陽; 양자의 제자)에게 말하자 맹손양이 말했다. "선생은 우리 선생님의 마음을 이해하지 못하셨습니다. 제가 그에 대해 말씀드리지요. 선생의 살갗을 손상시킴으로써 만금(萬金)을 얻을 수가 있다면 선생은 그 일을 하겠습니까?" 금자가 대답했다. "하지요." 맹손양이 말했다. "선생의 몸 한 마디를 끊음으로써 한 나라를 얻을 수가 있다면 선생은 그 짓을 하겠습니까?" 금자는 한동안 말을 못하고 가만히 있었다.

맹손양이 말했다. "한 개의 터럭은 살갗보다 작은 것이며 살갗은 몸의 한 마디보다 작은 것임이 분명합니다. 그러나 한 개의 터럭이 쌓여서 살갗을 이루고 살갗이 쌓여서 몸의 한 마디를 이루게 됩니다. 한 개의 터럭은 본시가 한 몸의 만분의 일에 해당하는 것이지만 어찌 그것을 가벼이 여길 수 있겠습니까?" 금자가 대답했다.

> "나는 선생에게 대답을 드리지 못하겠소. 그러나 선생의 말에 대해 노자(老子)나 관윤(關尹)에게 가서 물어본다면 그 분들은 선생의 말이 옳다고 할 것입니다. 그러나 나의 말에 대해 우 임금이나 묵자에게 가서 물어본다면 그 분들은 나의 말이 옳다고 하실 것입니다." 맹손양은 그의 말을 듣고는 그의 제자들을 돌아보면서 다른 일에 관한 이야기를 했다.5)

인용에서 양자(楊子)는 노자보다 뒤의 인물로 보는 듯 하지만 누가 먼저인지 모르겠고 여기서 중요한 사실도 아니다.6) 그러나 양자-노자-장자는 모두 무위적 사유를 전개했던 무위철학자들이다. 그들의 관점에서 볼 때, 하여간 묵가들은 유위적 사유로 무장하여 세상을 장악하고자 하는 이들로 평가될 뿐이다. 반대로 묵가의 시각에서 양자의 무리들은 자기 한 몸만을 생각하는 위아주의(爲我主義)로 비쳐졌을 것이다. 맹자도 양자의 무리들을 그렇게 평가했다. 뿐만 아니라 맹자는 묵자의 겸애주의에 대해서도 매우 비판적이었다. 맹자의 양자와 묵자 비판을 보자.

『맹자』에서 맹자는 "양·묵(楊墨)의 학설이 세상을 어지럽

---

5) 번역은 김학주의 것이다. 김학주 옮김, 『열자』, 앞의 책, 340~341쪽.

6) 양자와 노자 중 누가 선배이고 어느 시대 사람인지는 불분명하다. 나는 노자를 전국시대 중기 이후의 인물로 보는 통설을 따른 바 있고, 『맹자』에는 노자 관련 기록이 없는 대신 양자 관련 기록이 나오는 것으로 보아 양자가 노자보다 선배로 여긴다. 중국철학자인 풍우란은 논리적인 선결문제를 들어 노자를 맹자 이후의 인물로 여기는데, 이러한 그의 관점도 나의 관점을 보완해준다. 풍우란(박성규 옮김), 『중국철학사(상)』(서울: 까치, 2003), 273쪽. 그리고 나의 관점과 노자의 무위철학에 대해서는 강봉수, 『노자에게 길을 묻다 - 무위적 세상보기의 도』, 앞의 책 참조.

히고 있다"고 개탄한다.[7] 대체 맹자가 보는 양자와 묵자의 학설이 무엇인데, 그들의 학설을 배척하려는가? 두 사상가의 학설에 대한 맹자의 비평을 보자.

> 양자는 자신을 위함을 취하였으니, 하나의 털을 뽑아서 천하가 이롭더라도 하지 않았다. 묵자는 겸애를 하였으니, 이마가 갈려 발꿈치에 이르더라도 천하에 이로우면 하였다.[8]

> 양씨는 자신만을 위하니, 이는 군주가 없는 것이요, 묵씨는 똑같이 사랑하니, 이는 아버지가 없는 것이다. 아버지가 없고 군주가 없으면 이는 금수이다.[9]

맹자가 보기에, 양자는 자신만을 위하는 위아주의(爲我主義)자이고 이기주의자요, 묵자는 모두에게 이익만 된다면 무슨 일이든 다 하는 겸애주의자이고 공리적 실용주의자이다. 양자에게는 나만 있고 우리가 없으며, 반대로 묵자에게는 나는 없고 우리만 있다. 그래서 양주에게는 군주가 없고, 묵자에게는 아버지가 없다. 군주가 없다는 말은 공적인 영역인 정치공동체가 없다는 것이고, 아버지가 없다는 말은 사적인 영역인 개별성이 없다는 뜻이다. 개인만의 이익을 추구하든 전체의 이익만을 추

---

7) "聖王不作, 諸侯放恣, 處士橫議, 楊朱 墨翟之言盈天下. 天下之言, 不歸楊, 則歸墨." (『孟子』「滕文公下: 9」).

8) "楊子取爲我, 拔一毛而利天下, 不爲也. 墨子兼愛, 摩頂放踵利天下, 爲之." (「盡心上; 26」).

9) "楊氏爲我, 是無君也; 墨氏兼愛, 是無父也. 無父無君, 是禽獸也." (「滕文公下: 9」).

구하든, 맹자가 보기에 두 사상은 인의(仁義)의 도덕과 왕도정치를 말하지 않고 오로지 이익과 실용만을 주장하는 점에서도 문제이다. 군주와 아버지의 존재를 모르면서 이익과 실용만을 추구하도록 인간을 내버려두면 물신의 노예로 만들고, 금수나 다름없다. 맹자의 주장을 보자.

> 공명의가 말하기를 “임금의 푸줏간에 살찐 고기가 있고 마구간에 살찐 말이 있는데도 백성들에게 굶주린 기색이 있으며 들에는 굶어 죽은 시체가 있다면 이는 짐승을 내몰아 사람을 잡아먹게 하는 것이다”하였다. 양주·묵적의 도가 종식되지 않으면 공자의 도가 드러나지 못할 것이니, 이는 부정한 학설이 백성을 속여 인의의 정도를 꽉 막는 것이다. 인의가 꽉 막히면 짐승을 내몰아 사람을 잡아먹게 하다가 사람들이 장차 서로 잡아먹게 될 것이다. 내가 이 때문에 두려워하여 선성의 도를 보호하여 양·묵을 막으며 부정한 말을 추방하여 부정한 학설이 나오지 못하게 하는 것이다. 부정한 학설은 그 마음에서 나와 그 일에 해를 끼치며, 일에서 나와 정사에 해를 끼치니, 성인이 다시 나오셔도 내 말을 바꾸지 않으실 것이다.[10)]

두 사상가에 대한 맹자의 비판은 정당한가? 양자는 맹자가

10) “公明儀曰:『庖有肥肉, 廐有肥馬, 民有飢色, 野有餓莩, 此率獸而食人也.』 楊墨之道不息, 孔子之道不著, 是邪說誣民, 充塞仁義也. 仁義充塞, 則率獸食人, 人將相食. 吾爲此懼, 閑先聖之道, 距楊墨, 放淫辭, 邪說者不得作. 作於其心, 害於其事; 作於其事, 害於其政. 聖人復起, 不易吾言矣.” (「滕文公下: 9」).

보듯 위아적 종욕주의(爲我的 從欲主義)이거나 이기주의자가 아니라 생명의 본능과 본성에 충실한 귀생주의(貴生主義)자였다.[11] 생명의 필요와 요구를 넘어서지 않는 욕구의 추구는 도덕적 선도 악도 아니다. 생명의 필요에 충실한 욕구는 위아적 종욕이나 이기주의가 아니라 오히려 타자에게 선(善)을 베푸는 행위, 즉 "자리가 곧 이타"(自利卽利他)인 것이었다. 자연세계에서 생명들은 서로 먹고 먹히는 유기체적 공동체이다. 원래 이러한 세계에 오히려 인간들이 개입함으로써 혼란스러워졌다. 그래서 양자는 인간들도 생명들의 세계로 다시 돌아갈 것을 주장한 것이다. 정치적 불간섭주의가 그것이다. 말하자면, 양자는 군주를 없앨 것을 주장했다기보다는 군주에게 작위적 간섭을 하지 않도록 요구하는 역할변화와 무위(無爲)의 정치를 주

11) 양자의 사상은 한마디로 귀기(貴己) 혹은 귀생(貴生), 즉 생명주의자이다. 생명을 중시여기는 사고는 이기주의도 이타주의도 아니다. 생명은 언제나 자신을 최적의 상태로 유지하기 위한 필요와 요구에 예민하다. 이것이 생명가진 모든 존재들의 본능이고 본성이다. 인간의 본성도 마찬가지이다. 필요이상도 필요이하도 생명을 위협할 뿐이다. 모두가 생명의 필요와 본성에 따라 살아갈 때, 천하는 자연스럽게 다스려지고 평화가 온다는 것이 양자사상의 핵심이다. 이러한 그의 사상은 전형적인 무위철학적 사유의 흔적이고 노장(老莊)철학의 선구를 이룬다고 하겠다. 물론 『열자(列子)』라는 책에서는 양자를 종욕주의(從欲主義) 혹은 쾌락주의자로 그리는 기록이 여러 번 나온다. 예컨대, 「양주편」의 기록에는 '인생은 짧은 것이니, 맛있는 음식과 좋은 옷을 입고 음악과 미인을 즐겨야 한다.', '현재의 삶을 즐겨야지 어찌 죽은 뒤의 일을 걱정할 겨를이 있겠는가?' 등과 같은 기록이 그것이다. 그래서 기존의 양자사상에 대한 해석은 그가 염세적 인생관을 가졌고, 감각적이고 찰라적인 쾌락주의를 주장한 사상가로 읽혀져 왔다. 이러한 관점에 있는 대표적인 글로 미우라 도우사꾸(강봉수 외 공역), 『중국윤리사상사』(서울: 원미사, 2007), 176~180쪽 참조. 그러나 단편적인 그러한 기록이 양자의 핵심사상은 아니라고 여긴다. 귀생(貴生), 전생보진(全生保眞), 경물중생(輕物重生)이야말로 양자사상의 핵심이다. 이러한 관점에서 그는 세상에 대한 참여보다는 비참여의 길을, 즉 정치적 불간섭주의를 표방했던 것으로 양해된다. 강봉수, 『동양도덕교육론』(제주대학교 출판부, 2014), 183~185쪽 참조.

장한 것으로 볼 수 있다.

한편, 묵자도 맹자가 보듯 자기 아버지를 제쳐두고 전적으로 공적인 영역만을 강조한 것으로 보기 어렵다. 그는 공자적인 효제(孝悌)의 윤리가 혈연적 유대와 사적인 이익만을 위해 기능하지 않을까 우려한 것으로 보아야 한다. 실제 춘추전국시대적 상황은 사가(私家)가 공실(公室)을 침해하는 일이 비일비재했었다. 이러한 상황에서 묵자는 나부터 남의 아버지를 위하고 공적인 영역을 위해 봉사할 때 남도 나의 아버지와 사적인 영역을 침범하는 일이 사라지게 될 것으로 진단했던 것이다. 이것이 겸애와 교리사상의 본의인 것이다.

그럼에도 불구하고, 맹자는 여전히 양•묵의 학설을 믿을 수 없었다. 아무래도 묵자적인 무차별적 겸애의 사랑은 너무 이상적이고 비현실적인 것으로 받아들였다. 묵자적 사고보다는 차라리 양자가 좀 더 현실적이라 여긴 듯하다. 위아적인 사랑은 이기주의자로 머물게 할지 모르지만, 타인과 공동체를 향한 사랑의 확대도 결국 자기사랑으로부터 시작될 수밖에 없는 것이기 때문이다. 다음의 인용은 그런 뜻에서 피력된 것이 아닐까 한다.

> 묵적에서 도피하면 반드시 양주로 돌아가고, 양주에서 도피하면 반드시 유학으로 돌아올 것이니, 돌아오면 받아줄 뿐이다. 지금에 양주•묵적의 학자들과 변론하는 것은 마치 뛰쳐나간 돼지를 쫓는 것과 같으니, 이미 그 우리로 돌아오거든 또 따라서 발을 묶어 놓는 구나.[12]

---

12) "逃墨必歸於楊, 逃楊必歸於儒. 歸, 斯受之而已矣. 今之與楊墨辯者, 如追放豚, 旣入其苙, 又從而招之."（「盡心下; 26」）.

춘추전국시대는 이익의 이전투구(泥田鬪狗)를 벌이는 악의 시대였다. 이러한 악이 어디로부터 왔는가? 양자의 관점에서 권력자들이 악을 광정한다는 명분으로 너도나도 이전투구에 나서는 것이 문제라고 보았다면, 묵자는 차별적 봉건제도에서 비롯된 권력, 부, 명예 등을 독점하려는 것이 문제라고 진단했다. 그래서 묵자가 겸애주의(兼愛主義)를 주장했다면, 양자는 귀생주의(貴生主義)를 주장했다. 그러나 맹자는 공자의 당위윤리적 인(仁)에 토대한 실천적 삶을 계승하려하였다. 인의(仁義)의 윤리를 사회적으로 확장하여 인정(仁情)에 토대한 왕도정치의 이상을 실현하고자 하였다. 이러한 맹자의 입장에서 양자보다는 묵자의 겸애주의가 더 불온했다.

왜 그런가? 묵자는 공자의 혈연중심의 별애(別愛: 차별적, 차서적 사랑)에 반대하고 겸애(兼愛: 무차별적 사랑)를 주장했을 뿐만 아니라, 그 사랑의 본질은 이익을 서로 나누는 것이라는 공리(公利)적 실용성의 철학을 전개했기 때문이다. 묵자는 '이로움'이 곧 '의로움'이라 여겼지만, 맹자는 의(義)와 이(利)를 엄격히 구분하고자 하였다. 맹자에게 '의로움'이란 합리적으로 직위와 역할을 나누고, 그에 따른 규범의 준수를 책임으로 부과하는 도덕적 명령이다. 이러한 도덕적 명령을 따르는 것은 행위의 결과가 유용성(실용성)을 가져오기 때문이 아니라 인간으로서 마땅히 따라야할 당위이다. 인간은 내재된 도덕성을 가지고 태어난 존재이기 때문이다. 이러한 당위윤리적 관점을 견지했던 맹자에게 묵자철학은 천하의 보편적 질서를 어지럽히고 사람들을 물신의 노예로 이끄는 철학으로 비쳐졌을 것이다.

이제 마지막으로 순자의 묵자비판을 보자. 순자는 묵자를 따라 인간을 이기적 존재로 인정하였고, 법가를 따라 문화와 규범의 필요성을 인식하였다. 그러나 법가의 외적인 강제규범에 반대하여 내적인 자율규범이 바람직하다고 여겼고, 묵자의 '무차별적 사랑'(兼愛)의 비현실성에 반대하여 공자와 맹자의 '차서(次序)적 사랑'(仁義)을 따랐다. 그는 위정자의 덕치와 예치의 효용성에 대해서도 인식하였다. 이러한 점에서 순자는 공자와 유교의 사상적 후계자이다. 그러나 인간본성의 선함에 토대한 맹자적인 당위윤리와 왕도정치는 너무 이상적(理想的)이라 여겼다. 그는 인간의 현실적 이기심을 인정하는 성악설의 기반 위에 그 이기심을 자율적으로 규제할 수 있는 문화의 나라를 건설하고자 하였다. 예의(禮義)의 윤리와 예치(禮治)의 정치학이 그것이다. 이러한 점에서 순자는 묵자도, 공자나 맹자도, 법가도 아니면서 그것을 종합하여 자기만의 유위철학적 사유체계를 수립하였던 독특한 사상가였다.[13] 그의 관점에서 묵자의 한계가 무엇인가? 순자는 『순자荀子』의 「비십이자非十二子」 「부국富國」 「왕패王覇」 「예론禮論」 「악론樂論」 등의 편에서 묵자를 비평하고 있다.

> 천하를 통일하여 국가를 세우는 근본 중점을 모르고 공리 실용만 중시하며, 검소하고 절약하는 것만 알고 등분의 차이를 몰라 사회적 계급의 분별을 용인하고 군신간의 질서를 세우지 못하면서, 그러나 제 주장을 지키는데 이유를 붙이고 변론에 조리를 세워, 족히 어리석은 무리를 기만할 수 있는 자가 있다. 이들은 묵적(墨翟)과 송견(宋銒)이다.[14]

13) 순자철학에 대한 간략한 조명은 강봉수, 『동양도덕교육론』, 앞의 책, 210~232쪽 참조.

천하의 공통된 근심거리란 바로 사람의 정신을 헷갈리게 하여 세상을 어지럽히는 것이다. 그렇다면 사람들은 어째서 세상을 어지럽게 하는 인물이 누구인지를 찾으려 하지 않을까? 내 생각으로는 음악을 배척하는 묵자의 비악론(非樂論)이야말로 천하를 어지럽게 하는 것이요, 비용을 절약하려는 묵자의 절용설(節用說)이야말로 천하를 가난하게 만드는 것인 줄로 안다. 묵자의 본래의 뜻은 장차 세상을 무너뜨릴 생각으로 그러한 주장을 내세운 것은 물론 아니겠지만, 그 주의주장으로 하여 미치는 해독으로 보아 오늘날 이러한 말을 면치 못하게 되는 것이다. 만일 묵자가 크게는 천하를, 작게는 일국의 왕이 되었다면 반드시 걱정스러운 얼굴로 추한 옷을 입고 거친 밥을 먹고, 음악도 없애고 즐거움도 모를 것이다. 그렇게 되면 빈궁에 빠져서 백성의 욕망도 채워 주지 못하고 상벌도 내리지 못할 것이다. 묵자의 주장은 천자가 되어 천하를 다스릴 때나, 한 나라의 제후가 되면 부리는 사람은 주리고 관리도 주리고, 공리(公利)를 구하기에 애쓰면서도 일반백성과 같은 일을 하고 같은 공을 거둘 것이다.[15)]

살아 섬길 때는 그 시초를 장식하고, 죽어서 보낼 때는 그 끝을 장식하는 것이니, 시종(始終)이 갖추어져야 효

---

14) 『荀子』「非十二子」. 여기서 송견(宋鈃)은 송영자(宋榮子)인데, 그는 송나라 사람으로 맹자와 같은 시대 사람이다. 『孟子』에서는 송경(宋牼)으로 나오는 데, 도가(道家)에 가깝다고 하며, 과욕(寡欲)을 주장하였다. 정장철 주석, 『荀子』(서울: 혜원출판사, 1992), 129~130쪽. 번역도 정장철의 것이다.

15) 『荀子』「富國」. 번역은 정장철이 것임. 위의 책, 226~227쪽.

자의 도리가 끝나고 성인의 도가 완비되는 것이다. 죽은 사람을 보내는 데 베풀어야 할 예(禮)를 덜어서 산 사람을 위해 보태어 주는 것을 일러 사리에 어두운 묵자의 도라 한다. (중략). 부모의 상을 3년 상으로 한 것은 무엇 때문인가? 이것은 인정에 맞추어서 예문(禮文)을 세운 것이다. 이것으로써 사회를 아름답게 장식하며, 친소(親疎)와 귀천(貴賤)의 위치를 분별하여 더할 수도 덜할 수도 없는 것이다. 그러므로 어디를 가든 바꾸지 못할 절차라고 하는 것이다.16)

음악이란 사람의 마음을 조화하여 화합하게 하는 것이라는 점을 어느 누구도 바꿀 수 없는 것이다. 예(禮)라는 것은 인간이 지켜야 할 바른 도리라고 하는 데는 변함이 없다. 음악은 사람의 마음을 조화롭게 하나로 화합하는 역할을 하는 것이요, 예는 상하귀천을 분별하는 역할을 하는 것이니, 음악과 예, 이 두 가지를 통합하여 사람의 마음을 다스리게 되는 것이다. (중략). 묵자가 이것을 부인한다는 것은 거의 형벌에 해당하는 것이다. 군자가 음악의 중요성을 밝히는 것이 덕인데, (중략). 제자들이여, 힘써 공부하여 묵가의 말에 유혹당하지 말지어다.17)

인용에서 보듯이, 순자의 묵자비판은 가히 전 방위적이다. 묵자는 겸애(兼愛)를 주장하여 계급의 등분을 무시하였고, 교

---

16) 『荀子』「禮論」. 번역은 정장철이 것임. 위의 책, 443~444쪽.
17) 『荀子』「樂論」. 번역은 정장철이 것임. 위의 책, 458쪽.

리(交利)를 주장하여 공리적 실용성만 추구하였다고 비판한다. 절용론을 주장하여 지나치게 백성들의 삶을 각박하게 만들고 있다고 비난한다. 절장론을 주장하여 3년상을 부정함으로써 묵자의 상례법은 사람들의 인정을 무시하고 있다고 여긴다. 또한 묵자는 천하를 다스리는 수단으로써 예악(禮樂)의 중요성을 몰라 음악을 부정한다고 비난하고 있다. 순자가 보기에 묵자철학은 한마디로 "실용에 눈이 멀어 문화의 가치를 모른다."[18]는 것이다.

순자는 인간의 현실적 이기심을 인정하면서 그 이기심을 자율적으로 규제할 수 있는 문화의 나라를 건설하고자 하였던 철학자이다. 묵자도 인간의 현실적 이기심을 인정했다. 그래서 그도 사람들의 각자 다른 의리를 하나로 화동시켜 도출한 '일반의지'에 따라 합리적으로 이익을 추구하고 조절할 것을 주장하였다. 그런데 순자와 묵자의 차이가 무엇인가? 인간의 이기적 욕망은 합리적으로 조절되어야 한다. 방법은 두 가지가 있다. 하나는 외적인 강제규범으로 규율하는 타율적 접근이고, 다른 하나는 인간들의 자연적 본성을 교정하여 내부에 규범이 자리 잡게 함으로써 자기 규제가 가능하도록 하는 자율적 접근이다. 이 중 후자가 순자의 접근법이다. 그렇다면, 순자는 묵자가 전자의 접근법을 사용하고 있다고 보았던 것인가? 정확히 전자의 접근법은 법가(法家)적 처방이다.

묵자가 법과 형정의 공정한 적용을 주장하는 패도정치를 주장한 것은 사실이지만, 위정자가 법(法)·세(勢)·술(術)로 무장하여 강압과 위압의 정치를 펼쳐야한다는 법가들의 주장에는 반대하였다. 오히려 묵자는 위정자의 덕과 의로움의 정치를 주

18) 『荀子』「解蔽」. 위의 책, 470쪽.

장했다. 그래서 그의 정치철학은 패도에서 왕도로 가는 중간지점에 있었다. 그렇다면 묵자도 순자와 치도(治道)의 길이 같다. 묵자는 소염론(所染論)을 주장했다. 사람들이 겸애와 의로움의 윤리로 물들여짐으로써 자율적 규범으로 이익을 합리적으로 추구하는 삶을 살도록 종용하였다. 여기에 법과 형정은 보조이다.

그렇다면 순자가 묵자를 비판하는 근거는 무엇인가? 이른바 그것은 '문화'를 바라보는 관점의 차이에 있다. 순자가 건설하고자 했던 문화의 나라는 예악(禮樂)을 소중히 여기는 나라이다. 인용에서 보았듯, 예가 질서와 구분의 도리라면, 음악은 조화와 하모니(harmony)이다. 음악이 즐거움과 슬픔 등 온갖 인간정서의 내용이라면, 예는 내적인 감정을 맥락과 상황에 걸맞게 외부로 표현하는 형식이다. 형식 없는 내용은 감정조절에 서툴고, 내용 없는 형식은 겉치레의 꾸밈일 뿐이다. 예와 음악은 천하를 다스리는 두 가지 요건인데, 묵자가 음악을 부정한다. 이것이 순자의 불만이다. 이 보다 더 큰 문제는 묵자가 긴 세월동안 성인들이 일구어온 보편적 문화유산인 예(禮)를 부정하고 있는 데 있다. 상하와 귀천의 신분과 직분과 역할에 따른 예법이 따로 있다. 이러한 문화를 부정하는 묵자의 겸애론은 불온하기 짝이 없다. 나아가 귀천과 신분에 상관없이 서로 이익을 나누라고 주장하니 기가 찰 노릇이다. 이것이 순자가 묵자를 비판하는 근거이다.

순자적 관점에서 묵자비판은 타당하다. 그러나 묵자의 관점에서 순자의 비판은 부당하다. 묵자는 예와 음악의 중요성을 근본적으로 부정한 적이 없다. 당시 귀족과 지배자들이 사치와 낭비를 일삼는 겉치레의 예법과 음란을 조장하는 번잡한 음악에 반대했을 뿐이다. 오히려 예법에 관한 한 묵자는 당시대의 악을 치유하는 방향으로 재 입법되어야 한다고 여겼다. 주나라의 차별적 예법과 그것을 묵수적으로 지키려는 지배자들의 태도가 사회적 악을 낳고 백성들의 삶을 비참하게 만들고 있다. 차별 없이 사람을 두루 사랑하고 서로 이익을 나누는 것만이 도탄에 빠진 백성들을 구하고 사회악을 개선하는 치평(治平)의 길이라고 묵자는 생각했다.

순자의 비판에 대한 묵자의 불만은 또 있다. 순자는 예의 직분론에 입각하여 묵자를 다음과 같이 비난했다.

> 군주는 유능한 사람을 들어 그를 알맞은 관직에 임명하는 일을 직분으로 한 사람이요, 서민은 자기의 능력으로 일하는 것을 본분으로 한다. 군주는 사람을 부리지만 서민은 일을 남에게 미룰 수 없으니, 백 이랑이나 되는 넓은 밭을 지키며 일이 많아도 누구에게 미룰 수가 없다. 이제 군주는 한 사람이 천하의 일을 다 들으면서도 시간의 여유가 있고, 오히려 일이 부족한 것은 여러 사람을 부리는 까닭이다. 크게는 천하를, 작게는 한 나라를 가지고서 모든 일을 자기가 손수 해야 만족한다면, 그렇게 정신 쓰라리고 고단한 일은 없을 것이다. 그렇다면 비록 노예들이라도 천자가 되려들지는 아니할 것이다. 그러면 무엇으로 세계를 편안하게 하고, 사해를 통일하는 것을 자기 임무로 한다는 것인가? 그것은 노동자의 일이요, 묵자의 학설일 뿐이다. 덕 있는 자를 가리고 유능한 이를 써서 관직에 두어 시행하는 것이 성왕의 도이며, 유가들이 삼가 지켜나가는 도리인 것이다.[19]

그러니까 순자는 분업론의 관점에서 묵자를 비판하고 있는 것이다. 이에 대해서는 따로 변론이 필요 없다. 묵자의 언표를 직접 보여주는 것으로 족하기 때문이다. 마침 「비악非樂」 편에 나온다. 묵자가 왜 음악을 비판하는지도 볼 수 있다.

【非樂上 6-2】 王公大人，蚤朝晏退，聽獄治政，此其分事也，士君子竭股肱之力，亶其思慮之智，內治官府，外收斂關市山林澤粱之利，以實倉廩府庫，此其分事也。農夫蚤出暮入，耕稼樹藝，多聚叔粟，此其分事也。婦人夙興夜寐，紡績織紝，多治麻絲葛緒綑布縿，此其分事也。今惟毋在乎王公大人說樂而聽之，即必不能蚤朝晏退，聽獄治政，是故國家亂而社稷危矣。

왕공대인들은 아침 일찍 조회에 나오고 늦게 퇴근하면서 옥사를 듣고 정사를 다스린다. 이것을 직분으로 한다. 사군자들은 팔다리의 힘을 다하고 생각의 지혜를 다하여 안으로 관부를 다스리고, 밖으로 관문과 시장, 산림, 택량의 이익을 거두어 창고와 곳간을 채운다. 이것을 직분으로 한다. 농부는 일찍 나가 저녁 늦게 들어오면서 밭 갈고 씨 뿌리는 등의 농사를 지어 곡식을 많이 거둬드린다. 이것을 그의 직분으로 한다. 부인은 일찍 일어나 밤늦게 잠들 때까지 실을 뽑고 길쌈을 하여 삼과 누에고치와 칡과 모시를 다듬어 베와 비단을 짠다. 이것을 그들의 직분으로 한다. 지금 왕공대인들이 연주를 즐기며 그것을 듣는다면 반드시 아침 일찍 조회에 나오고 늦게 퇴근하면서 옥사를 듣고 정사를 다스리는 것을 하지 않을 것이다. 그

19) 『荀子』 「王覇」. 번역은 정장철이 것임. 위의 책, 251~252쪽.

러면 국가가 혼란해지고 사직이 위험해진다.

*亶: 믿다, 진실되다. *叔: 菽(콩). *綑: 짜다. *삼(糸+參): 기폭.

3. 현대적 의미와 한계

하늘에 대한 믿음을 바탕으로 겸애·교리의 윤리학과 상동·상현의 정치론은 주장하면서 일반백성들의 입장에서 사회적 악을 치유하고자 했던 묵자철학은, 『장자』『맹자』등 당시대의 고전들이 증거하듯이, 전국시대만 하더라도 온 천하에 큰 반향을 일으켰다. 특히, 묵가는 유가와 더불어 세상에서 가장 따르는 무리들이 많았고 그 영향도 가장 컸던 것이다. 묵자 스스로도 「공수公輸」편에서 초나라 임금에게 송나라에 가 있는 자기 제자가 금골희(禽滑釐) 이하 3백 명이 있다하였고, 『회남자』에서는 묵자를 위해 목숨도 바칠 제자가 180명이라 하였고, 『여씨춘추』에서는 초나라 양성군의 난 때 묵자의 거자(鉅子)인 맹승(孟勝)을 따라 죽은 제자가 185명이라 기록하고 있다.[20] 그러나 진한(秦漢)시대에 들어오면서 묵자철학은 세상에서 종적을 감췄다. 왜 일까?

---

20) 그러나 청나라 때의 묵자 연구가인 손이양(孫詒讓)에 따르면 『묵자』와 선진 제자서들에 보이는 묵자의 제자는 묵자직전 제자 15명(부가 3명), 제자의 제자인 재전제자 3명, 삼전 제자 1명, 묵학을 공부했으나 그의 전수 체계는 알 수 없는 사람 13명, 잡가 4명이 있을 뿐이라고 한다. 이 중 묵가의 무리를 이끌었던 거자(鉅子)로는 맹승(孟勝), 전양자(田襄子), 복돈(腹돈) 등이다. 孫詒讓, 『墨子閒詁』(초판 1894, 정본 1910); 손이양의 연구를 가져와 묵자의 제자를 정리한 글로는 김학주, 『묵자, 그 생애·사상과 묵가』, 앞의 책, 392~403쪽 참조.

김학주는 현대 묵자연구가들의 의견을 종합하여 소개하고 있는데 들여다보자.[21)]

〈표 7〉 묵자철학의 소멸원인 분석

연구가 및 저서	묵자철학의 소멸 원인
호적(胡適), 『중국철학사대상』 (1909)	① 유가의 반대 때문, ② 묵가학설이 정객들의 시기를 받았기 때문, ③ 묵자 후진들의 '궤변'이 지나치게 미묘했기 때문
방수초(方授楚), 『묵학원류』 (1937)	① 묵학 자신의 모순 때문, ② 이상이 너무 높았기 때문, ③ 조직이 파괴된 때문, ④ 진나라를 옹호한 혐의 때문
고보광(高葆光), 『묵학개론』 (1956)	① 자기 학설의 약점, ② 묵학 수령들의 엄격한 통제, ③ 기타 학파의 공격, ④ 진한(秦漢)시대 제왕들의 박해, ⑤ 제왕들이 유학과 황노학을 제창했음
이소곤(李紹崑), 『묵자연구』 (1970)	① 묵자가 죽은 뒤로 묵가에는 덕망과 학문을 겸비한 영도자가 없었다. ② 묵자가 죽은 뒤로 묵학은 이미 진실한 가르침을 잃었다. ③ 묵학은 통치자들의 이익에 어긋나는 것이어서 당시의 제왕과 귀족들의 질시와 박해를 반드시 받았을 것이다. ④ 묵학은 보통 사람들의 능력을 초월하는 내용이 있어서, 이해하기 쉽지 않았을 뿐만 아니라 또한 실천하기도 어려운 것이었다.

학자들의 원인분석을 분류해보면 묵자철학의 소멸이유에는 내적 원인과 외적 원인이 있다. 내적 원인으로는 묵학 자체가 이상이 너무 높았거나 모순을 안고 있거나 후학을 잇지 못한

21) 김학주, 위의 책, 390~391쪽.

것 등의 때문이다. 외적 원인으로는 유가 등 다른 학파의 공격이거나 당시 제왕과 귀족들의 박해 등의 때문이다. 내적 원인이 외적 원인으로 이어졌을 법하다. 즉 묵학 자체가 이상이 너무 높아서 당시 제왕과 귀족들의 박해를 받아 사라진 것이겠다. 또한 조직이 무너지고 후학을 잇지 못한 내적원인이 외부의 공격과 박해로부터 묵학을 지켜내지 못했을 수도 있다. 장자와 한비자에 의하면, 묵자 이후에 묵가는 2파로, 3파로 분열되었다.

> 오늘날 묵가의 제자로는 상리근(相里勤)의 제자, 오후(五侯)의 무리들은 남방의 묵가들이다. 고획(苦獲)과 이치(已齒) 및 등릉자(鄧陵子)의 무리들은 모두 『묵경墨經』을 독송하면서 그 해석이 서로 모순되고 대립하는 까닭에 상대 학파를 '별묵'(別墨)으로 부르며 비난한다. 마치 명가(名家)의 견백론(堅白論) 및 동이론(同異論)처럼 서로 비난하고, 홀수와 짝수처럼 짝이 맞지 않는 어긋난 말로 서로 헐뜯고, 우두머리인 소위 거자(巨子)를 성인으로 여긴다. 모두 자신이 우두머리가 돼 묵자의 후계자를 자처하려고 하는 까닭에 지금까지도 후사 자리를 정하지 못하고 있다. 묵적과 금골희의 뜻은 옳았으나 실천방법은 잘못되었다.[22)]
> 묵자가 죽은 뒤로는 상리씨(相里氏)의 묵가, 상부씨(相夫氏)의 묵가, 등릉씨(鄧陵氏)의 묵가가 있었는데, 그러므로 (중략) 묵가는 셋으로 나뉘어져 주장이 서로 반대

22) 『莊子』「天下」; 여기서는 신동준의 인용과 번역을 가져왔다. 신동준, 앞의 책, 101~102쪽.

되고 같지 않았으나 모두 스스로는 진짜 묵가라 하였다.[23]

『묵자』의 편들이 대체로 상·중·하 편으로 구분되어 있는 것으로 보아 묵가가 3파로 분열된 것이 옳은 듯하다. 이에 대해 기세춘은 순수파, 반동파, 절충파로 구분하고, 순수파는 묵자 본연의 가르침을 지키려했고, 반동파는 현실에 영합하려 했고, 절충파는 이들을 절충하려했는데, 상편은 순수파, 중편은 반동파, 하편은 절충파의 것으로 보았다.[24] 『묵자』를 직접 읽어보니 이러한 견해가 전혀 근거 없는 것이 아닌 것 같기도 했다. 여하튼 장자와 한비자의 지적처럼 묵자이후에 묵가의 무리들이 분열되고 서로 비난하며 조직이 무너진 것은 사실인 듯하다. 조직이 와해되고 후학을 배출하지 못함으로 인하여 유가 등 다른 학파의 공격을 막아내지 못했을 것이다. 그러다가 진시황의 분서갱유(焚書坑儒)를 거치고 한무제(漢武帝) 때에 동중서(董仲舒, BC. 179?~BC. 93?)의 건의에 따라 유학이 국가이념으로 채택되면서 묵학은 국가적 탄압으로 역사에서 사라지게 되었다고 하겠다.[25]

당시대의 전제군주와 귀족지배세력에게 현실적인 사회계급을 무시하고 모든 사람들의 평등을 주장하는 묵자철학은 가장 위험한 불온사상이었을 것이다. 일본의 묵자 연구가인 다카시가 주장했듯이, "묵자는 고대에 너무 일찍 근대를 지향했다. 묵가

23) 『韓非子』「顯學」; 여기서는 김학주의 인용과 번역을 가져왔다. 김학주, 앞의 책, 400쪽.
24) 기세춘, 앞의 책, 59쪽.
25) 이러한 관점에 대해 한국의 묵자 연구가인 김학주나 기세춘 등도 이견(異見)이 없다.

는 그로 인해 절멸했다. 동시에 그 때문에 오늘날 우리에게 다시금 상기되는 특이한 학단이다."[26] 과연 묵자철학이 오늘날 우리에게 주는 의미는 무엇인가? 후기현대를 살고 있는 우리는 묵자가 그리던 이상을 실현했는가?

첫째, 우리는 사람을 차별 없이 두루 평등하게 사랑하는가? 근대이후 인류문명사는 차별 없는 세상을 만들기 위해 노력해 왔고 많은 결과물을 획득한 것도 사실이다. 보통선거로 지도자를 뽑는 민주혁명을 일궈냈고, 노예해방과 여성해방, 그리고 노동해방운동을 펼쳐서 엄청난 성과를 거뒀다. 묵자가 다시 살아온다거나 귀신으로 존재하고 있다면 깜짝 놀랄 세상이라는 데에 이의(異意)가 없을 것이다. 그러나 한편으로 실망도 클 것 같다. 제도와 절차의 측면에서 평등한 세상을 열었을지 몰라도 아직도 내용적으로는 달라진 게 없어 보이기 때문이다. 제도적 노예는 없지만 내용적 노예는 있는 세상이다. 여성과 노동자는 여전히 사회적 약자이고 이곳저곳에서 차별받는다. 장애인 차별과 인종차별도 여전하다. 우리나라에서는 학별과 직업으로도 차별받는다. 두루 사랑받지 못하는 인권의 사각지대는 아직도 많다.

둘째, 우리는 서로 이익을 나누며 살아가는가? 이를 위해 근대이후 인류문명사는 두 가지 제도를 시험해 왔다. 자본주의와 사회주의 경제시스템이 그것이다. 자유방임에 토대한 초기 자본주의는 자연스런 이익의 교환을 가져오리란 기대와는 달리 빈익빈 부익부 현상을 낳았고 더욱 사회를 계급화 시켰다. 그래서 계급 없는 사회를 모토로 하는 사회주의세력이 등장하여

---

26) 와타나베 다카시(渡邊卓), 『고대중국사상의 연구』(2004); 여기서는 신동준, 앞의 책, 22쪽에서 재인용.

공산주의건설을 시도하였다. 그러나 현실 사회주의 국가들은 이익의 공유를 위한 각종 제도를 실험하였지만 결국 위정자 중심의 새로운 계급만을 양산하면서 무너졌다. 지금 인류는 자본주의와 사회주의 체제사이의 스펙트럼 상에서 여러 가지 해법을 찾고 있다. 북유럽의 복지국가들이 서로 이익을 나누는 묵자적 이상사회에 가장 근접해 있는 것으로 볼 수 있겠지만, 아직도 논란은 많고 명쾌한 해법은 없다. 우리는 지난 선거에서 보편적 복지와 선별적 복지를 놓고 일전을 벌였다. 최근에는 선별적 복지조차 무너지는 것 같다. 부도 가난도 대물림되고 있다. 해고 노동자와 비정규직 노동자가 양산되고 있다. 청년들은 아예 일자리조차 없다.

셋째, 우리는 사람마다 다른 이해를 하나로 화동시키는 '상동'(尙同)의 정치를 펼치는가? 근대이후 인류문명사가 민주혁명을 통해 얻어낸 가장 큰 성과가 이것일 것이다. 인민에 의한, 인민을 위한, 인민의 정치가 이뤄지고 있기 때문이다. 물론 예외적으로 묵자의 정치철학을 곡해하여 하나의 이데올로기로 인민들을 무장시키려는 시도가 있었고 또 있지만, 대부분의 국가에서 '상동'을 위한 민주적 절차와 제도를 마련했다. 그러나 돌아보면 '상동'과 민주이념에 걸맞는 '공생'(共生)의 철학을 달성하지 못하였다. '상동'과 '민주주의'는 서로 '다름'의 이질성을 인정하고 계층과 계급은 물론 세계관과 사상을 달리하는 모든 구성원이 삶의 공동체를 만들어감에 있어 누구도 배제되어서는 안 된다는 뜻으로 읽어야 한다. 근대이후 인류는 어느 하나의 배제를 위해 극한적 이데올로기 투쟁을 벌였고, 좌경(우경)불온세력의 색출과 척결에 국가의 지배수단들을 동원하였다. 우리도 예외는 아니었다. '한국적' 민주주의라는 미명하에 참여를 배제시키려 하였고, 불온세력으로 규정하고 척결의 대상으로 삼았다. 물론 무력혁명으로 체제를 전복하고자 하는 세력까지 용인되어선 안 될 것이다. 그것은 '상동'과 민주주의에도 걸맞지 않은 것이기 때문이다. 이러한 점 외에도 '상동'을 해치는 요소들은 많다. 언론을 조작하고 상징을 조종하고 선전과 검열을 벌이는 선동정치도 아직 그치질 않고 있다. 혈연(권당)과 지연과 학연에 호소하는 향당적 정치문화도 여전하다. 돈과 명예와 학벌이 없으면 정치적 리더로 나서지도 못하고, 기득권 정치세력과 다수당의 횡포가 '상동'의 정치를 조작하고 있다.

넷째, 우리는 '공격정벌' 전쟁을 멈추고 평화의 천하를 만들었는가? 근대이후에도 공격정벌 전쟁은 수도 없이 많았다. 근세에 있었던 미국독립전쟁(1775~1783)과 나폴레옹전쟁(1803~1815)은 예외로 치더라도, 주요 전쟁사를 돌아보면 제1차 세계대전(1914~1918), 스페인내전(1936~1936), 제2차 세계대전(1939~1945), 한국전쟁(1950~1953), 베트남전쟁(1955~1975), 4차례에 걸친 중동전쟁(1948~1973), 이란-이라크전쟁(1980~1988), 유고슬라비아내전(1991~1999), 2차례에 걸친 걸프전쟁(1990~1991, 2003), 이라크전쟁(2003~2011) 등 10여 차례가 넘는 크고 작은 공격정벌 전쟁들이 있었다. 우크라이나 내전과 시리아 내전은 아직 진행 중이다. 핵무기를 비롯한 첨단무기개발 전쟁도 그치질 않고 있다. 최근에는 일본의 재무장과 중국의 세계제패를 선언함으로써 동북아긴장이 높아지고 있다. 우리도 북한과 여전히 평화협정을 맺지 못하여 종전을 매듭짓지 못하고 있다. 이러한 와중에 대한민국은 제주 강정해군기지 건설로 동북아 긴장을 끌어올리는 데에 한몫하고 있다. 묵자는 천하의 평화를 가져오는 길은 외교와 교류에 있다고 하였는데, 자유무역협정으로 오히려 식량안보의 불안을 가져오고 있고, 겨우 일궈왔던 남북경협과 교류는 차질을 빚고 있다.

다섯째, 우리는 현명한 신하를 부리는 '상현'의 정치를 벌이는가? 친족과 혈연, 빈부와 귀천, 측근과 소원한 이에 상관없이 능력에 따라 차별 없이 인사를 등용하고 있는가? 직책에 걸맞는 능력있는 인사를 등용하고 있는가? 백성들의 뜻을 물어 인사를 채용하고 있는가? 남의 나라 사정은 잘 모르겠다. 우리나라 사정이라 잘 아는 것은 아니지만 코드 인사니, 고소영 인사니, 회전문 인사니, 무슨 대군이니 하는 말들이 있는 것을 보면 '상현'의 정치와는 거리가 있는 것 같다.

여섯째, 백성들을 도덕적으로 선한 성품으로 물들여지도록 교육정책을 제대로 펴고 있는가? 근대이후 인류문명사는 보통교육의 시대를 열었다. 누구나 학업을 토대로 지위와 신분상승의 기회를 얻을 수 있게 되었다. 국가는 사회적 충원을 위한 다양한 인재를 얻을 수 있었고, 개인들은 열심히 자기만의 재능을 키워 자아실현의 기회를 얻을 수 있게 되었다. 그러나 신자유주의적 이념이 세계를 휩쓸면서 교육도 시장의 도구로 전락하고 있다. 도덕적으로 선한 성품으로 물들여지도록 하는 교육은 포기하거나 실패하여왔다. 독일이나 핀란드처럼 북유럽의 복지국가에서 교육혁명이 성공을 거둔다는 소식이 있지만, 대체적으로 자본주의 사회에서는 오로지 성적과 학벌로 사람을 평가하는 나라가 되었다. 우리도 성적만능과 경쟁만능의 교육시스템이 전혀 바뀌질 않고 있다. 성적으로 서열화시켜 들어갈 학교를 배정하고, 학벌로 계급과 지위를 정한다. 빈부에 따라

학벌도 대물림되고 있다. 이번 지방선거로 이른바 '진보'(?) 교육감들이 대거 등장하여 일말의 희망을 기대하지만 대한민국의 뿌리 깊은 경쟁과 학벌중심의 교육시스템을 바꾸기에는 역부족일 것이다.

일곱째, 우리는 절용(節用)과 절장(節葬)과 비악(非樂)을 실천하는가? 아무래도 묵자의 음악부정론에 대해서는 받아들이기 쉽지 않을 것이다. 다양한 장르의 음악이 발전하는 것은 좋은 일이라 여길 것이기 때문이다. 나도 동의한다. 그러나 우리는 묵자가 음악부정론을 주장한 동기를 떠올릴 필요가 있다. 그는 사치를 일삼고 음란을 조장하는 음악을 반대했다. 현대적 문명에서 음란을 조장하는 음악이 어떤 것인지는 모르겠다. 오늘날 세계에서 대한민국의 가수(?)들이 음악으로 '한류'(韓流)를 이끌고 있는 것을 떠올리면 그 자체로 문화적 자부심일 수도 있고, 국부를 끌어올리는 수단일 수도 있다. 그러나 음악이나 예술이 너무 상업과 자본의 노예로 전락하고 있는 것은 아닌지도 돌아볼 필요가 있다. 절장의 문제는 일부 특권층이 벌이는 호화 장례식을 제외하면 묵자의 권고를 알아서 실천하고 있는 듯하다(ㅎㅎ). 절용의 문제는 간단치가 않다. 지구의 한편에는 아직도 굶어죽는 이가 많고, 다른 한편에서는 오히려 사치와 낭비를 일삼고 있는 것 같기 때문이다. 일부 국가들은 평화를 해치는 무기개발과 백성의 뜻에 반하는 삽질로 재용을 마구 허비하고 있기도 하다. 에너지 고갈과 환경파괴도 미래인류의 삶을 해치고 있다.

나는 묵자철학을 한마디로 "밥을 나눈 사랑"으로 요약한다. 이 정부는 먹던 밥도 뺏으려는 정책을 펼치는 것이 아닌가 하여 적이 우려된다. 우리가 낸 세금으로 우리 아이들을 먹이자는데 왜 '무상'급식이라 비난하는지 모르겠다. 같은 맥락에서 '무상'보육이란 용어도 적절한 것 같지 않다. 그냥 밥 한 끼라도 같이 나누면서 두루 사랑하고 서로 이익을 나누는 삶의 공동체를 만들자는 것일 뿐이다. 묵자가 그것을 알려주고 있다. 그러나 묵자철학에는 한계가 없는가? 왜 없겠는가? 시대를 너무 앞지른 것이 한계요, 시대를 넘어서지 못한 것이 또한 한계였다.

묵자철학은 시대를 너무 앞서나가서 주장했다. 인류문명사의 대부분은 계급제 사회였다. 그는 너무 일찍 그것을 깨려했다. 그래서 그의 철학은 긴 세월동안 너무 이상적인 유토피아였다. 이러한 계급사회에서 어떻게 차별 없는 두루 사랑이 가능하겠는가? 어떻게 지위와 상관없이 이익을 고루 나눌 수가 있겠는가? 어찌 귀천에 상관없이 인재를 등용하여 쓸 수가 있겠는가? 아랫사람들에게 언로(言路)를 열어주고 할 말을 다하라고 할 수 있겠는가? 이로 인해 그는 유가학파를 비롯한 제자백가들로부터 비웃음을 받았고, 제왕과 귀족들에게 불온사상으로 낙인찍혔다. 그래서 꽃피지도 못한 채 색출과 척결의 대상이 되었다.

그러나 시대적 한계도 있었다. 그가 인민을 위한, 인민에 의한, 인민의 정치를 외쳤지만 그것을 제도적으로 보장할 것을 주장하지는 못했다. 어디까지나 덕 있고 현명한 위정자에게 그렇게 되도록 기대할 수밖에 없는 것이었다. 덕 있고 의로운 위정자와 신하를 뽑아야 한다고 하지만 실제로 그들을 뽑는 인사권은 백성들의 손에 있지 않고 천자나 제후에게 있었다. 하늘과 귀신이 백성들의 뜻에 반하는 위정자를 벌할 것이라 하였지만, 재임기간 동안이라도 백성들은 실정에 시달릴 수밖에 없다. 또한 하늘이 현명한 이 중에 천자를 뽑았다고 하지만 그가 계속 현명할지는 천하를 다스린 결과를 보고 평가할 수 있을 뿐이다. 왜 하늘과 귀신은 백성들을 핍박하는 천자나 제후를 당장 벌하고 바꾸도록 하지 않는가? 백성들에게 역성혁명의 대열로 나서도록 보장하지 않는가? 하늘과 귀신이 진짜로 존재하는가? 묵자는 삼표론에 입각하여 그것의 존재를 증명하지만 여전히 나는 의문이다. 이러한 것들이 묵자철학의 시대적 한계이리라.

참고문헌

1. 원전 자료

『墨子閒詁』. 漢文大系 一四卷 (東京: 富山房, 昭和 59).
『老子翼・莊子翼』. 漢文大系 九卷 (東京: 富山房, 昭和 59).
『大學・論語・孟子・中庸』(成均館大學校大東文化硏究院, 1985).
『史記列傳』. 漢文大系 六・七卷 (東京: 富山房, 昭和 59).
『荀子集解』. 漢文大系 一五卷 (東京: 富山房, 昭和 59).
『韓非子翼毳』. 漢文大系 八卷 (東京: 富山房, 昭和 59).
『禮記鄭注』. 漢文大系 一七卷 (東京: 富山房, 昭和 59).

2. 원전 국역 자료

기세춘 역저, 『묵자』(서울: 바이북스, 2009).
김학주 역저, 『묵자』(서울: 명문당, 2014).
신동준 옮김, 『묵자』(서울: 인간사랑, 2014).
成百曉 譯註, 『論語集註』(서울: 傳統文化硏究會, 1991).
成百曉 譯註, 『孟子集註』(서울: 傳統文化硏究會, 1991).
정장철 譯解, 『荀子』(서울: 혜원출판사, 1992).
김학주 옮김, 『열자』(경기: 연암서가, 2011).
朴一峰 譯著, 『莊子(內篇)』(서울: 育文社, 1990).
기세춘 옮김, 『장자』(서울: 바이북스, 2007).

3. 일반 자료

가. 묵자 연구 논저

강봉수, 「묵자철학에서 필연과 자유의 관계」『도덕윤리과교육』 47호 (한국도덕윤리과교육학회, 2015. 5).

강봉수, 「묵자의 도덕교육론 연구」『윤리교육연구』제38집 (한국윤리교육학회, 2015. 10).

김학주, 『묵자, 그 생애・사상과 묵가墨家』(서울: 명문당,2002).
노사광(정인재 역), 「묵자와 물변」『중국철학사(고대편』 (서울: 탐구당, 1991).

蒙培元(李尙鮮 譯), 「墨子와 荀子의 經驗理智論」『中國 心性論』 (서울: 법인문화사, 1996).

박문현, 『「묵자」읽기』(서울: 세창미디어, 2014).

심우섭, 「묵자의 정치윤리사상」『중국 선진 정치윤리사상의 현대적 조명』(성남: 한국정신문화연구원, 1992).

이운구・윤무학, 『묵가철학연구』(성균관대학교 대동문화연구원, 1995).

정재현, 「논리성과 실용성으로 무장된 보편애의 세계」, 중국철학회 지음,『역사 속의 중국철학』(서울: 예문서원, 1999).

정재현, 『묵가사상의 철학적 탐구』(서강대학교출판부, 2012).

조현규. 「묵자의 겸애적 교육사상」『동양교육사상』(서울: 학지사, 2009).

朱伯崑(전명용 외 옮김), 「묵가」『중국 고대윤리학』(서울: 이론과 실천, 1990).

풍우란(박성규 옮김), 「묵자와 전기 묵가」『중국철학사(상)』(서울: 까치, 2003).

풍우란(정인재 역), 「墨子」『중국철학사』(서울: 형설출판사,1983).

황성규, 「묵자교육사상의 특징과 의의」『도덕윤리과교육』 第26호 (한국도덕윤리과교육학회, 2008. 7).

허창무, 「묵자의 윤리사상」『중국의 윤리사상』(한국정신문화연구원, 2004).

나. 일반 논저

강봉수, 『노자에게 길을 묻다 - 무위적 세상보기의 도』(제주: 누리, 2014).

강봉수, 『동양도덕교육론』(제주대학교출판부, 2014).

강봉수, 『주제별 키워드로 읽는 논어와 세상보기의 도』(서울: 원미사, 2012).

강봉수, 『제주의 윤리문화와 도덕교육』(제주: 누리, 2009).

고범서, 『사회윤리학』(서울: 나남, 1993).

김낙진, 『의리의 윤리와 한국의 유교문화』(서울: 집문당, 2004).

김태길, 『윤리학』(서울: 박영사, 1984, 수정증보판).

김형효, 『동서철학에 대한 주체적 기록』(서울: 고려원, 1985).

김형효, 『맹자와 순자의 철학사상』(서울: 삼지원, 1990).

김형효, 『철학적 사유와 진리에 대하여, 1』(서울: 청계, 2004).

도성달·유병렬, 『사회윤리이론과 도덕교육』(성남: 한국정신문화연구원, 1996).

리차드 도킨스(이상임·홍영남 옮김), 『이기적 유전자』(서울:을유문화사, 2010).

미우라 도우사꾸(강봉수 외 옮김), 『중국윤리사상사』(서울: 원미사, 2007).

박병기 편저, 『포스트모던 시대의 사회윤리학』(서울: 인간사랑, 1993).

박찬구, 『우리들의 윤리학』(서울: 서광사, 2006).

배종호, 「동양 인성론의 의의」『동양철학의 본체론과 인성론』(연세대학교출판부, 1996).

서복관(유일환 역), 『중국인성론사-선진편』(서울:을유문화사,1995).

안건훈, 『자유의지와 결정론』(서울: 집문당, 2006).

윤사순, "동양 본체론의 의의," 한국동양철학회 편, 『동양철학의 본체론과 인성론』(연세대학교 출판부, 1982년 초판, 여기서는 1996년 7판),

윤팔중 역, 『교화와 교육』 (서울: 배영사, 1993 중판).

이정우, 『개념 - 뿌리들(1)』(서울: 철학아카데미, 2004).

장승구, 「퇴계의 향내적 철학과 다산의 향외적 철학 비교」(한국학중앙연구원 한국학대학원 박사학위논문, 1995).

최문형, 『한국전통사상의 탐구와 전망』(서울: 경인문화사,2004).

A. Pieper(진교훈·유지한 역), 『현대윤리학 입문』(서울: 철학과 현실사, 1999).

Antony F. C. Wallace, *Culture and Personality* (NewYork: Random House, 1970).

B. 하잔(이구재 · 강민석 공역), 『현대 도덕교육방법론』(서울: 법문사, 1995).

Daniel K. Lapsley(문용린 역), 『도덕심리학』(서울: 중앙적성출판사, 2000).

E. Durkheim(이종옥 역), 『교육과 사회학』(서울: 배양사, 1978).

I. A. Snook, *Indoctrination and Education* (London and Boston; Routledge and Kegan Paul, 1972).

Leon P. Baradat(신복룡 외 옮김), 『현대 정치사상』(서울: 평민사, 1995).

R. S. Peters(이홍우 역), 『윤리학과 교육』(서울: 교육과학사, 1966).

Roger Trigg(최용철 옮김), 『인간 본성에 관한 10가지 철학적 성찰』(서울: 자작나무, 1997).

R. J. 앤더슨 외(양성만 역), 『철학과 인문과학』(서울: 문예출판사, 1988).

Robert L. Arrington(김성호 옮김), 『서양윤리학사』(서울: 서광사, 2003)

William K. Frankena, *Ethics*(second edition) (Englewood Cliffs, N. J.: Prentice Hall, 1973).

William M. Kurtiness& Jacob L. Gewwirtz 편저, 문용린 역, 『도덕성의 발달과 심리』(서울: 학지사, 2004).

저자 소개

· 저자 강봉수(姜奉秀)

저자는 제주시(애월읍 어음리)에서 태어나 제주대학교 사범대학을 졸업하고, 한국학중앙연구원 한국학대학원에서 동양철학과 도덕교육학을 전공하여 문학석사와 철학박사 학위를 취득하였다. 현재 제주대학교 사범대학 윤리교육과 교수로 재직하면서, 재야연구단체인 사단법인 제주대안연구공동체의 연구원장직을 맡고 있다. 학생들을 가르치면서 때로 일반시민을 대상으로 인문학 강좌를 열고, 한국(제주) 사회와 교육의 민주화를 위해 시민운동진영에도 기웃거리고 있다. 주요저서로는 아래가 있다.

· 저서

『조선전기 도학적 덕교육론 연구』(한국학대학원 박사학위논문, 2000)
『중국윤리사상사』공역서 (서울: 원미사, 1997; 2007)
『유교도덕교육론』(서울: 원미사, 2001)
『한국전통도덕교육론』(경기: 한국학술정보, 2006)
『한국유교도덕교육론』(경기: 한국학술정보, 2008)
『제주의 윤리문화와 도덕교육』(제주: 누리, 2009)
『주제별 키워드로 읽는 論語와 세상보기의 道』(서울: 원미사, 2012)
『노자에게 길을 묻다!! - 무위적 세상보기의 道』(제주: 누리, 2014)
『동양도덕교육론』(제주대학교출판부, 2014)

저자와의
협의하에
인지생략

묵자의 철학사상

2016년 2월 22일 초판 인쇄
2016년 2월 29일 초판 발행

저 자 강 봉 수
발행자 오 동 석

발행처 **강현출판사**
서울 중랑구 묵동 58-5 제1호
전화 : 02)965-4955, 010-5712-9630
등록 : 2007년 5월 21일(제307-2007-29호)
E-mail : oods1205@hanmail.net

※잘못된 책은 교환해 드립니다. **정가 17,000원**

ISBN: 978-89-94320-80-9 93370